KB188616

스토리텔링

생성형 AI, 코스페이시스 에듀를 만나다

송해남·김태령·박기림
박미림·최형윤·전혜린 공저

(주)광문각출판미디어
www.kwangmoonkag.co.kr

머리말

미래는 어떤 모습일까요? 하늘에는 자동차가 날아다니고, 바다 밑이나 우주에 도시가 생겨 살게 될까요? 우리는 상상화를 그리면서도, 이야기를 쓰면서도, 미래를 꾸준히 생각해 왔습니다.

왜냐하면 미래라는 단어는 그 자체로 희망적이고 나아간다고 느끼게 하기 때문입니다.

우리가 상상한 수많은 미래 중, 어떤 것은 실현이 될 것이고 어떤 것은 실현이 되지 않을 수도 있겠죠.

전문가들은 이러한 미래를 어떻게 예측할까요? 미래를 예측하는 방법에는 여러 가지가 있지만, 그중에서도 가장 많이 사용하는 방식은 '시나리오' 기법입니다.

시나리오 기법은 미래에 발생할 수 있는 여러 가지 상황을 떠올려, 각각의 전개 과정을 구체적으로 상상하는 방법입니다. 이 기법을 통해 다양한 미래의 모습을 예측하고, 각각에서 발생할 수 있는 문제점을 미리 파악할 수 있습니다.

과거와 현재, 미래를 하나로 이어 사고하는 것은 인간이 가진 굉장한 능력 중 하나입니다. 단순히 자극과 반응을 통해 생존하는 동물의 뇌를 넘어서, 정신적 기능을 통해 다가올 미래를 예측하고, 준비하고, 해결해 나가고, 또 더 나아가 이 과정을 전수하는 능력은 인간 고유의 것이지요.

이러한 과정에서 가장 중요한 역할을 하는 것이 바로 '이야기'입니다. 사회적 메시지를 나누면서도 인간의 문화와 심리를 함께 아우를 수 있는 '이야기'의 존재는 인간 활동의 본질이라고 할 수 있습니다. 예를 들어 '인(仁)'을 가르칠 때, 어떤 마을에서 서로 돕고 배려하는 사람들의 이야기를 바탕으로 설명한다면, 학생들은 인의 의미를 단순히 머리로 이해하는 데 그치지 않고 마음으로 느끼게 됩니다. 마을이 하나가 되어 서로 돕는 이야기 속 장면을 통해 '함께'의 가치를 자연스럽게 깨닫게 되는 것입니다.

학습의 과정에서도 마찬가지입니다. 단순히 학생들에게 환경 교육을 하기 위해 기후 변화, 해수면 상승 수치 등을 제시하는 것보다, 기후 변화로 인해 인류가 새로운 지역으로 이주해야 하는 상황을 이야기 형식으로 풀어내는 것이 더 효과적입니다. 학생들은 더 쉽게 문제의 심각성을 이해하고, 해결 방안을 고민하게 됩니다. 이러한 스토리텔링은 학생들의 비판적 사고력, 문제 해결 능력, 창의적 사고력을 동시에 강화할 수 있습니다.

그렇다면 스토리텔링 역량은 어떻게 키울 수 있을까요?

스토리텔링 역량을 기르기 위해서는, 이야기가 단순히 상상에 그쳐서는 안 될 것입니다. 우리 학생들이 이야기로부터 세계를 실현하고, 상상을 피드백 받을 기회가 주어져야 합니다. 더불어 자신이 만든 이야기를 직접 시각화하고 체험할 수 있는 환경이 필요합니다. 이때 강력한 도구가 될 수 있는 플랫폼이 바로 코스페이시스 에듀(Cospaces Edu)입니다.

코스페이시스 에듀(Cospaces Edu)는 현존하는 교육용 VR 에듀테크 도구 중 가장 편리한 플랫폼입니다. 더불어 수준 높은 산출물을 자랑하죠. 높은 자유도와 다양한 오브젝트 지원, 편리한 인터페이스는 입문자의 부담을 낮춰줍니다. 특히 오브젝트 간의 상호작용을 지원하는 코딩 기능을 바탕으로 고차원의 프로그래밍 역시 가능합니다.

우리는 끊임없이 삶을 디지털에 내어주고 있습니다. 처음의 컴퓨터는 단순한 계산기였지만, 현재 우리는 디지털 기반 위에 시스템을 구축하고 살아가고 있습니다. 사회적인 소통과 미래의 직업 생활의 많은 부분들이 디지털을 향해 흐르고, 메타버스의 세상은 당연히 우리 곁에 다가올 것입니다. 디지털 세상의 주인공이 될 메타버스, 그리고 인간 본연의 정신적인 기능을 전승하는 스토리텔링을 통해 나의 세상을 확장해 보세요.

마음껏 상상하십시오. 그리고 마음껏 실현해 보시길 바랍니다.

저자 일동

목차

1

코스페이시스 에듀 소개

1-1 코스페이시스 에듀란?

코스페이시스 에듀(Cospaces Edu)는 가상현실(Virtual Reality), 증강현실(Augmented Reality) 환경에서 창의적으로 3D 콘텐츠를 제작할 있는 교육 플랫폼이다. 편리하게 제작할 수 있는 인터페이스와 직관적인 도구를 이용하여 스토리텔링, 프로그래밍, 디자인 등을 실현할 수 있다. 코스페이시스 에듀를 통해 자신의 상상력을 마음껏 펼칠 수 있으며, 현실 세계의 물리 법칙을 담아 내가 좋아하는 캐릭터와 물체를 만들 수도 있다. 또 코딩을 이용하여 내가 만든 가상세계가 나의 의도대로 움직이도록 할 수 있다. 즉 코스페이시스 에듀는 미래에 펼쳐진 가상현실과 증강현실, 혼합현실(Mixed Reality) 등을 모두 익히고 준비할 수 있는 미래 지향적 도구이다. 코스페이시스 에듀 추천 프로젝트는 아래와 같다.

① 나만의 스토리 만들기
'판타지 세계 만들기', '미래 도시 상상하기' 등 내가 좋아하는 이야기를 3D로 구현할 수 있다.

② 코딩으로 3D 프로그램 만들기
'버튼을 누르면 문이 열리고 다음 화면 나타나기'처럼 블록 코딩을 이용하여 물체를 움직이거나 작동시킬 수 있다.

③ 가상 실험하기
'태양계 속 지구와 달의 움직임 관찰', '중력의 영향 탐구' 등 다양한 시뮬레이션을 만들 수 있다.

④ 팀 협력 프로젝트
'우리가 다니고 싶은 학교 모습 만들기'와 같은 주제로 각자 구획을 맡아 큰 작품으로 만들 수 있다.

코스페이시스 에듀를 통해 창의적 사고, 문제 해결 능력, 협업 능력을 계발할 수 있으며, 코딩을 통한 논리적 사고력 향상을 도모할 수 있다. 또 나만의 아이디어를 시각적으로 구현하고 미래 기술을 실현하는 것도 가능하다. 실생활 문제 해결을 위해 현실에서는 실행하기 어려운 아이디어를 가상 속에서 구현함으로써 발산적인 방식으로 접근할 수 있는 것이다. 우리 함께 코스페이시스 에듀를 통해 미래로 한 걸음 나아가 보자.

1-2 코스페이시스 에듀 사용법

① Cospaces Edu(Cospaces.io)에 접속하여 우측 상단의 Sign up 을 클릭한다.

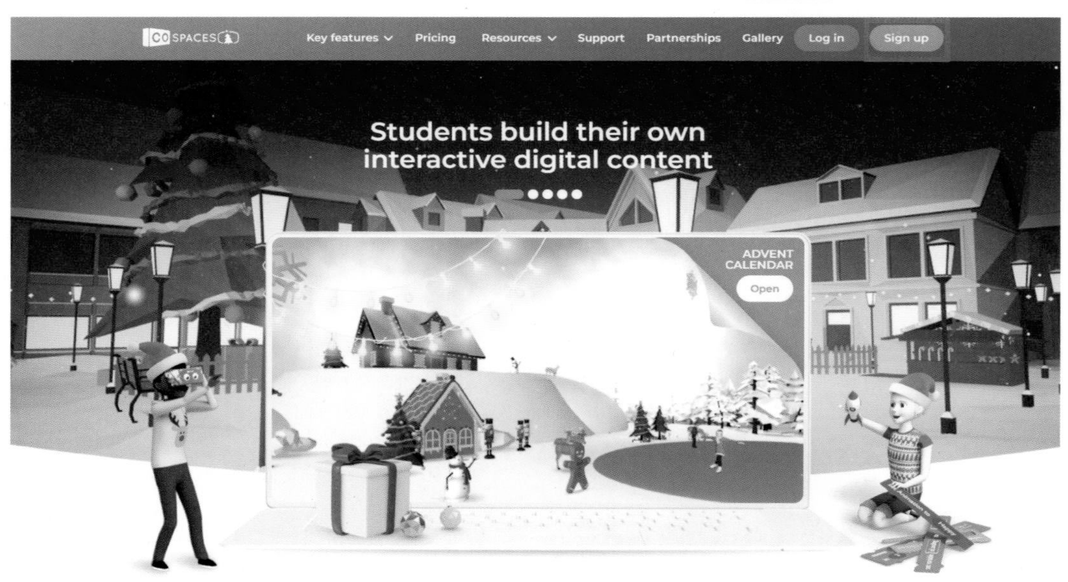

② '선생님'으로 가입을 진행한다. 구글 아이디가 있는 경우 (G Google로 가입하기) 가 편리하며, 일반적인 이메일 가입도 가능하다.

코스페이시스 에듀 가입 진행 TIP

코스페이시스 에듀는 기본적으로 교육을 위한 플랫폼으로 '교사'-'학생'의 관계로 접속하게끔 되어 있다. 따라서 집에서 혼자 진행할 때에는 부모님의 도움을 받아 '선생님'으로 가입한 후에 다시 '학생'으로 전환하여 학급으로 접속하는 것이 좋다. '교사'의 경우에는 '선생님'으로 가입을 진행한다.

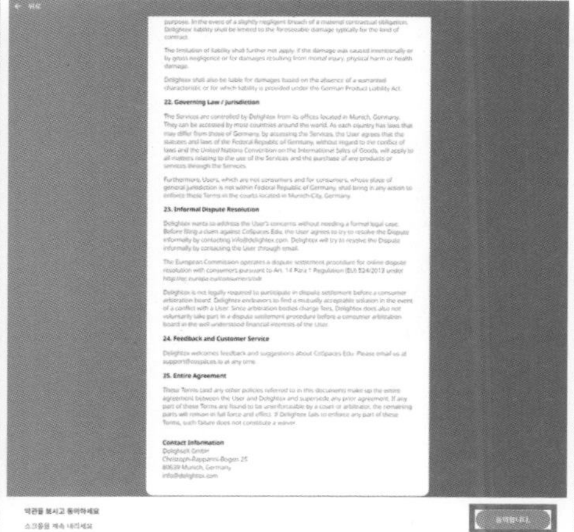

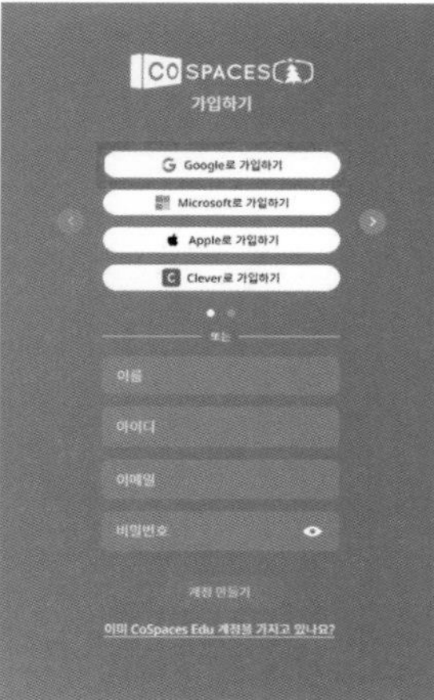

③ 가입하게 되면 아래와 같은 화면을 만날 수 있다.

ⓐ 갤러리: 다른 사람들이 공유한 작품을 만날 수 있는 공간이다.

ⓑ 학급: 선생님의 경우 학생들의 작품을 볼 수 있는 공간이며, 학생의 경우 친구들의 작품을 볼 수 있다.

ⓒ 코스페이시스: 나의 자유 작품을 만들 수 있는 공간이다.

ⓓ 저장소: 내 작품을 저장하는 공간이 부족할 때 저장소에 넣어 둘 수 있다.

교사 계정에서 학급을 생성하고 학생으로 접속하는 법

교사 계정에서 학급을 생성한 후 학생을 학급으로 초대한다. 교사는 과제를 부여하거나 각 학생의 작품을 확인할 수 있다.

① 먼저 교사 계정에서 + 학급 만들기 를 이용하여 학급을 만들고 코드를 복사한다.

② 이제 학생 계정에서 학급 코드를 입력하자.

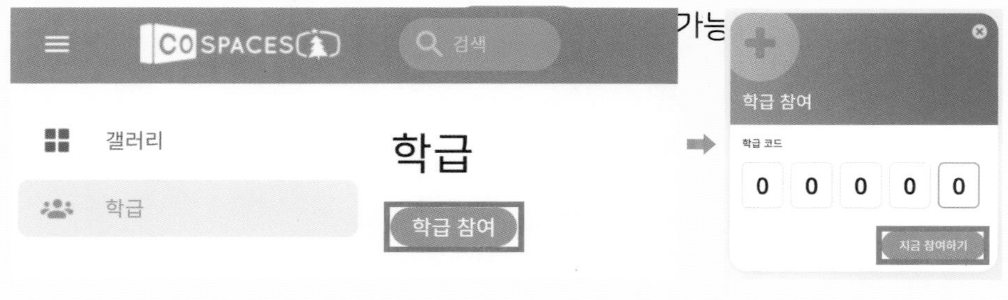

④ 코스페이시스 에듀 무료 버전의 경우 사용할 수 있는 기능이 제한되어 있다. 따라서 플랜 업그레이드 코드(1개월 사용)를 통해 업그레이드하거나 유료로 결제하는 옵션을 선택할 수 있다. 여기서는 'COSTEAM' 코드를 이용하여 업그레이드해 보자.

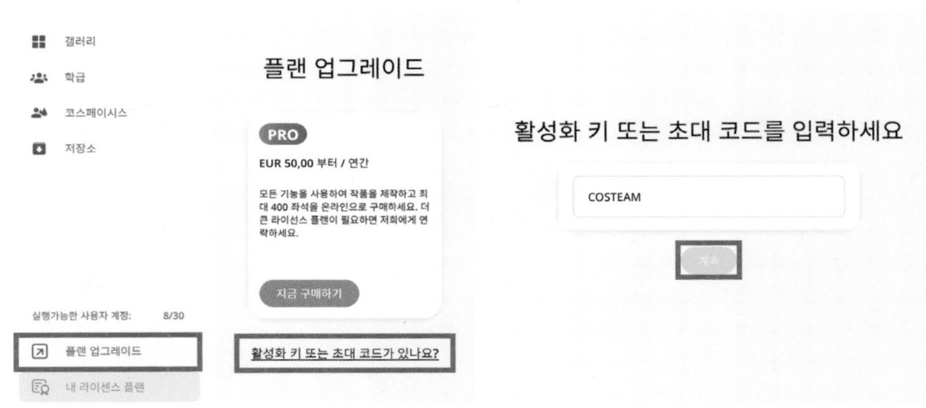

만약 업그레이드를 하지 않는다면?

업그레이드를 하지 않은 모습(좌)과 업그레이드를 한 모습(우)

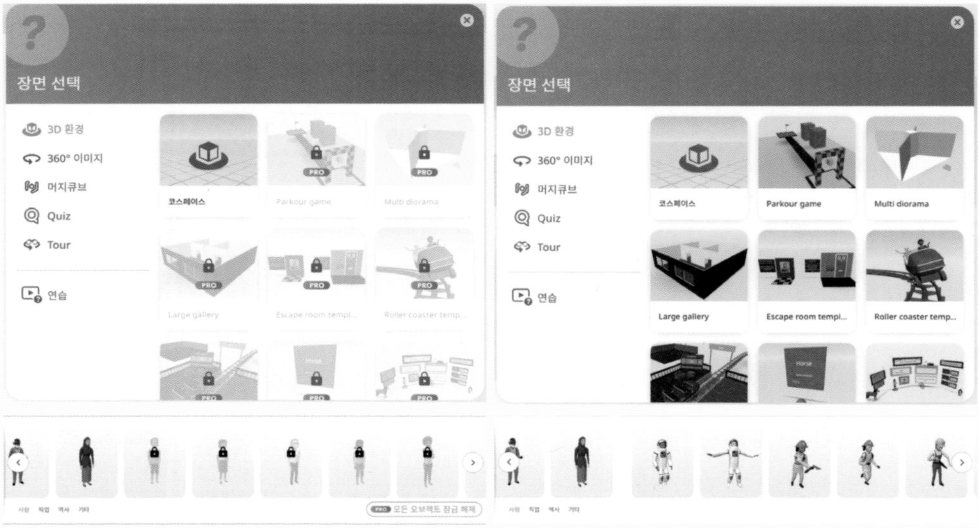

⑤ 이제 [+ 코스페이시스 만들기]를 클릭하고 3D 환경 중 가장 기본 환경을 선택하여 만들어 보자.

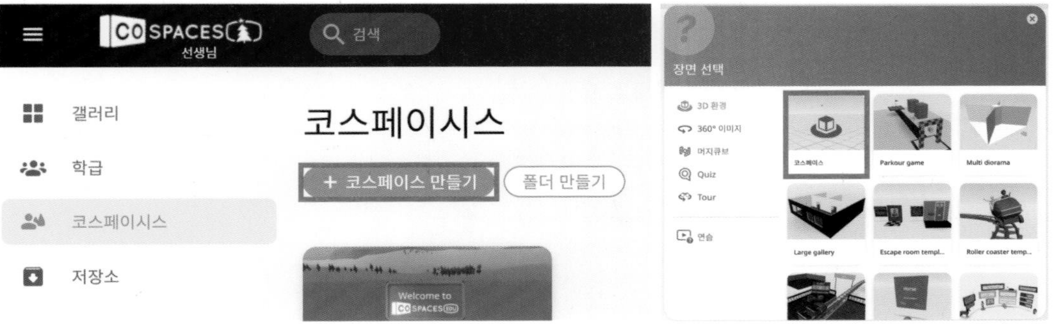

⑥ 좌측에는 코스페이시스 에듀의 ⓐ장면 목록과 ⓑ오브젝트 목록이 있다. ⓐ장면 목록에서는 코스페이시스 에듀에서 여러 개의 장면을 구성할 때 그 순서를 확인할 수 있고, ⓑ오브젝트 목록에서는 한 장면 내의 오브젝트 전체를 확인할 수 있다.

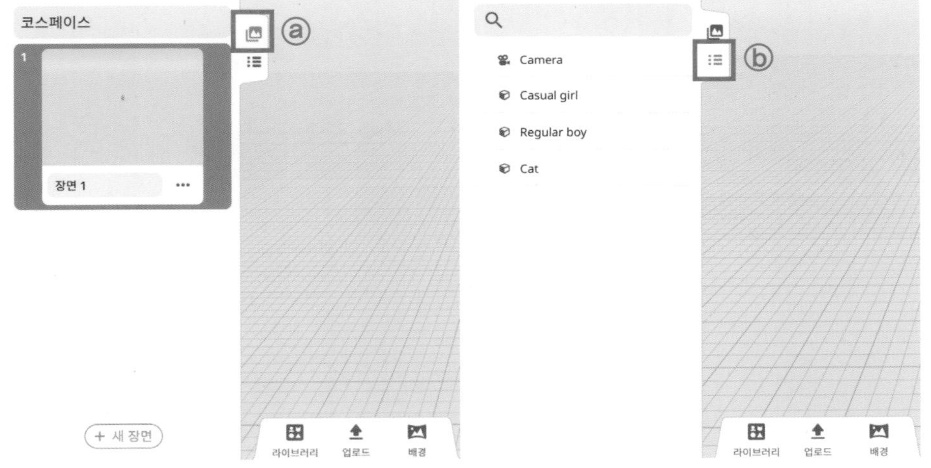

⑦ 하단 메뉴는 [라이브러리], [업로드], [배경]으로 이루어져 있다. ⓐ[라이브러리]에서는 오브젝트를 삽입할 수 있고 ⓑ[업로드]에서는 다른 콘텐츠를 불러올 수 있다. ⓒ[배경]에서는 VR 환경의 배경 화면이나 효과 등을 조절할 수 있다.

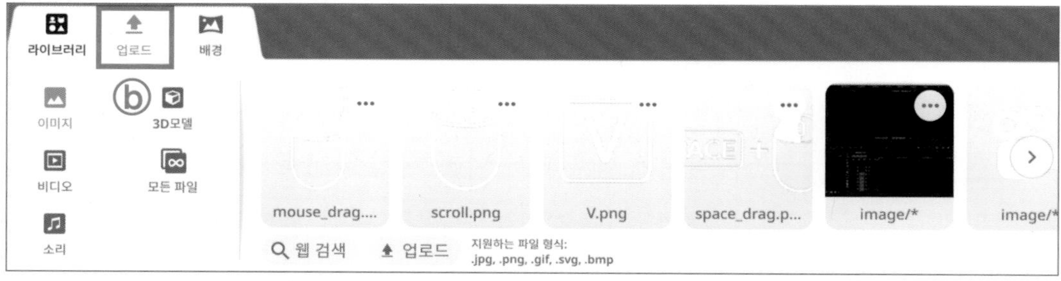

⑧ 이제 작동법을 알아볼 것이다. 갤러리 상단의 검색창에서 'welcome'을 검색하여 아래와 같은 모습을 한 프로젝트로 접속하여 보자. [+] 버튼의 리믹스를 눌러 내 코스페이시스로 복사할 수 있다.

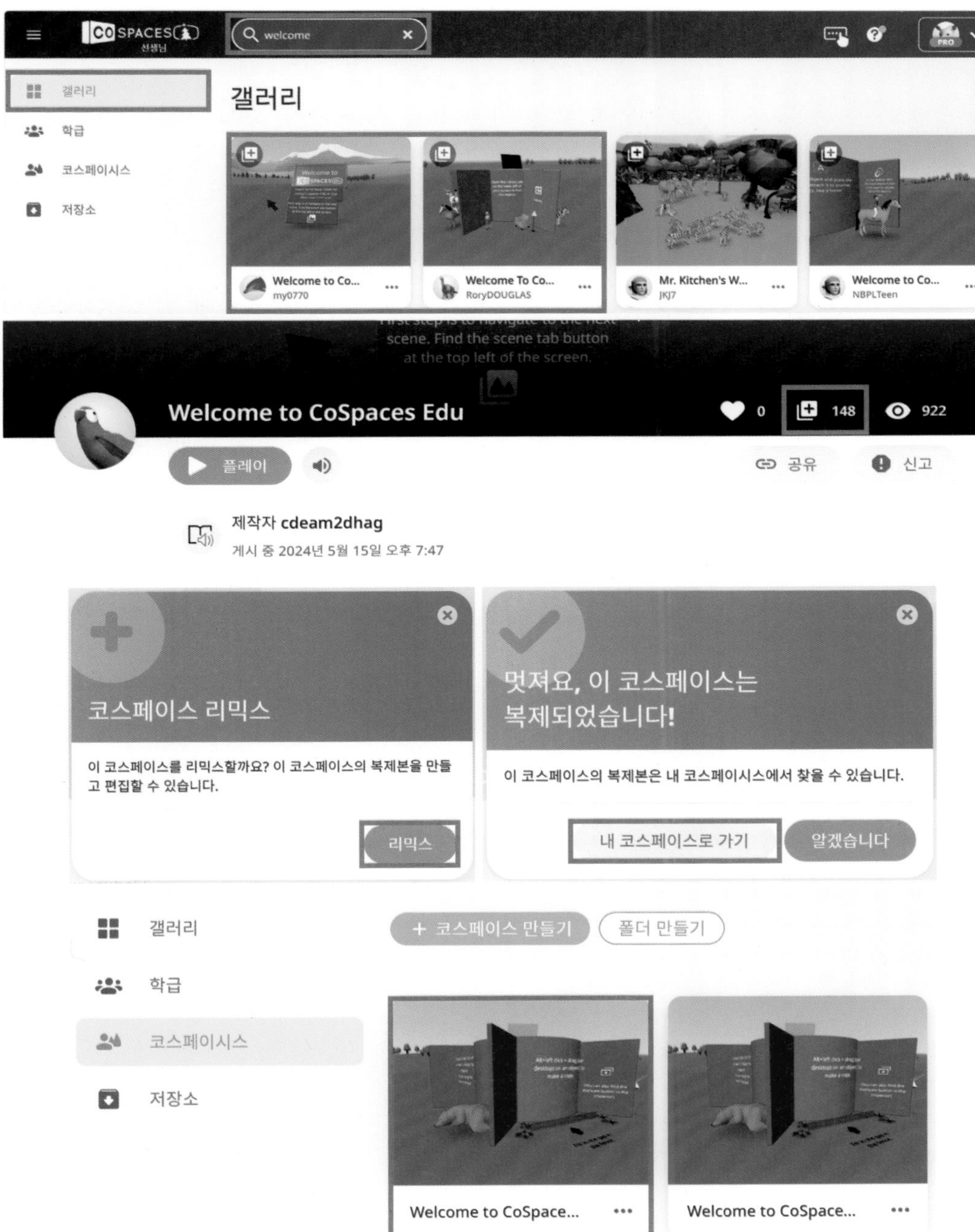

⑨ 이 프로젝트는 코스페이시스 에듀 내의 조작법을 쉽고 간단하게 익힐 수 있도록 안내하고 있다. ⓐ장면 목록에서 ⓑ두 번째 장면으로 이동하면 구체적인 조작법이 나오게 된다. 세 번째 장면은 태블릿 사용자를 위한 조작법이니 참고하자.

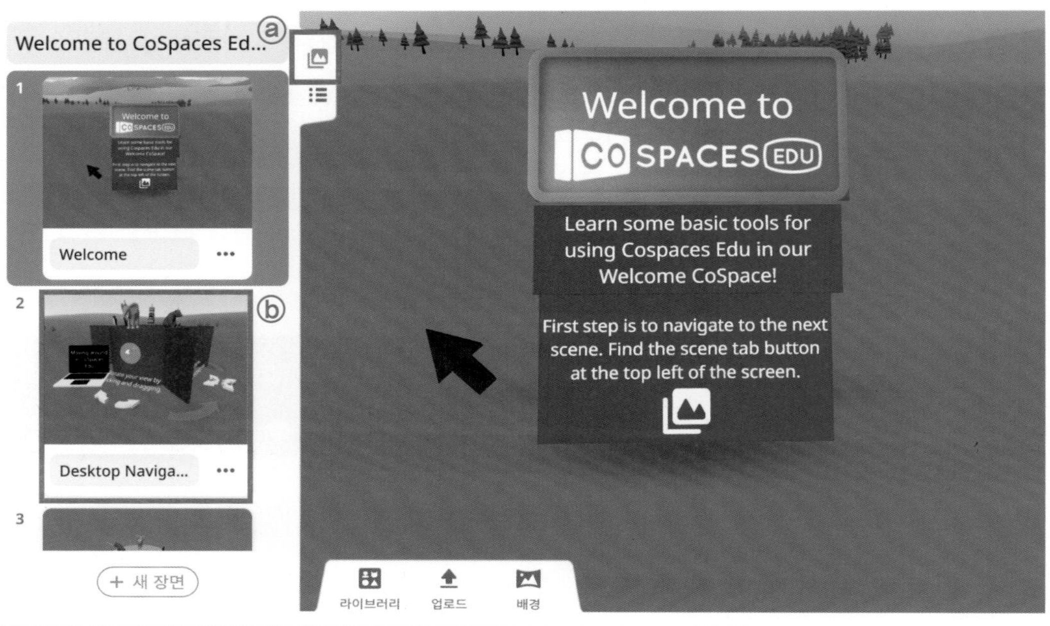

⑩ 네 번째 장면에서는 이동 방법과 카메라 조작에 대해서 확인할 수 있다. 카메라 오브젝트는 VR을 실행했을 때의 사용자의 시점과 같으며, 방향키 또는 W, A, S, D 키로 조절할 수 있다. 카메라의 이동은 [고정 위치], [걸음], [비행], [선회] 모드가 있으며, 자세한 내용은 2-2부를 참고하자.

[고정 위치]: 프로젝트가 시작되면 이동할 수 없다. 주로 애니메이션 등에서 쓰인다.

[걸음]: 앞뒤 좌우로 움직일 수 있으며 Space 바를 누르면 점프한다.

[비행]: 앞뒤 좌우로 움직일 수 있으며 Q 키와 E 키로 상승과 하강하는 효과를 줄 수 있다.

[선회]: 정해진 경로를 계속 움직인다.

⑪ 다섯 번째 장면에서는 오브젝트를 추가하고 다루는 방법에 대해서 배울 수 있다. 오브젝트 삽입은 하단 메뉴의 ⓐ라이브러리에서 원하는 오브젝트를 드래그하면 된다. 삽입한 오브젝트의 크기를 조정하기 위해서는 ⓑ설정창을 확인하자. 좌측 상단부터 순서대로 [회전 모드], [이동 모드], [드래그해서 올리기], [드래그해서 크기 바꾸기] 버튼이 있다. 위 두 버튼은 클릭한 후 사용하는 것이고 아래 두 버튼은 클릭 & 드래그로 사용하는 버튼이다. 자세한 내용은 2-1부를 참고할 수 있다.

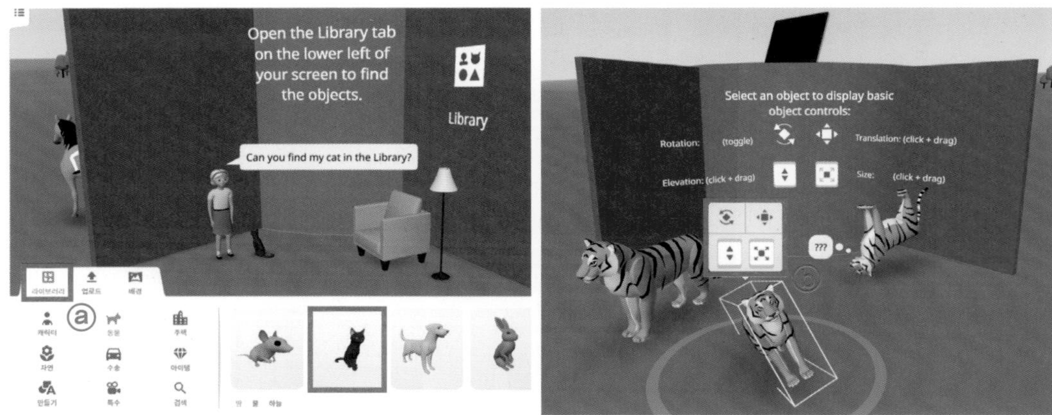

⑫ 오브젝트를 더블클릭하면 기능창을 볼 수 있다. ⓐ[재질]에서 오브젝트의 색을 지정할 수 있고 ⓑ[애니메이션]에서 간단한 움직임을 선택할 수도 있다. ⓒ[대화]에서 간단한 대사를 삽입하는 것도 재미있다. 오브젝트 설정에 관한 내용은 2-3부를 참고하면 더욱 자세히 확인할 수 있다.

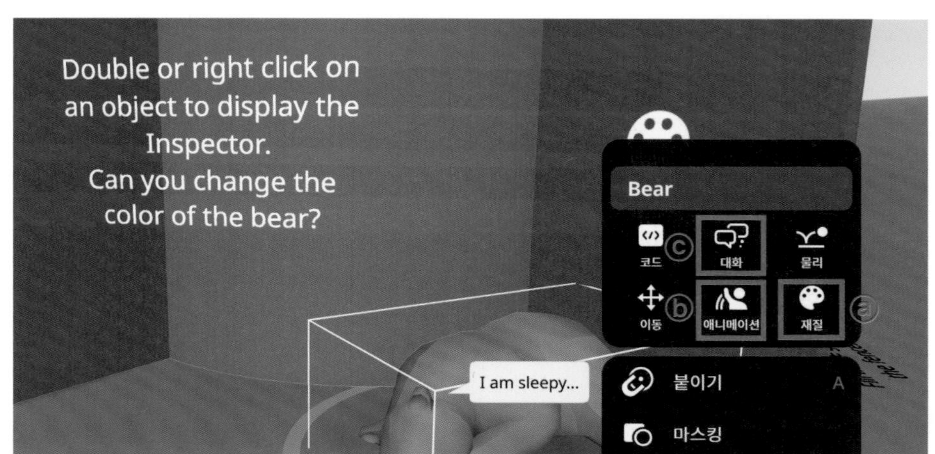

⑬ 오브젝트를 복사할 때는 Alt 키를 누르고 드래그 & 드롭을 하게 되면 복사가 된다. 물론 [Ctrl+C], [Ctrl+V]와 같은 키도 사용할 수 있다.

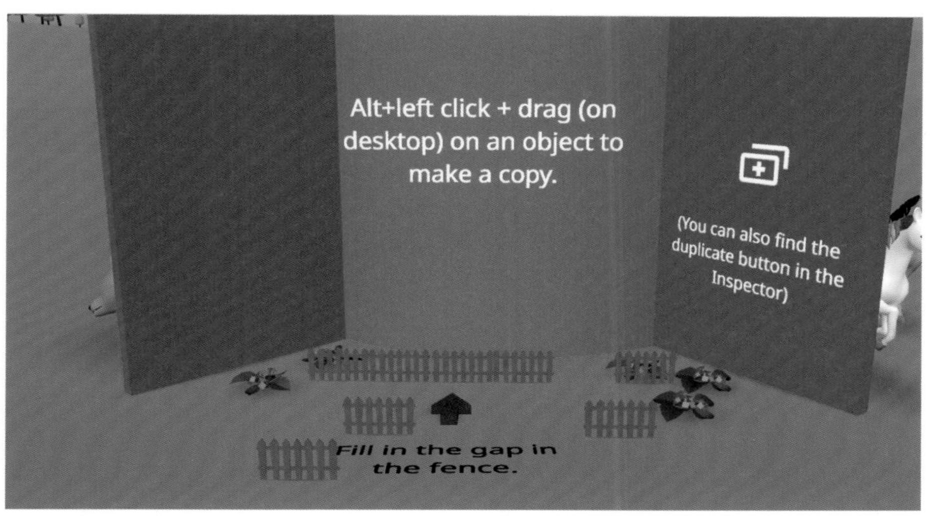

⑭ 이제 A 키를 눌러 오브젝트를 다른 오브젝트와 결합해 보자. 오브젝트를 우클릭하여 [붙이기] 메뉴를 선택해도 된다. 만약 이를 붙이지 않고 단순히 가까이 두기만 하였을 경우 말은 달리고 있지만 사람은 그대로 떠 있는 듯한 모습으로 상호작용이 이뤄지지 않는다. 하나의 오브젝트로 인식하고 싶다면 [붙이기]를 이용해 결합하여 준다. 이 내용 역시 2-2부를 참고하면 더욱 자세히 확인할 수 있다.

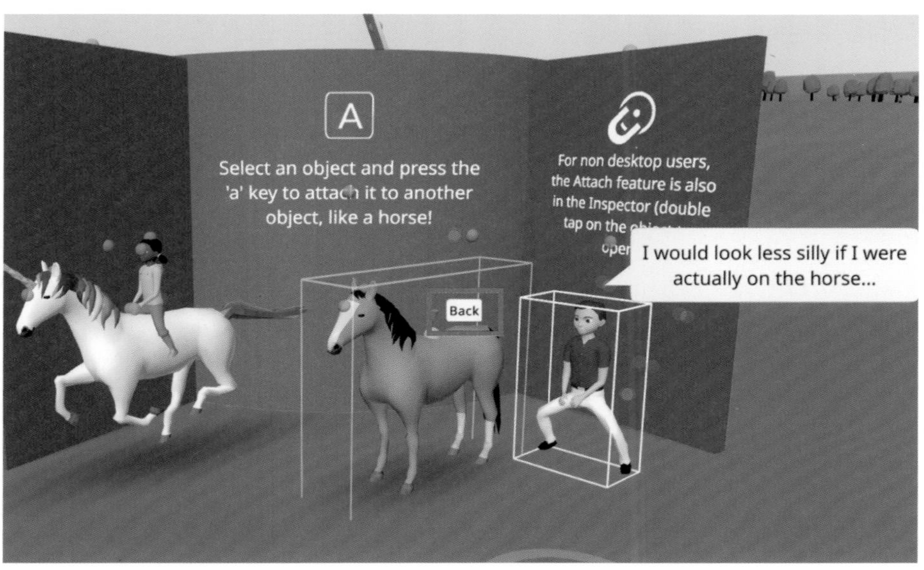

⑮ 조작법을 정리하면 아래와 같다. 가장 대표적으로 쓰이는 조작법은 2-1부에서 연습해 볼 수 있다.

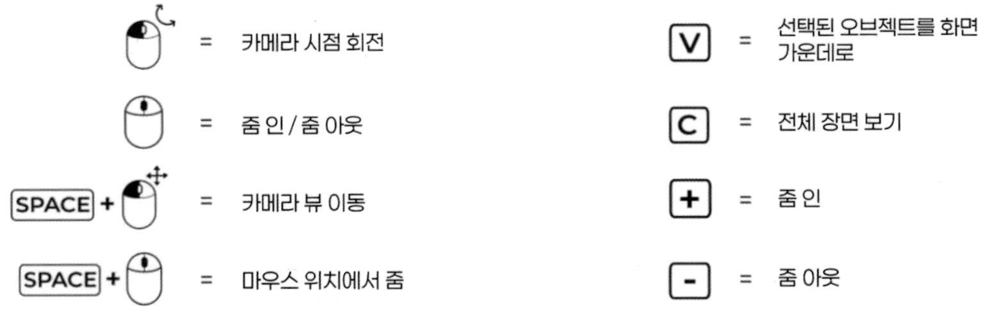

Building:
R = 회전 모드
S = 그리드(grid) 켜기/끄기
G / U = 선택된 오브젝트 그룹화/ 비그룹화
ALT + = 복사하여 이동하기
CTRL + A = 모든 오브젝트 선택
CTRL + C = 오브젝트 복사
CTRL + V = 오브젝트 붙여넣기
CTRL + D = 오브젝트 선택 해제

이제 기본적인 내용은 모두 익혔다. 스토리를 따라가면서 하나씩 만들어 볼 차례다.

2

가상현실 VR로 만드는 신나는 이야기

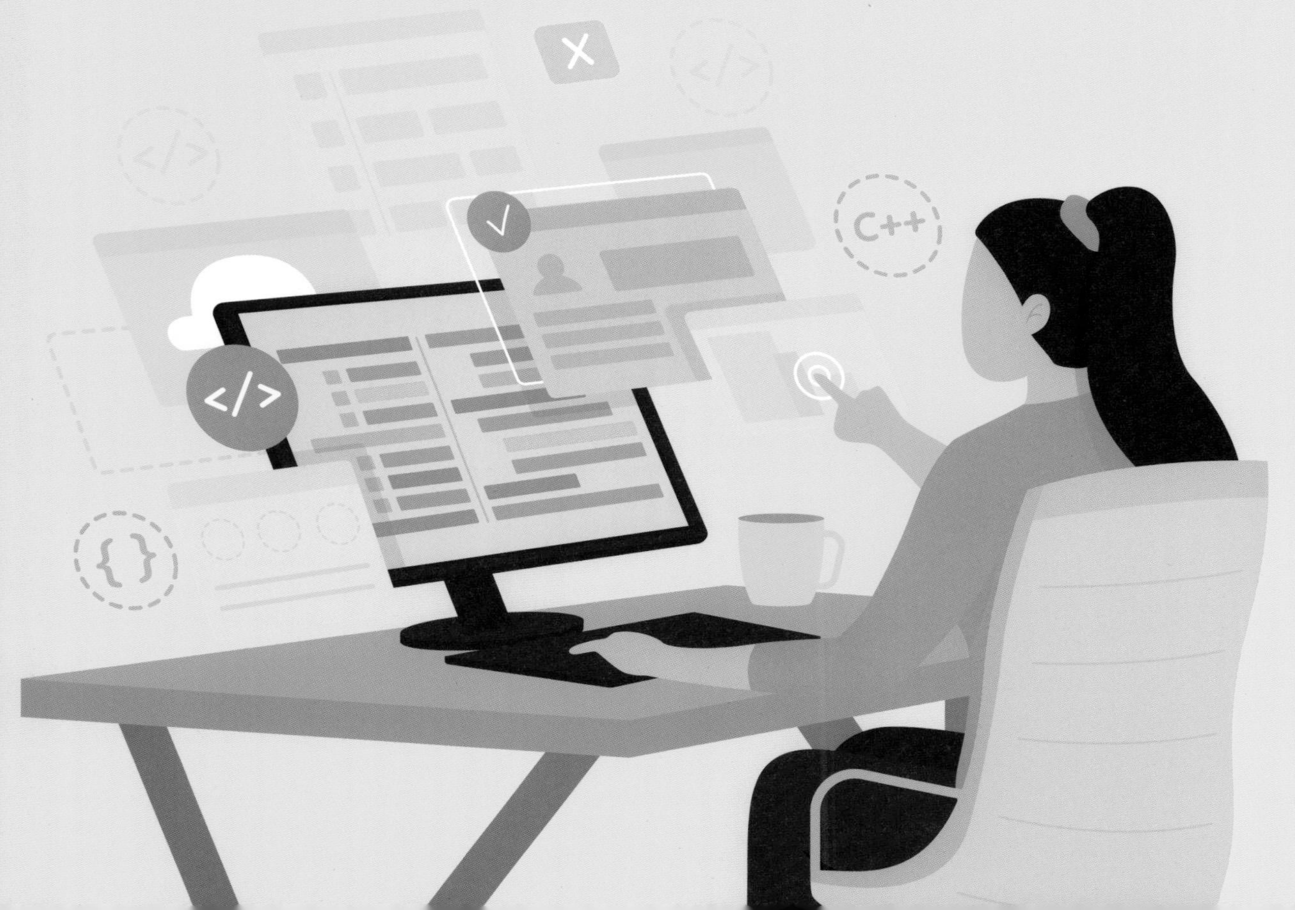

2-1 앨리스의 이상한 세상

1. 이야기 속으로

앨리스는 신기한 토끼를 따라 토끼굴로 들어갔으나 토끼굴 끝에 위치한 방의 문들은 모두 잠겨 있었다. 탁자 위에 열쇠가 놓여 있지만 열쇠로 열 수 있는 문은 통과하기에 너무 작은데……?
방을 둘러보니 '날 마셔요.'라고 적힌 병이 나타났다. 병의 음료를 마시자 키는 작아졌지만 이젠 열쇠가 너무 높이 있다. 다시 방을 둘러보자 '날 먹어요.'라고 적힌 케이크가 보인다. 케이크를 먹으니, 이번엔 키가 계속해서 자라났다. 앨리스는 문을 통과할 수 있을까? 키가 커졌다 작아지는 이상한 나라로 앨리스와 함께 떠나 보자.

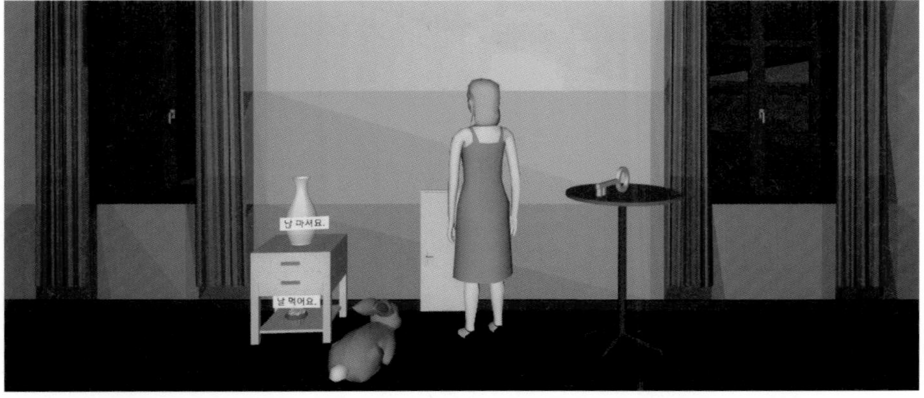

Q. 키가 작아지거나 커지면 세상이 어떻게 다르게 보일까요?

학습 목표

- 앨리스의 몸을 커졌다가 작아지도록 변경할 수 있어요.
- 화면을 이동하며 이상한 나라의 방을 둘러볼 수 있어요.
- 오브젝트의 크기와 위치를 변경하여 이상한 나라의 방을 꾸며줄 수 있어요.

2. 가상현실 디자인하기

[배경 디자인]

① [3D 환경]-[코스페이스]를 차례대로 클릭하여 가상현실을 디자인할 수 있는 공간을 불러오자. 오브젝트를 추가할 수 있는 공간과 카메라가 생성된 것을 확인할 수 있다. 이번 프로젝트에서는 공간을 구성하는 데 집중하도록 한다.

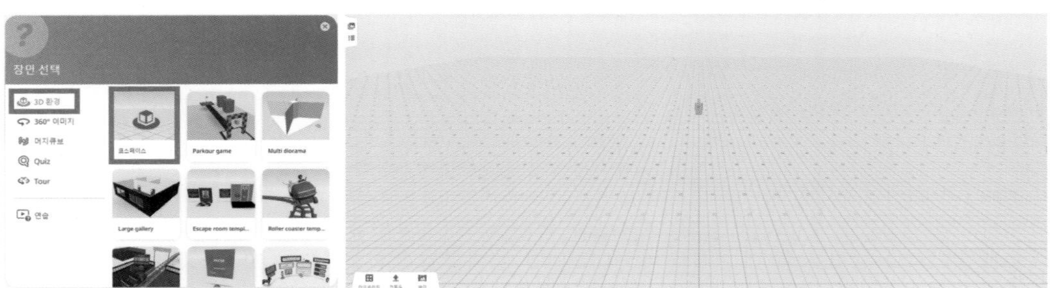

② 이상한 나라를 꾸미기 위해 배경을 추가해 보겠다. 하단 메뉴에서 [배경]을 누른 후 [수정]에서 배경을 고를 수 있다. 마우스를 아래로 스크롤하여 원하는 배경을 골라 보자. 본 프로젝트에서는 앨리스가 마주한 방을 꾸미기 위해 방 배경을 선택하였다.

③ 앨리스가 될 오브젝트를 방에 배치할 것이다. 하단 메뉴에서 [라이브러리]를 클릭하여 오브젝트의 다양한 카테고리를 확인한다. ⓐ[라이브러리]의 ⓑ[캐릭터]를 누른 후 ⓒ마우스 휠을 굴리거나 ‹, ›를 눌러 다양한 사람 오브젝트를 살펴볼 수 있다. 앨리스(Fancy woman) 오브젝트를 클릭하고 장면 속 원하는 위치로 ⓓ드래그하여 추가해 보자. 책에 제시된 오브젝트가 아니어도 좋으니 자유롭게 선택한다.

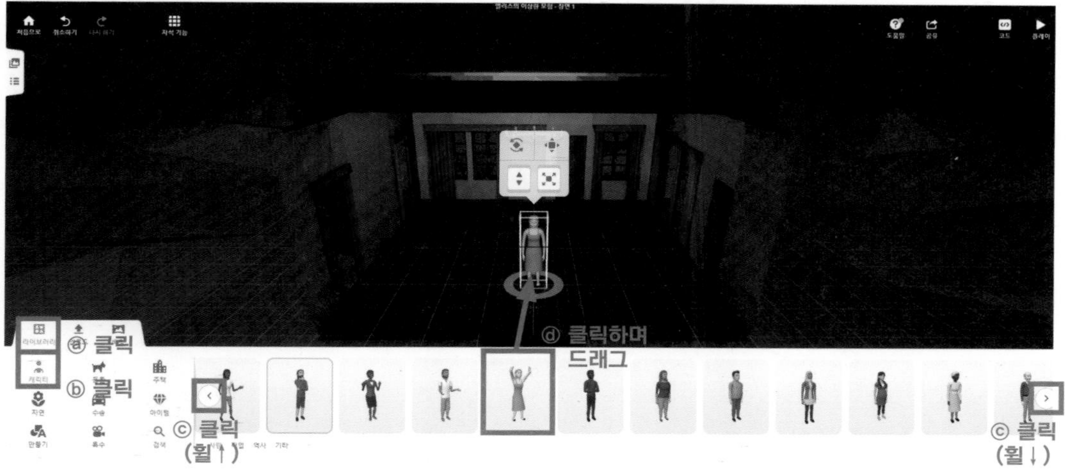

④ 오브젝트를 편하게 배치하기 위해 화면 이동 방법을 알아볼 것이다. [라이브러리]를 다시 클릭하여 하단 메뉴를 숨긴 채 따라 해 보자. 마우스의 휠을 컴퓨터 쪽으로 밀면 화면이 확대되고, 마우스의 휠을 사용자 쪽으로 당기면 화면이 축소된다.

⑤ 마우스 왼쪽 버튼을 클릭한 상태에서 드래그하면 화면이 회전된다. 드래그와 똑같은 방향의 키보드 키를 눌러도 회전시킬 수 있다. 마우스를 오른쪽으로 드래그하여 반시계 방향으로, 왼쪽으로 드래그하여 시계 방향으로 화면이 회전되는 모습을 확인해 보자.

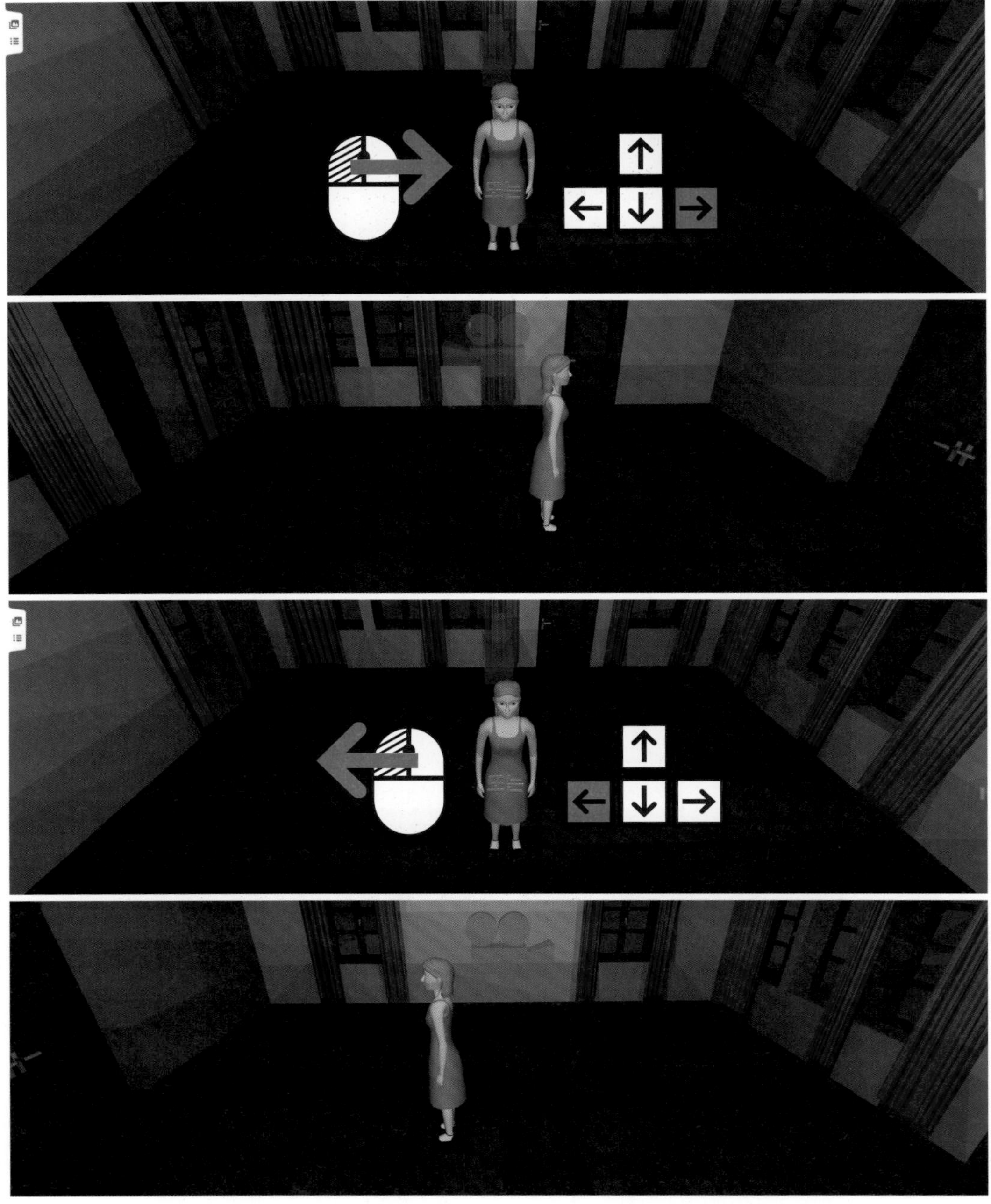

마우스 왼쪽 버튼을 클릭한 상태로 사용자 쪽으로 드래그하면 화면을 위에서 내려다보는 시점으로 회전된다. 반대로 컴퓨터 쪽으로 드래그하면 아래에서 올려다보는 시점이 된다. 단, 화면의 시점이 바닥과 수평이 되었다면 더 이상 회전되지 않는다.

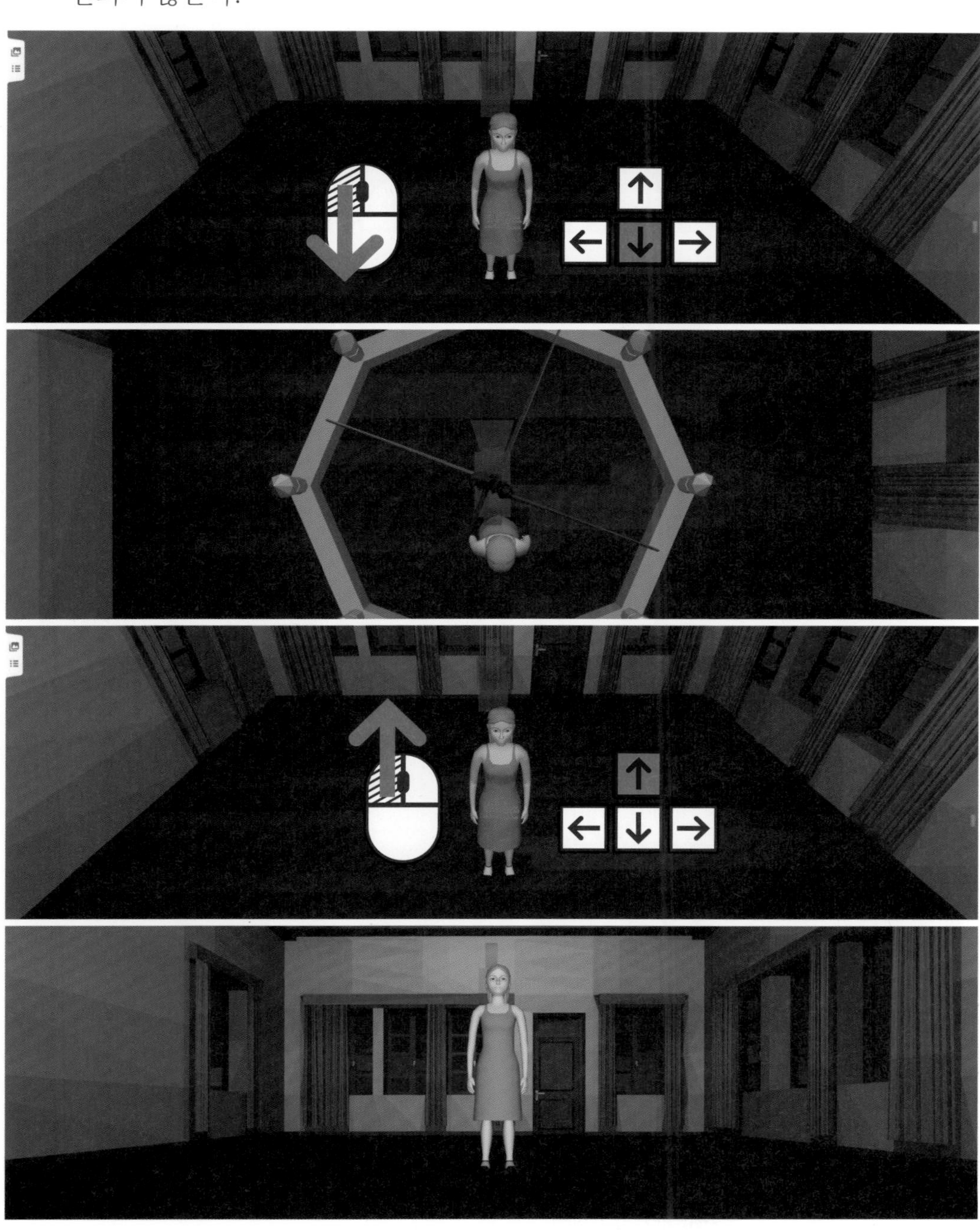

⑥ 키보드의 스페이스 바와 마우스 왼쪽 버튼을 동시에 누른 상태로 마우스를 드래그하면 화면을 이동시킬 수 있다. 사용자 쪽으로 당기듯이 드래그하면 화면이 가까워지고 컴퓨터 쪽으로 미는 듯이 드래그하면 화면이 멀어진다. 회전할 때와 달리 시점은 고정되어 있다.

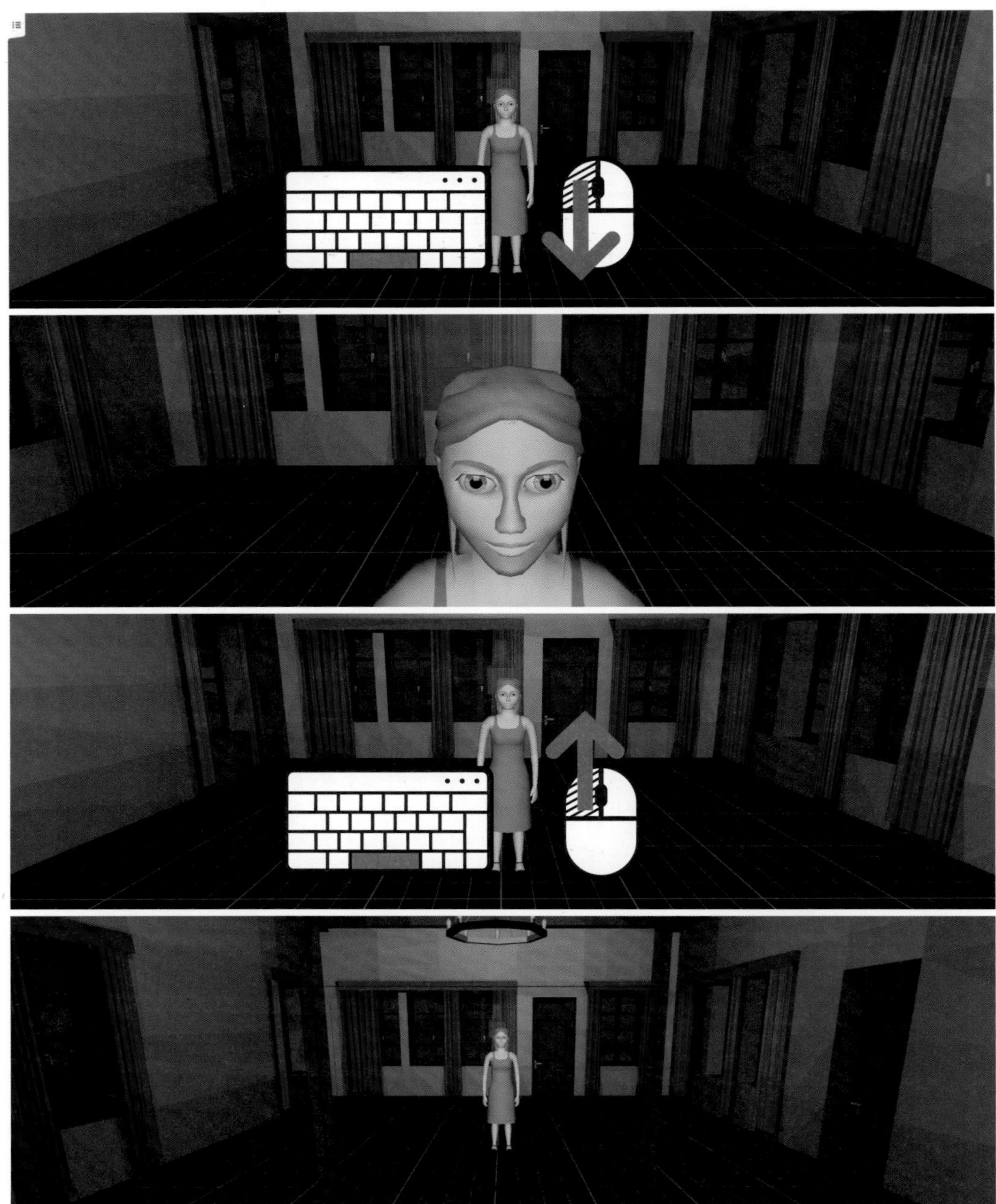

⑦ 키보드의 스페이스 바와 마우스 왼쪽 버튼을 동시에 누른 상태로 마우스를 왼쪽으로 드래그하면 화면을 왼쪽으로 밀어낸 것처럼 오른쪽으로 이동하며, 오른쪽으로 드래그하면 화면을 오른쪽으로 밀어낸 것처럼 왼쪽으로 이동한다.

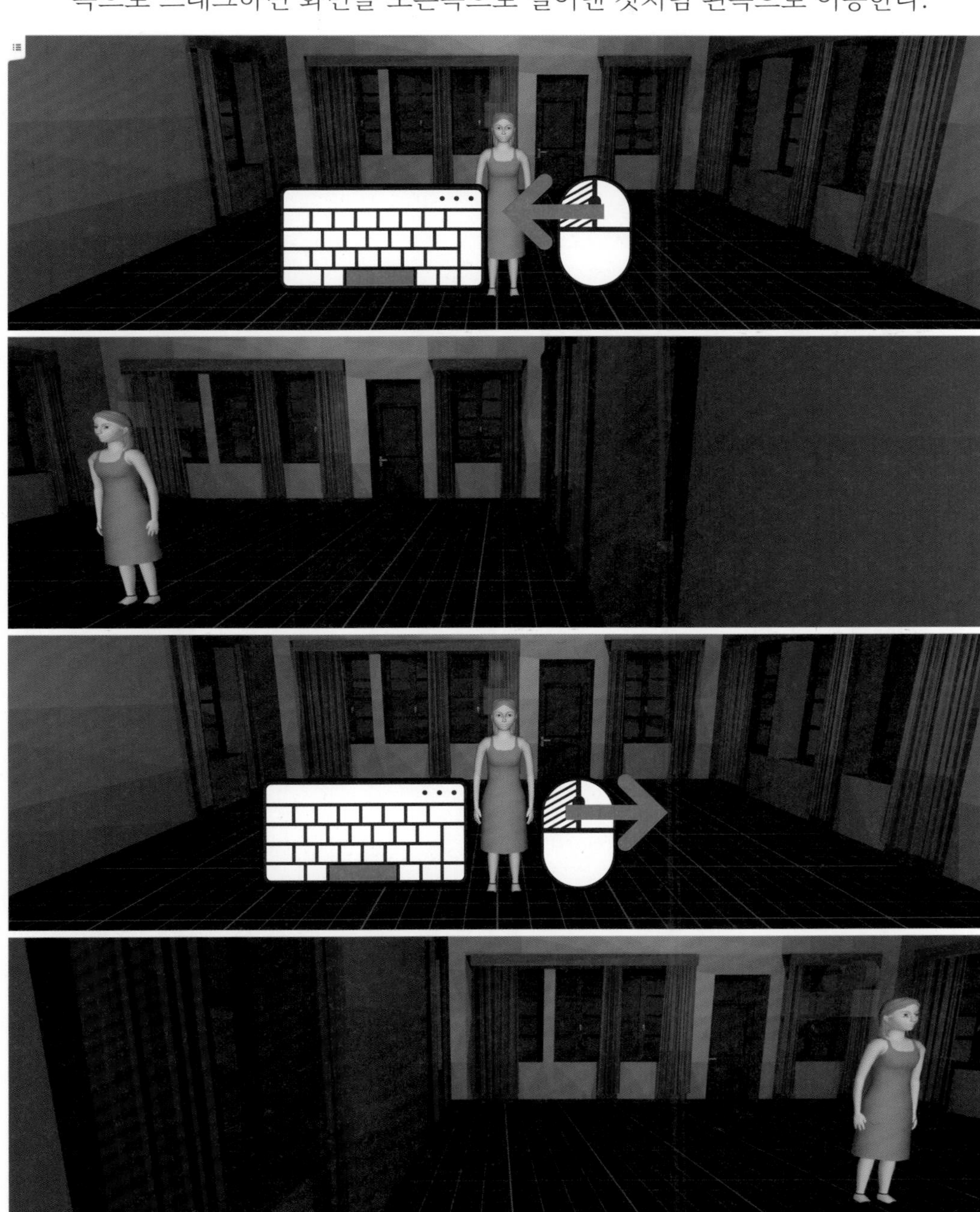

[스토리 디자인]

① 이제 이야기의 장면을 상상하면서 오브젝트를 배치할 것이다. 많은 문들 사이에 작은 문이 있었던 사실을 기억하는가? [라이브러리]-[주택]-[기타]에서 원하는 모양의 문을 골라 추가한 뒤 문(Door) 오브젝트를 작게 변경시켜 보자. 문 오브젝트를 클릭하면 오브젝트 위에 설정창이 나타난다. 그중 [드래그해서 크기 바꾸기] 버튼을 클릭한 상태에서 아래쪽으로 드래그하면 오브젝트의 크기가 작아진다.

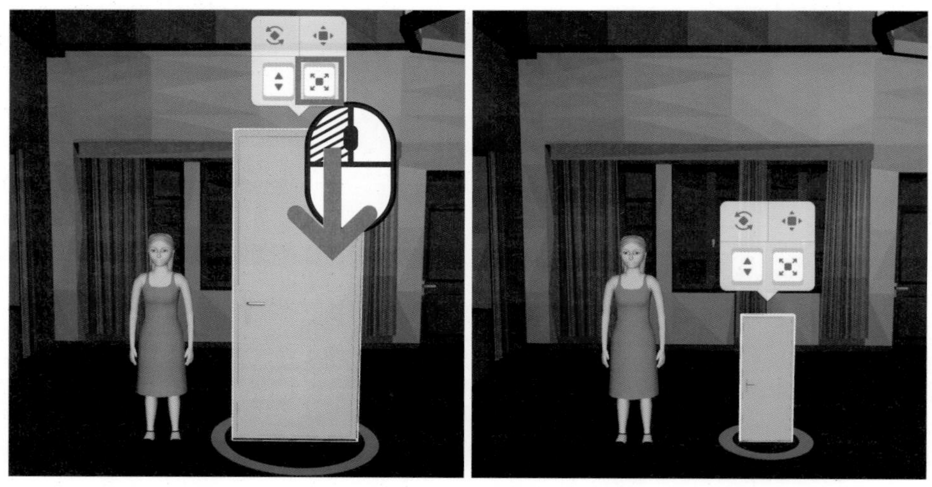

② 작아진 문을 벽으로 이동시킬 것이다. 문 오브젝트를 클릭한 채로 원하는 방향으로 드래그해 보자. 이때는 앞, 뒤, 좌, 우의 이동만 가능하다.

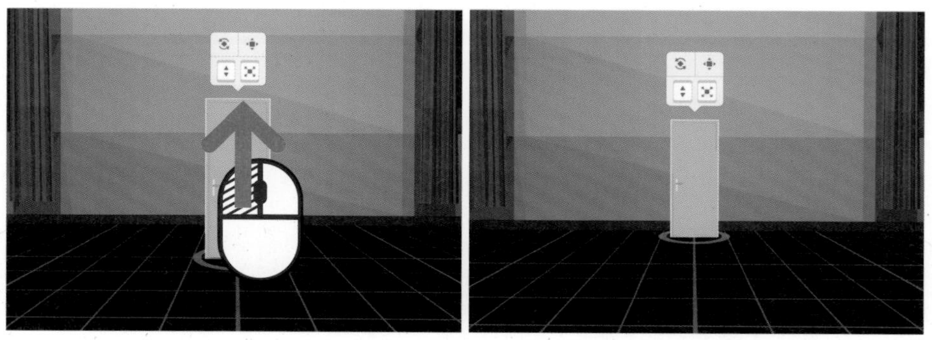

③ 위, 아래로 이동을 원할 경우 [드래그해서 올리기] 버튼을 활용한다. 공중에 떠 있는 문을 땅에 붙이기 위해 [드래그해서 올리기] 버튼을 누른 채 아래로 드래그하였다. 상하와 좌우를 따로따로 움직이는 방법이 불편하다면 오른쪽 그림처럼 [이동 모드] 버튼을 클릭해 보자. X축, Y축, Z축으로 3차원 조작이 가능한 화살표가 나타나 세밀한 이동 조작이 가능하다.

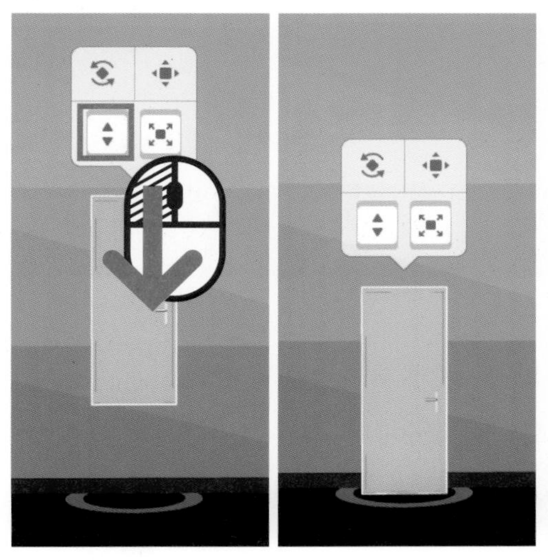

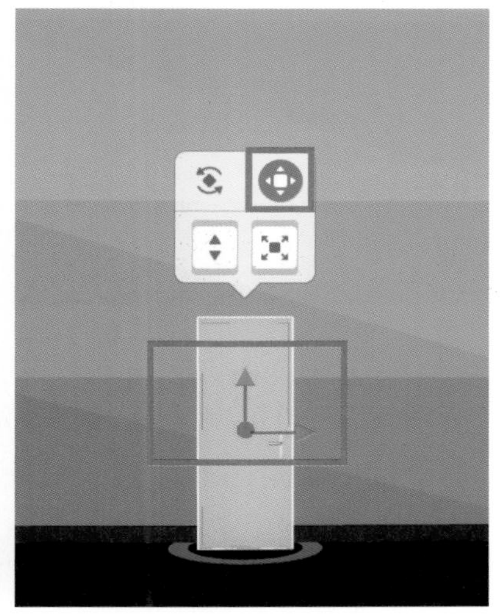

④ 문이 비뚤어져 있다면 오브젝트를 회전시켜 보자. 오브젝트 아래 파란색 원을 클릭하면 노란색 원으로 바뀌는데, 이를 클릭한 채 왼쪽으로 드래그하면 시계 방향으로 오른쪽으로 드래그하면 반시계 방향으로 오브젝트가 회전할 것이다. 정밀한 회전 조작을 원한다면 [회전 모드] 버튼을 이용할 수 있다.

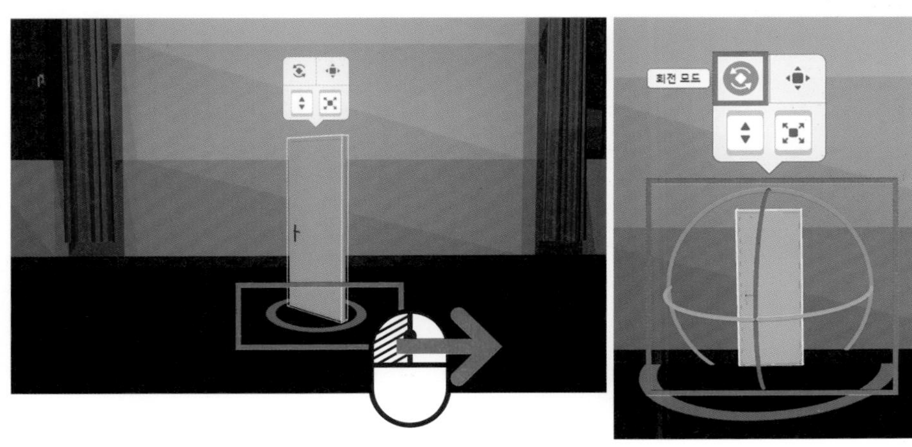

⑤ 이제 작은 테이블 위에 열쇠를 놓아 보자. 테이블(Bistro table)은 [주택]-[부엌], 열쇠(Key)는 [아이템]-[소품]에서 가져왔다. 벽에 문을 배치했던 방법을 떠올리며 열쇠의 위치와 크기를 조정한다.

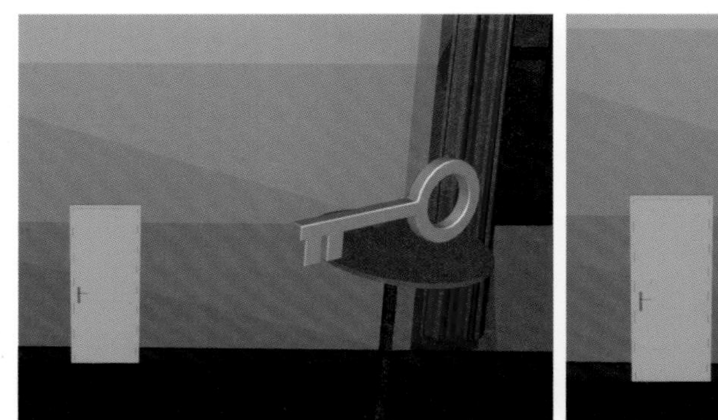
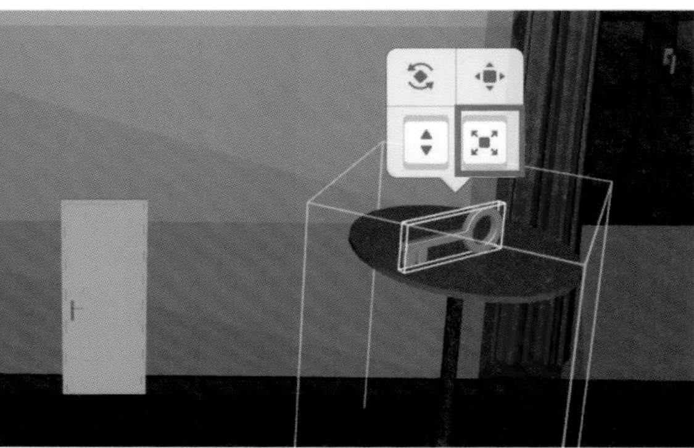

⑥ '날 마셔요.'라고 적힌 병을 탁자 위에 놓아 볼 것이다. 탁자(Night stand)는 [주택]-[침실]에서, 병(Vase)은 [아이템]-[소품]에서 추가했다. ⑤에서 했던 내용을 반복하여 원하는 위치와 크기로 오브젝트를 조정하여 탁자 위에 병을 배치한다.

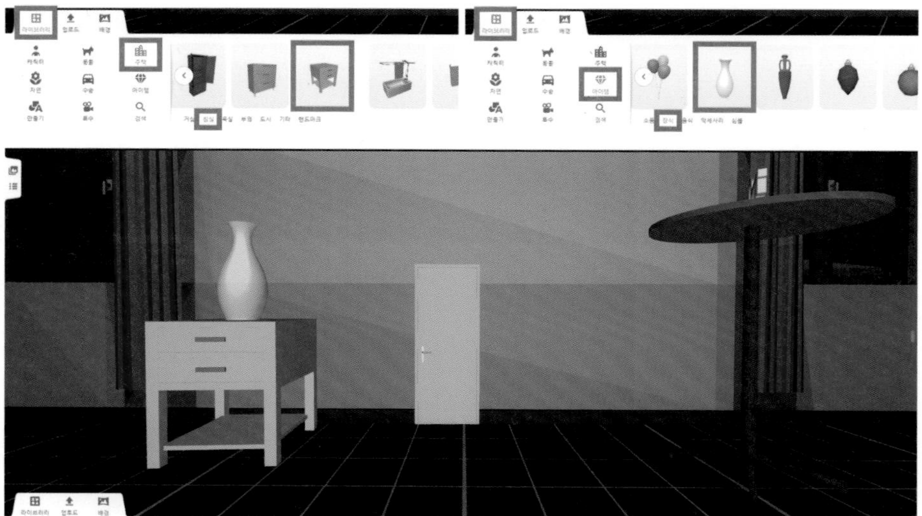

⑦ '날 마셔요.'라고 쓰인 쪽지를 붙이기 위해 [만들기]-[3차원]에 있는 텍스트 상자(Text panel)를 불러온다. 코스페이시스 에듀에서는 오브젝트에 텍스트를 덧입히거나 설명을 추가하는 등의 방법으로 이야기를 다채롭게 펼칠 수 있다.

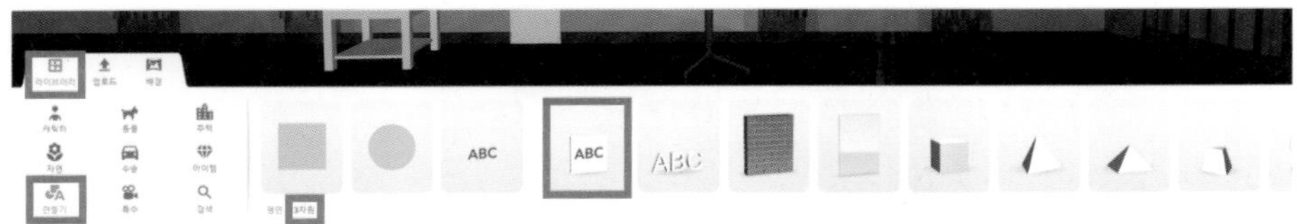

⑧ 오브젝트를 더블클릭하거나 우클릭하면 다양한 기능을 수행할 수 있는 기능창이 나온다. 텍스트 상자 오브젝트를 선택하고 마우스 오른쪽 버튼을 클릭하여 기능창을 확인해 보자. [텍스트] 기능에서는 텍스트 내용과 폰트의 크기를 설정할 수 있다. 폰트 크기는 즉각적으로 변경되지만, 텍스트 내용은 ⊗를 눌러 팝업창을 닫아야 반영된다.

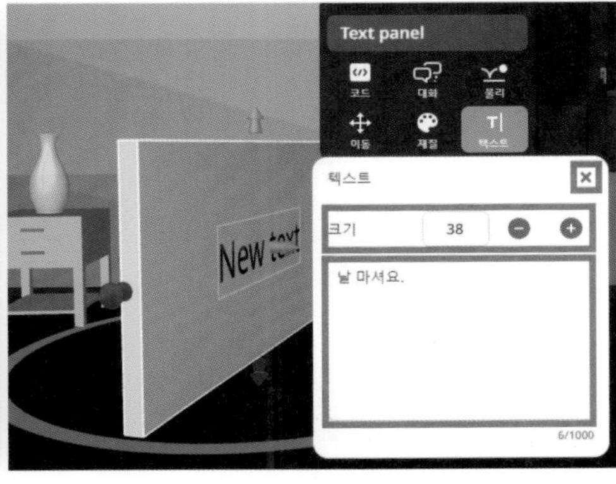

⑨ 이제 병에 붙일 수 있도록 텍스트 상자의 크기를 조정할 것이다. [드래그해서 크기 바꾸기]를 사용해도 좋지만, 3차원 텍스트 상자는 다른 오브젝트와 달리 길이, 너비, 높이의 조정이 가능하다. 따라서 화살표를 사용하여 원하는 크기로 만들어 보자.

1장
2장
3장
2장 가상현실 VR로 만드는 신나는 이야기

⑩ 텍스트 상자 오브젝트를 이동시켜 병에 쪽지를 붙여 보자. 단, 텍스트 상자 오브젝트를 이동시키기 전에 [그룹 만들기]를 추천한다. 텍스트 상자는 텍스트와 네모 도형이 합쳐져 있는데 두 오브젝트가 분리될 수 있기 때문이다. 텍스트 상자 그룹을 만든 후 [이동 모드]로 위치를 조정하여 병에 붙였다.

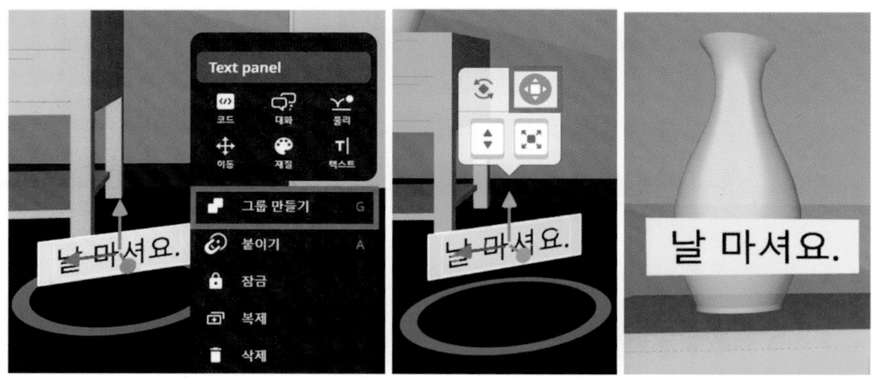

⑪ 이야기의 장면을 떠올리며 '날 먹어요.'라고 쓰인 케이크와 토끼를 추가로 배치해 보았다. 토끼는 문을 통과하여 이상한 나라로 향할 것이며, 앨리스는 문을 통과할 방법을 고민하고 있다. 병의 음료를 먼저 마실까? 아니면 케이크를 먼저 먹을까? 이야기를 상상하며 앨리스의 크기를 줄였다, 늘렸다 자유롭게 변경해 보자.

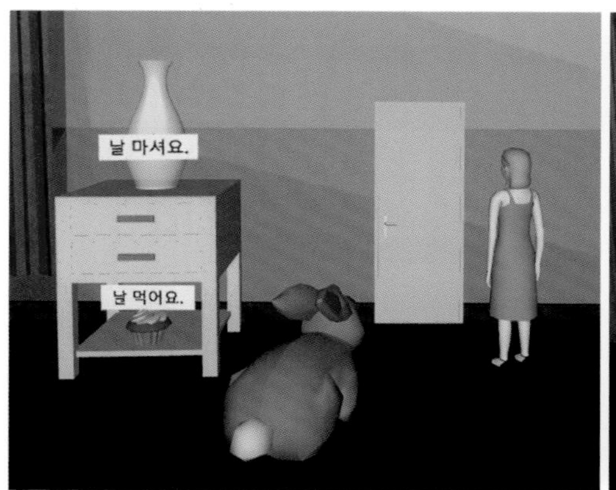

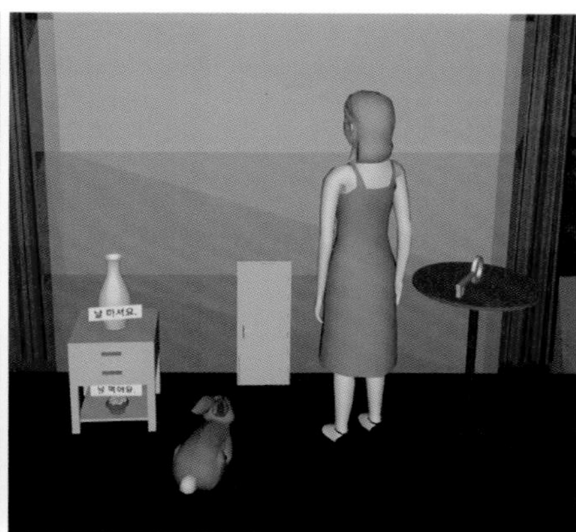

[가상현실 감상]

① 이제 오른쪽 상단의 [공유]를 눌러 내가 만든 장면으로 초대해 보자. 작업 내용은 자동으로 저장되기 때문에 별도로 저장하지 않아도 된다.

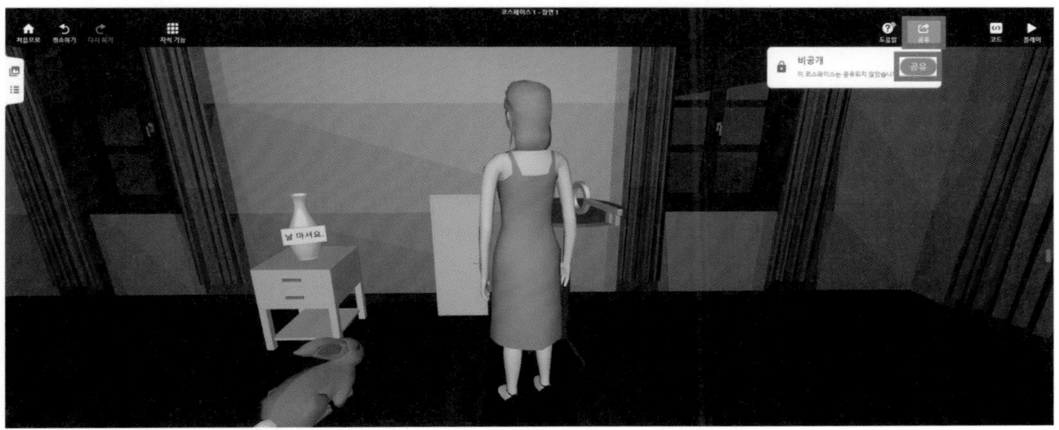

② [비공개 공유]를 누르면 링크 주소를 공유받은 사람만 이 가상현실에 접속할 수 있다.

× 공유방식을 선택하세요.

비공개 공유
링크 주소를 공유받은 사람만 이 코스페이스를 볼 수 있습니다.

갤러리에 공유하기
프로 체험판에서는 갤러리에 공유 기능을 사용할 수 없습니다.

← 공유 상세정보 비공개 공유

이름
코스페이스 1

설명
이 코스페이스의 주제는 무엇인가요?

공유 방식
비공개 공유

리믹스
다른 사람이 이 코스페이스를 복제하는 것을 허락합니다

조회수 제한
이 코스페이스는 1000 조회수 제한이 있습니다

③ 공유가 완료되면 다음 화면과 같이 접속할 수 있는 QR코드, 공유 코드 및 링크가 생성된다. 공유된 가상현실은 1,000회까지만 조회할 수 있음에 유의하자.

④ 초대된 공간으로 들어가기 위해서는 메인 화면 오른쪽 상단의 손가락 버튼을 누른다. 방금 발급받은 공유 코드를 입력하여 가상현실에 접속할 수 있다.

⑤ 컴퓨터가 아닌 스마트 기기를 사용한다면 코스페이시스 에듀 애플리케이션을 설치해야 한다. 플레이스토어 또는 앱스토어에서 코스페이시스 에듀 애플리케이션을 다운로드하자. 이후 QR 코드를 스캔하거나 공유 코드를 입력하면 직접 만든 가상현실이 내 손 위에서 펼쳐지는 모습을 관찰할 수 있다.

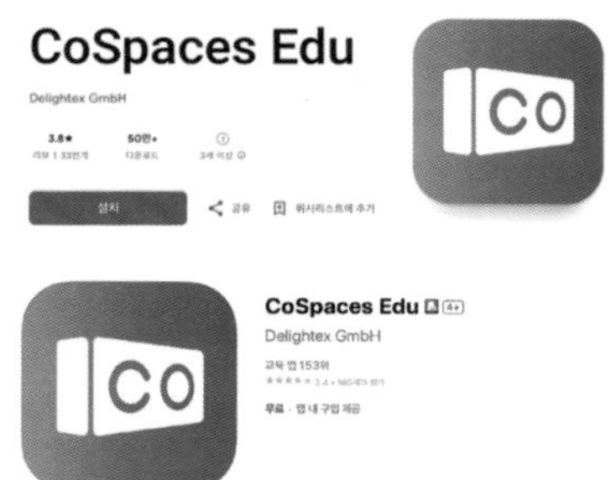

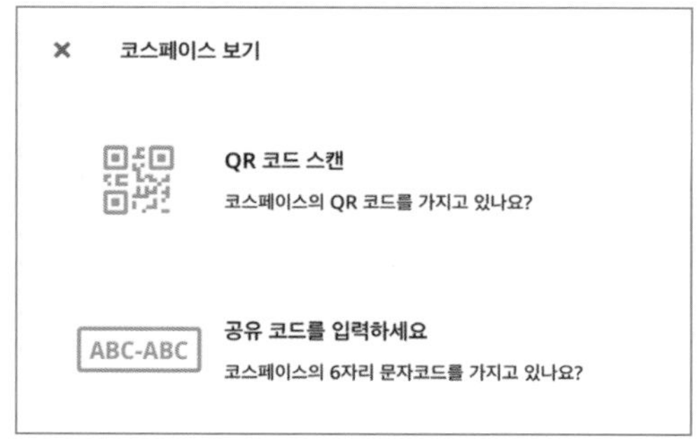

⑥ ▶ 플레이 버튼을 눌러 가상현실을 실행시켜 보자.

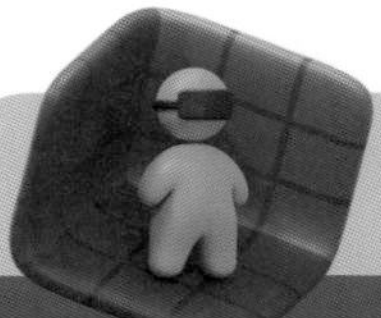

VR 이야기 톡톡

정답 262쪽

Q. 화면을 조작했던 방법을 설명해 봅시다.

❶ 화면을 회전하기 위해서 마우스 ( ) 버튼을 누른 채 ( )한다.

❷ 화면을 이동하기 위해서 키보드의 ( )와 마우스 ( ) 버튼을 동시에 누른 채 ( )한다.

Q. 작은 문 뒤에는 어떤 세상이 펼쳐질까요?

2-2 용궁에 간 토끼 별주부전

1. 이야기 속으로

옛날 옛적 바닷속 용왕님이 큰 병에 걸렸는데 어떤 약도 소용이 없었다. 그때 육지에 사는 토끼의 간이라면 용왕님의 병을 치료할 수 있다는 이야기를 듣게 된다. 토끼의 간을 가져오라는 명령을 받은 자라는 육지에 올라가 토끼를 속이고 용궁으로 데려온다. 자신의 앞날을 모르는 토끼는 신나게 용궁을 구경하는데…… 토끼는 이 위험을 어떻게 극복할까?

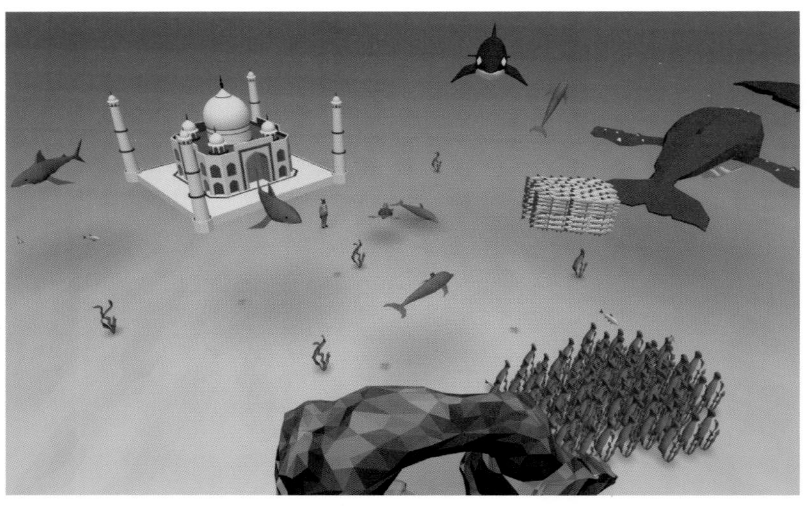

Q. 용왕님이 사는 바닷속 용궁의 모습은 어떨까요?

학습 목표

- ★ 아름다운 바닷속 용궁을 만들어요.
- ★ 카메라 4가지 모드로 용궁을 구경해요.

2. 가상현실 디자인하기

[배경 디자인]

① 카메라 오브젝트를 클릭한 후 키보드 V 키를 눌러보자. 선택된 오브젝트가 화면 중앙에 배치되면서 확대된 모습을 볼 수 있다. 또는 2-1부에서 설명한 대로 카메라 오브젝트를 클릭하여 마우스 휠로 조정하거나 드래그하여 화면 중앙에 배치해 보자.

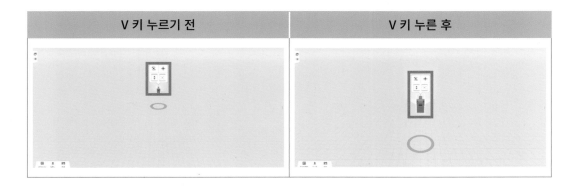

② 바닷속 용궁의 모습을 나타낼 것이므로 바다 배경을 선택했다.

③ 용왕님과 다양한 바다 생물이 사는 용궁의 모습을 표현하기 위해 [라이브러리]-[동물], [주택], [자연]에서 어울리는 오브젝트들을 삽입하였다. 돌고래(Dolphin) 오브젝트를 포함해 다양한 해양 생물 오브젝트를 배치해 보자. 키보드 F 키를 누르면 [플레이] 버튼을 누르지 않아도 카메라 화면으로 전환한 장면을 확인할 수 있다.

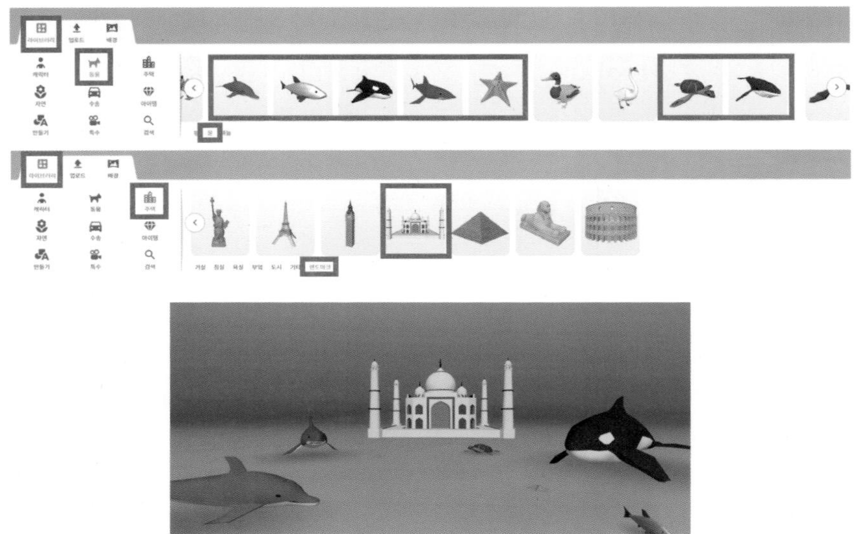

④ 화면과 오브젝트를 전체적인 시각에서 확인하고 싶다면 키보드 C 키를 눌러 보자. 화면이 축소되면서 전체를 한눈에 살펴볼 수 있다. 이번에는 궁전 오브젝트를 클릭한 상태로 키보드 V 키를 눌러 보자. 선택한 궁전 오브젝트를 기준으로 조금 더 확대된 모습을 볼 수 있다. 전체 화면을 확인하면서 오브젝트를 골고루 배치하여 더 풍성한 장면을 구성해 보자.

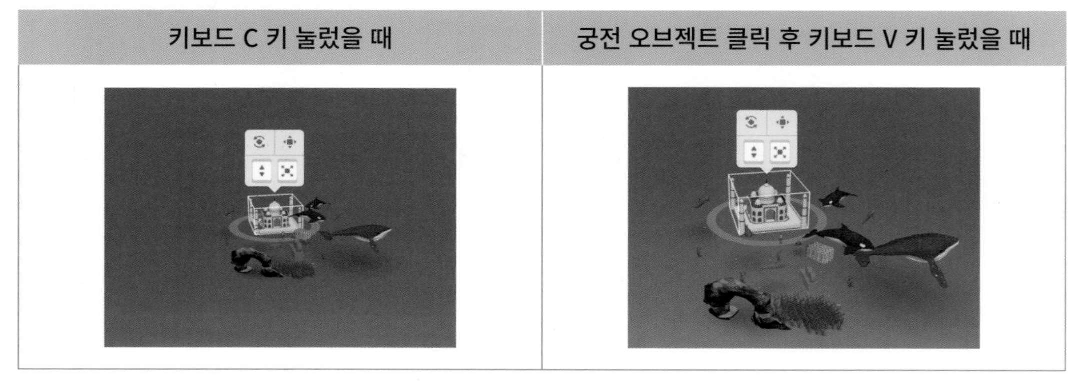

⑤ 이번에는 [라이브러리]-[캐릭터]에서 나이 든 남자(Casual senior man) 오브젝트를 추가했다. 여기에서는 용왕님 역할을 한다.

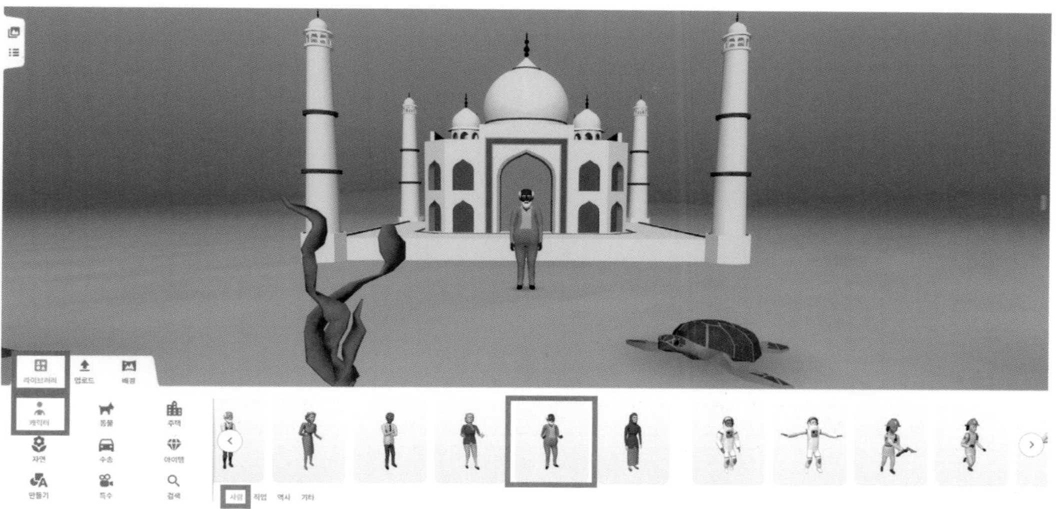

⑥ 용왕님의 머리 위에 왕관을 씌우거나 바닷속 자라의 등 위에 토끼를 올리려면 어떻게 해야 할까? [붙이기] 기능을 사용하면 선택한 오브젝트를 원하는 다른 오브젝트에 붙일 수 있다. [붙이기] 방법은 두 가지이다. 첫 번째는 원하는 오브젝트를 선택한 후 키보드 A 키를 누르는 방법이다. [붙이기]를 할 수 있는 위치에 파란색 점이 생기고, 마우스를 가져가면 노란색 점으로 바뀐다. 본 프로젝트에서는 왕관(Crown) 오브젝트를 용왕님의 머리에 [붙이기] 해 보았다.

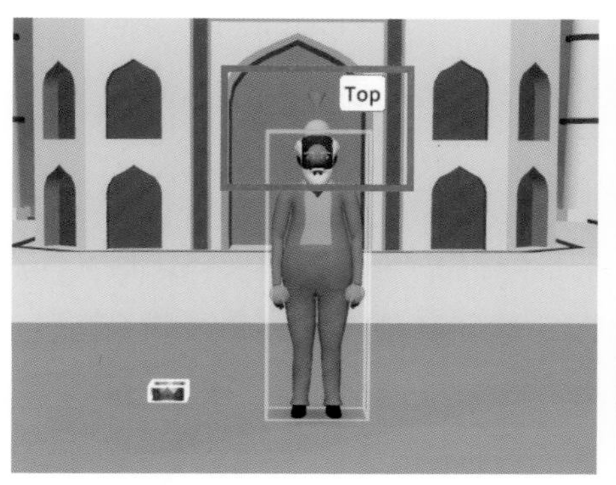

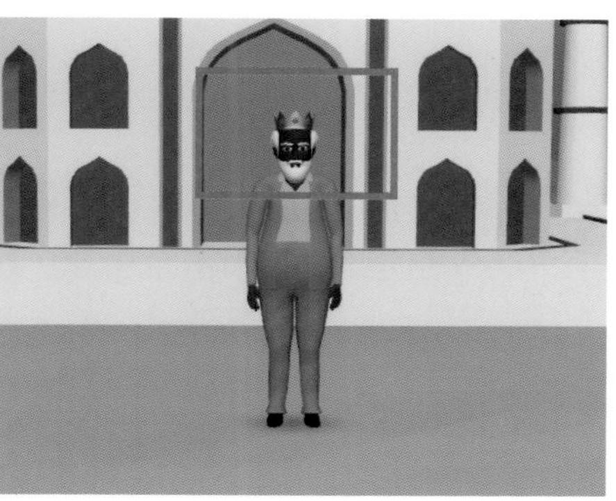

⑦ 두 번째 방법으로 용궁에 놀러 온 토끼(Rabbit) 오브젝트를 거북이(Turtle) 오브젝트 등 위에 태워 보자. 토끼 오브젝트를 클릭한 후 마우스 오른쪽을 클릭하여 [붙이기] 버튼을 누른다. 키보드 A 키를 눌렀을 때와 동일하게 파란색 점들이 생기는 것을 볼 수 있다. 거북이의 등을 누르면 토끼가 거북이 위에 탄 모습이 완성된다.

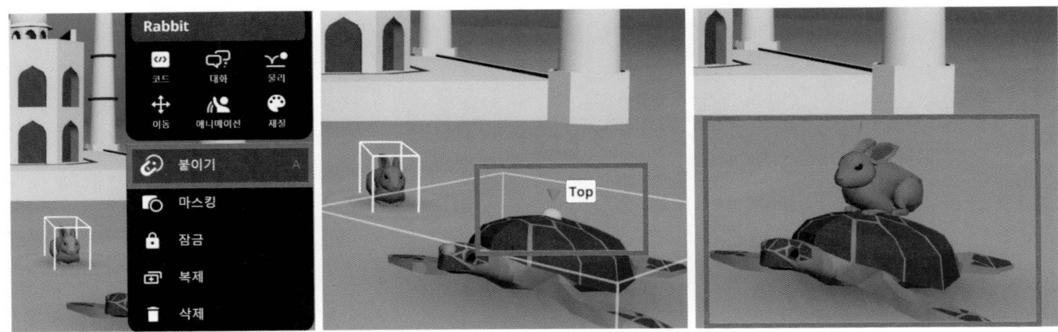

⑧ 마지막으로 바닷속을 수영하는 물고기 떼를 만들어 보자. [라이브러리]-[동물]에서 물고기(Fish) 오브젝트를 선택한다. 키보드 C 키를 눌러 전체 화면을 확인하면서 오브젝트가 비어 있는 곳에 물고기를 배치한다.

⑨ 물고기 떼를 만들기 위해 물고기를 복제할 것이다. 섬세한 작업을 위해 물고기 오브젝트를 클릭한 상태에서 키보드 V 키를 눌러 보자. 물고기 오브젝트가 화면의 중앙으로 확대되어 보일 것이다. 복제하고자 하는 물고기 오브젝트를 선택한 상태에서 Alt 키를 누르면서 옆으로 드래그하면 오브젝트가 복제된다. 또는 [Ctrl+C]를 누르거나 마우스 오른쪽 버튼을 눌러 [복제] 버튼을 클릭하는 방법이 있다. 같은 방법으로 물고기를 옆으로 7마리 정도 나열해 보자.

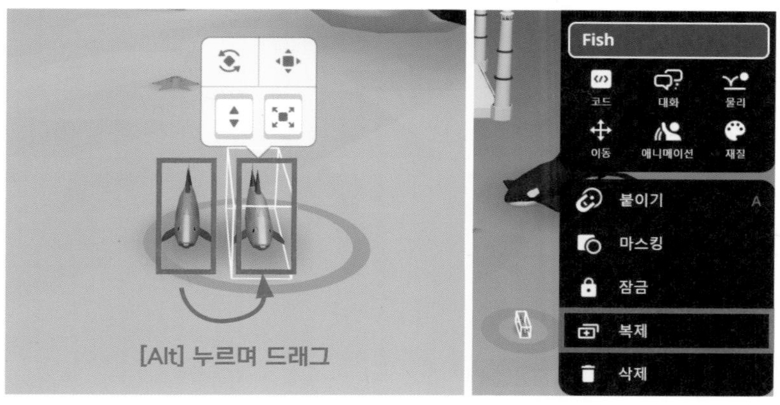

⑩ Shift 키를 누른 상태에서 화면을 드래그하면 영역 안에 있는 오브젝트가 동시에 선택된다. 그 상태에서 마우스 오른쪽을 클릭하여 [그룹 만들기] 버튼을 눌러 보자. 선택한 여러 마리의 물고기가 한 오브젝트처럼 그룹으로 묶이는 것을 확인할 수 있다.

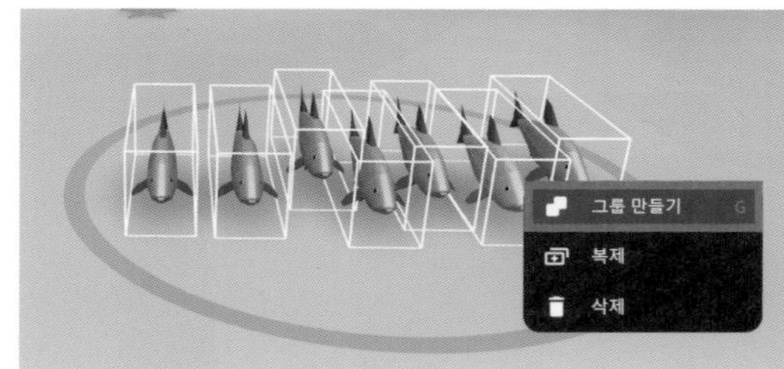

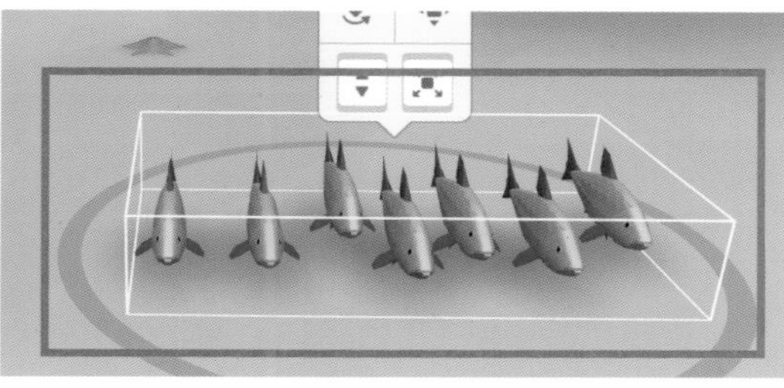

⑪ 같은 방법으로 Alt 키를 누른 상태에서 물고기 그룹을 앞으로 드래그하여 물고기 떼를 만들 수 있다. 이번에도 Shift 키를 누른 상태에서 물고기가 있는 영역을 드래그하여 그룹을 만들어 보자.

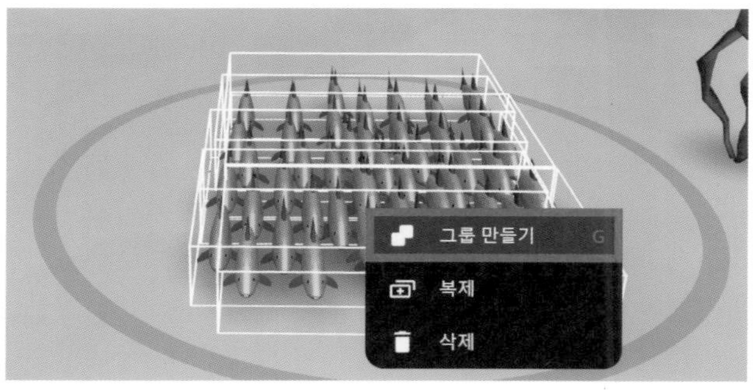

⑫ 이번에는 Alt 키를 누른 상태로 물고기 그룹을 위로 쌓아 볼 것이다. 복제된 물고기들이 쌓여서 물고기 떼를 형성한다. Shift 키를 누르고 물고기 떼를 모두 드래그하여 하나의 그룹으로 묶으면 거대한 물고기 떼가 완성된다.

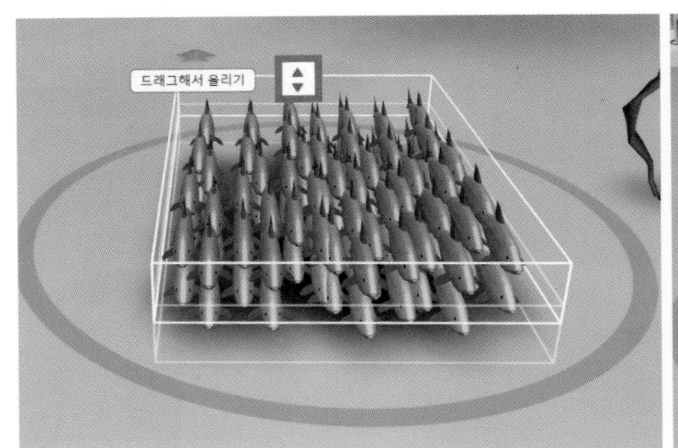

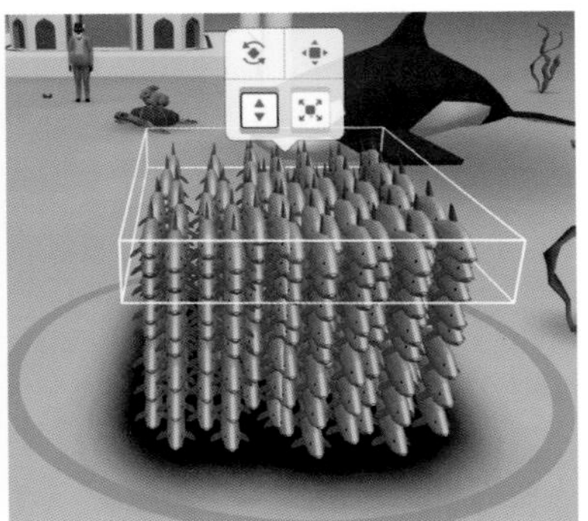

⑬ 물고기 떼를 만든 것과 같은 방법으로 빽빽한 해초(Seaweed) 군락지를 만들 수도 있다.

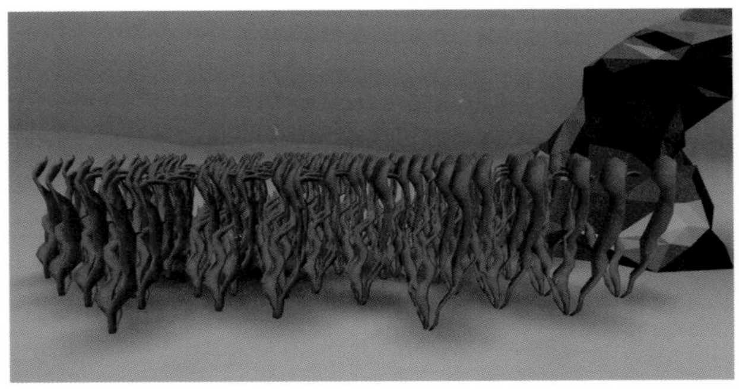

⑭ 바닷속 오브젝트들이 모두 바닥에만 있으면 어색하므로 오브젝트의 높낮이를 다르게 하고, 원하는 오브젝트를 자유롭게 추가하여 용궁의 모습을 완성해 보자.

[스토리 디자인]

① 이제 오른쪽 상단의 [플레이] 버튼을 눌러 완성한 용궁을 구경할 것이다. 사용자는 카메라의 시선으로 화면을 보게 되는데, 카메라의 기본 높이는 성인 남성의 눈높이인 1.7m이다. 카메라 오브젝트를 클릭한 상태에서 마우스 우클릭 후 [카메라] 버튼을 눌러 카메라 종류를 선택할 수 있다. [고정 위치], [걸음], [비행], [선회] 총 4가지 카메라 종류가 있으며 각기 다른 카메라 이동을 경험할 수 있다.

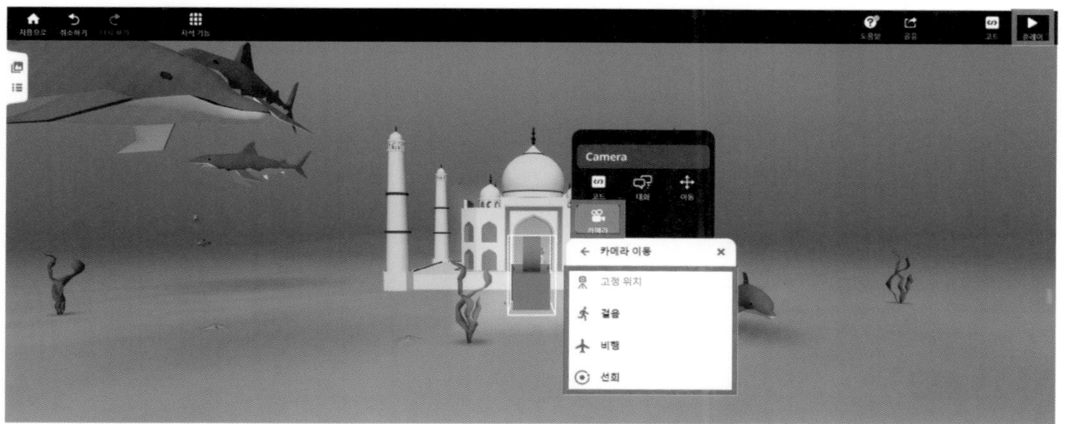

② 첫 번째 카메라 종류는 [고정 위치]이다. [고정 위치] 모드에서 카메라는 고정되어 있고 방향키나 마우스를 통해 방향 전환만 가능하다. 카메라를 다른 오브젝트에 붙이는 경우 자동으로 고정 위치 상태가 된다.

③ 두 번째는 [걸음] 모드이다. [걸음] 모드는 카메라의 기본 설정으로 실제로 가상 세계를 탐험하는 효과를 준다. 키보드 방향키나 W, A, S, D 키를 눌러 카메라를 상하 좌우로 이동시킬 수 있고 Space 바를 눌러 점프할 수 있다. [걸음] 모드에서는 [충돌]과 [이동속도]를 설정할 수 있다. [충돌]이 활성화된 경우에는 카메라에 물리 기능이 적용되어 다른 오브젝트를 통과하지 못하고 부딪히게 된다. 물리에 대한 자세한 설명은 2-8부를 참고하자. 이동속도를 설정하면 더 빠르거나 느리게 움직일 수 있다.

④ 세 번째 모드는 [비행]이다. [걸음] 모드는 바닥에서 상하 좌우로 이동이 가능했다면 [비행] 모드에서는 위, 아래로 수직 이동이 추가로 가능하다. [비행] 모드에서 상승할 때는 키보드 Q 키를, 하강할 때는 E 키를 누르면 된다. 배경이 바다인 본 프로젝트의 경우 [비행] 모드로 카메라를 설정하여 바닷속에서 헤엄치는 듯한 효과를 연출했다. [걸음] 모드와 마찬가지로 [충돌]과 [이동 속도]를 선택할 수 있다.

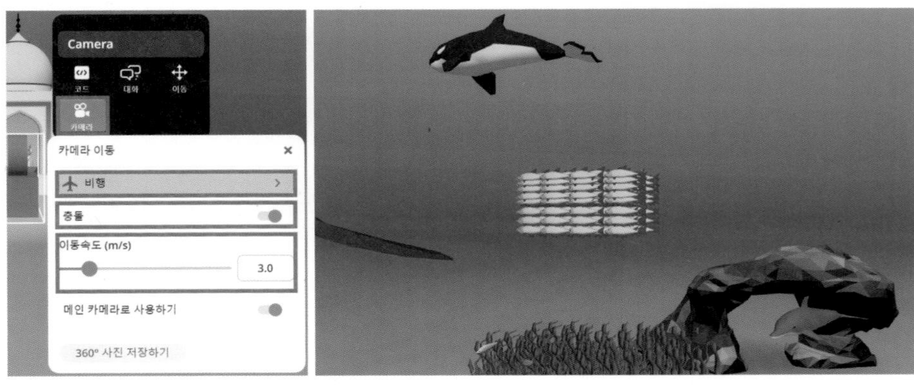

⑤ 네 번째 모드는 [선회]이다. [선회] 모드에서는 카메라가 정해진 궤도를 따라 이동하게 된다. [선회] 모드를 선택하면 카메라 아래에 흰색 원이 생기는데 그 원이 카메라가 이동하는 궤도가 된다. 카메라를 드래그하여 원의 크기와 높이를 조절할 수 있다.

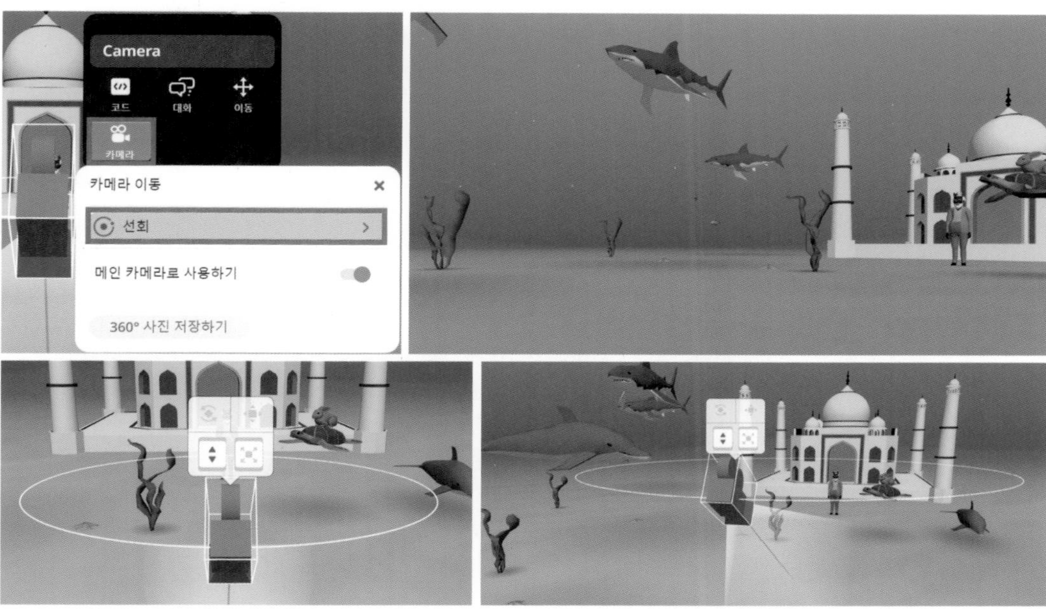

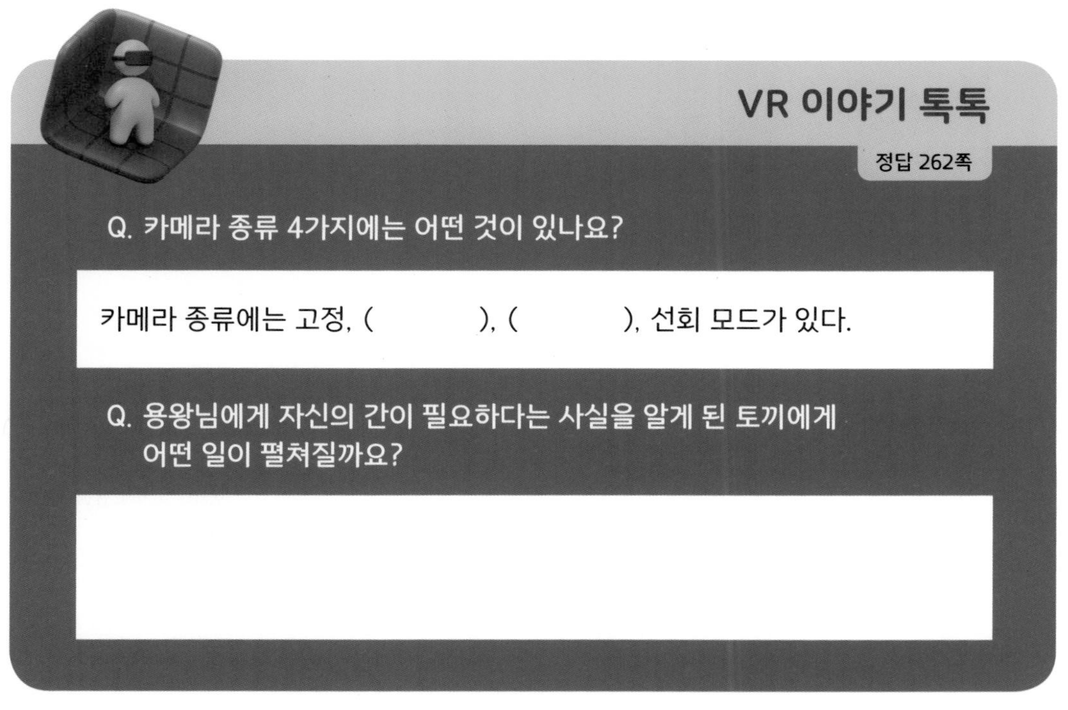

VR 이야기 톡톡

정답 262쪽

Q. 카메라 종류 4가지에는 어떤 것이 있나요?

카메라 종류에는 고정, (   ), (   ), 선회 모드가 있다.

Q. 용왕님에게 자신의 간이 필요하다는 사실을 알게 된 토끼에게 어떤 일이 펼쳐질까요?

2-3 심바와 함께 하쿠나마타타 외치기

1. 이야기 속으로

사자들의 왕 무파사의 아들인 어린 심바는 소꿉친구 날라와 즐거운 나날을 보낸다. 어느 날 무파사의 동생이었던 스카는 왕의 자리를 탐내며 하이에나 무리와 함께 무파사를 함정에 빠뜨려 죽이고 심바를 영토에서 쫓아내 버린다.
심바는 머나먼 동쪽 땅으로 떠나게 되고, 그 과정에서 티몬, 품바와 같은 새로운 동물 친구들을 만나 둘도 없는 친구가 된다. 티몬과 품바는 우울해 보이는 심바에게 '하쿠나마타타! (걱정과 근심을 모두 떨쳐버려!)'라는 주문을 알려 준다. 심바는 돌아가신 아버지 생각이 날 때마다 '하쿠나마타타!'를 외치며 건강하게 성장하게 되는데……! 우리 모두 심바와 함께 '하쿠나마타타!'를 외치며 행복한 미래를 그려 나가 보자.

Q. '하쿠나마타타!' 주문을 외치고 싶은 상황을 적어 봅시다.

학습 목표

- ★ 심바와 친구들이 살고 있는 대자연을 [애니메이션]과 [재질] 기능으로 생동감 있게 표현해요.
- ★ [대화]를 활용하여 '하쿠나마타타!' 주문을 외쳐 봐요.

2. 가상현실 디자인하기

[배경 디자인]

① 좌측 하단의 [배경]에서 라이온 킹 스토리에 어울리도록 대자연의 느낌이 나는 배경을 선택해 보자. 본 프로젝트에서는 산과 나무가 많은 정글 배경으로 구성하였다.

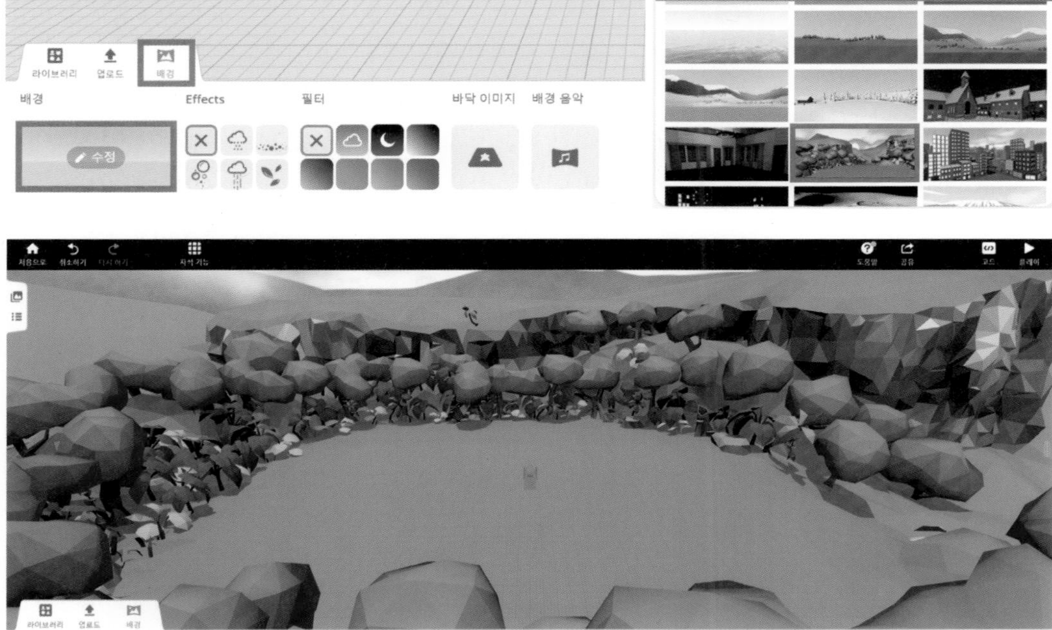

② 라이온 킹 속 등장인물이 즐겁게 춤추는 공간을 감상할 수 있도록 카메라 오브젝트 위치를 사용자 쪽으로 옮겨 준다. 2-2부의 내용을 참고하여 마우스 우클릭으로 기능창에 들어가 어울리는 카메라 모드를 설정해 보면 어떨까? 정글의 이곳저곳을 돌아다니며 가상현실을 감상할 수 있는 [걸음] 모드를 추천한다.

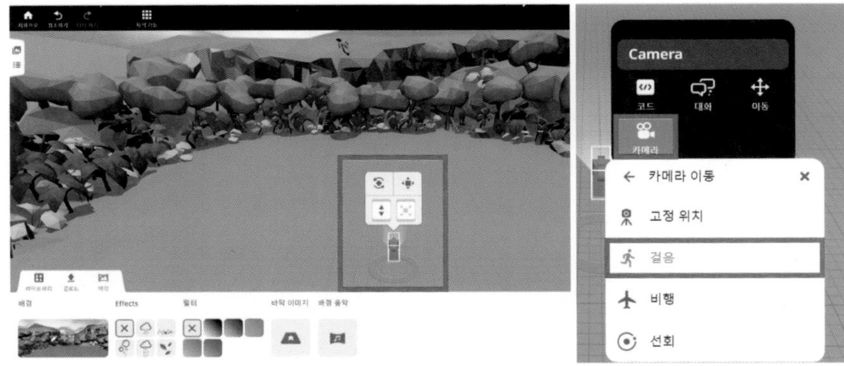

③ [라이브러리]-[자연]에서 심바와 친구들이 춤추며 놀 수 있는 공간을 다양한 오브젝트로 꾸며 보자. 등장인물이 있을 법한 장소를 고려하며 적절한 위치에 풀(Grass clump, Grass long, Grass animated, Grass, Jungle plant(large))이나 나무 기둥(Short stump, Stump, Fallen tree) 오브젝트를 배치하였다.

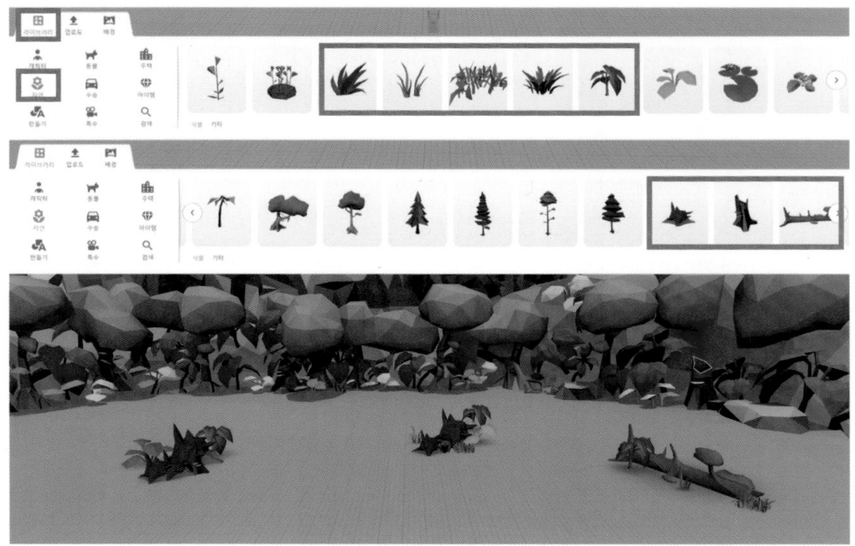

④ 장소가 정글임을 고려하여 호수 오브젝트를 추가해 볼 것이다. 코스페이시스 에듀에서는 호수 오브젝트를 지원하지 않으므로 [만들기]에서 하늘색 원(Circle)을 물로 가정하여 삽입하고, [자연]에서 다양한 식물(Palm flower, Seaweed, Spiky plant, Toadstools, Palm tree(crooked))과 돌(Stone) 오브젝트를 사용하여 원 주변을 감싸주면 호수 모양으로 보이게 할 수 있다.

⑤ 이제 라이온 킹 속 등장인물을 배치할 것이다. [라이브러리]-[동물]에서 여러 가지 동물 오브젝트를 자유롭게 고르면 된다. 여기서 핵심 등장인물에 해당하는 수사자 심바(Lion), 암사자 날라(Lioness), 미어캣 티몬, 멧돼지 품바 오브젝트는 포함시키면 어떨까? 본 프로젝트에서는 미어캣과 멧돼지 오브젝트가 없는 관계로 미어캣은 여우(Fox), 멧돼지는 돼지(Pig) 오브젝트로 대신하였다.

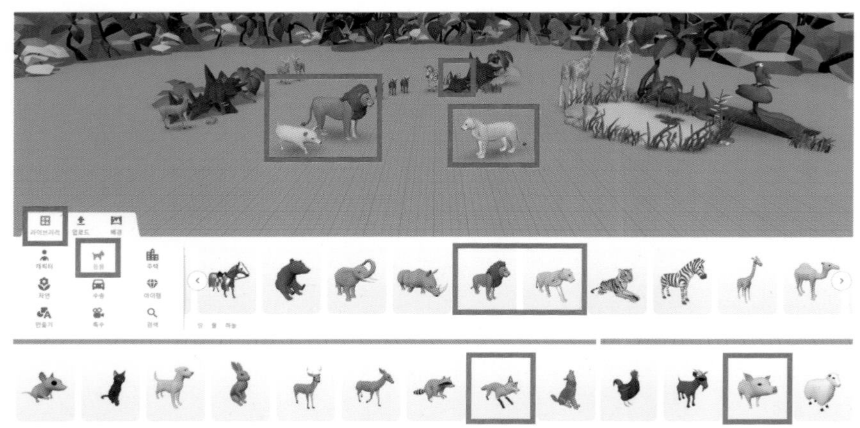

[스토리 디자인]

① 실제 라이온 킹에 등장하는 품바는 갈색 멧돼지이므로 돼지 오브젝트의 색을 분홍색에서 갈색으로 변경해 볼 것이다. 먼저 색을 변경하고자 하는 오브젝트를 더블클릭한 후 기능창에서 [재질]을 선택한다. 해당 오브젝트는 몸통(Body)과 눈(Eyes)의 색을 변경할 수 있다. 팔레트에 원하는 색이 있다면 그 색을 클릭하면 되고, 원하는 색이 없다면 [사용자 지정 색상]에서 설정 가능하다.

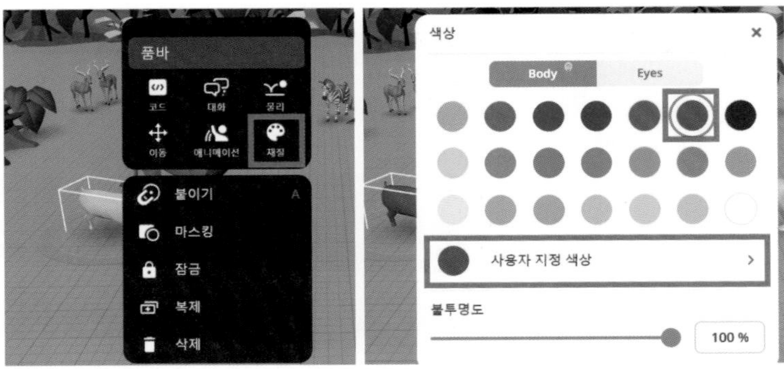

② [사용자 지정 색상]에서는 원하는 색을 커스텀하여 팔레트에 추가할 수 있다. 원하는 색을 찾은 후 하단의 [커스텀 색상 팔레트]의 빈칸을 클릭하면 색이 채워진다. 나중에 다른 오브젝트의 색을 바꿀 때도 팔레트에서 바로 확인 가능하다. 창을 닫아 색이 변경된 오브젝트를 확인해 보자.

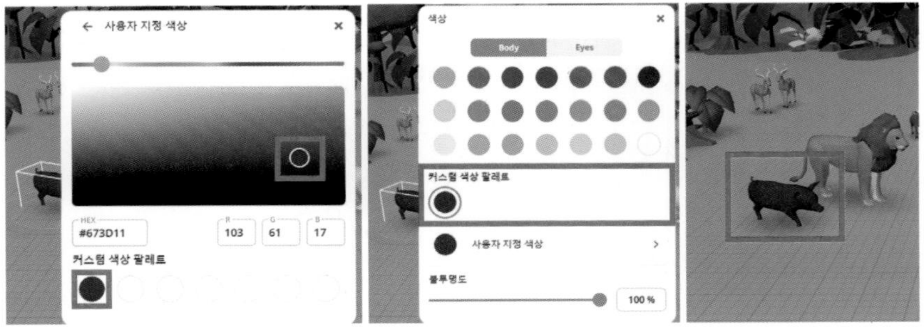

③ 기존에 배치한 동물 오브젝트를 다양한 빛깔로 변경하여 다채로운 정글 풍경을 완성해 보는 것도 재미있겠다.

④ 심바와 친구들이 정글에서 신나게 노는 모습을 연출하기 위해 오브젝트에 애니메이션 효과를 넣을 것이다. 애니메이션을 넣고자 하는 오브젝트를 더블클릭한 후 기능창에서 [애니메이션]을 선택한다. 각 오브젝트에서 선택할 수 있는 애니메이션 효과는 상이하며, 동적으로 보이는 효과 중 마음에 드는 것을 고르면 된다. 단, 애니메이션 언어는 영어로만 지원되고 있으므로 의미를 정확히 알기 어렵다면 해당 애니메이션을 클릭하여 어떤 효과가 적용되는지 확인해 보도록 하자.

⑤ 오브젝트에 적용한 애니메이션 효과가 궁금하다면 우측 상단의 [플레이] 버튼을 눌러서 확인할 수 있다.

⑥ 이제 하쿠나마타타 주문을 다같이 외쳐 보자. 말하게 하고 싶은 오브젝트를 더블클릭한 후 기능창에서 [대화]를 선택한다. [대화]의 종류로는 [생각하기]와 [말하기]가 있다. 등장인물이 떠올릴 법한 생각을 상상하여 해당 오브젝트에게는 [생각하기] 기능을, 말하는 것처럼 연출하고 싶은 오브젝트에게는 [말하기]를 사용하면 된다.

[생각하기]와 [말하기]는 각기 다른 말풍선의 모습으로 표시됨을 확인할 수 있다.

⑦ 나머지 동물 오브젝트에도 적절한 대사를 넣는다. 라이온 킹 속 등장인물이 되어 상상력을 풍부하게 발휘할수록 생동감 넘치는 나만의 이야기 세상을 구현해 낼 수 있을 것이다.

VR 이야기 톡톡

정답 262쪽

Q. 심바와 친구들을 표현하기 위해 사용한 기능은 무엇인가요?

동물 오브젝트를 골라 (   )에서 색을 바꾼 후 알맞은 (   )을 추가하여 움직이도록 하고, (   ) 기능으로 '하쿠나마타타!' 주문을 말하게 했다.

Q. '하쿠나마타타!' 주문을 외치며 용기를 얻은 심바의 앞날에는 어떤 일이 펼쳐질까요?

2-4 백설공주의 발자취 따라가기

1. 이야기 속으로

백설공주는 아름답다는 이유로 왕비의 질투를 받아 성에서 쫓겨나게 된다. 백설공주는 왕비의 명령을 받은 사냥꾼을 피해 숲속으로 도망치게 되는데……! 그녀를 불쌍히 여긴 사냥꾼의 도움으로 목숨을 건진 백설공주는 숲속을 헤매다 난쟁이들의 집을 발견하여 함께 살게 된다.
과연 백설공주에게 앞으로 무슨 일이 일어날까? 그녀의 발자취를 따라가 볼까?

Q. 백설공주 이야기의 주요 장면을 정리해 봅시다.

	→		→	
	→		→	

학습 목표

★ 백설공주 이야기의 장면들을 AR 머지큐브로 볼 수 있어요.
★ VR 카드보드를 활용해 백설공주 장면 속으로 들어가 봐요.

2. 가상현실 디자인하기 - 머지큐브

[배경 디자인]

① 머지큐브를 활용하기 위해서는 + 코스페이스 만들기 를 눌렀을 때 나오는 팝업 창의 [머지큐브] 메뉴에서 [코스페이스]를 선택하여 가상현실 공간을 제작해야 한다.

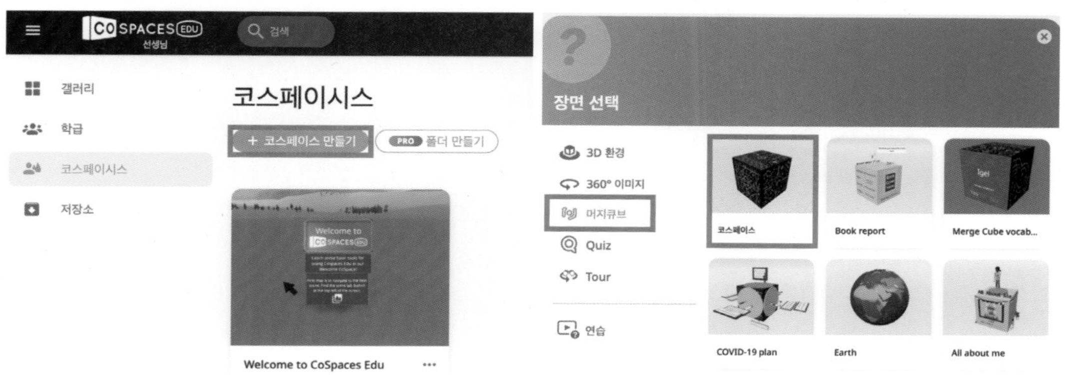

② [코스페이스]를 선택하면 다음과 같이 가운데에 정육면체의 머지큐브가 자리한 것을 볼 수 있다.

③ 머지큐브에는 총 6개의 면이 있으므로 우리는 백설공주의 주요 장면을 각 면에 표현해 볼 것이다. 머지큐브의 아랫면을 활용하기 위해 머지큐브를 위쪽으로 이동시켜야 한다. 이때 기본적으로 잠금 설정이 되어 있다는 것에 유의하자. 머지큐브를 마우스 우클릭하여 [잠금해제]하면 오른쪽 그림과 같이 선택할 수 있게 된다.

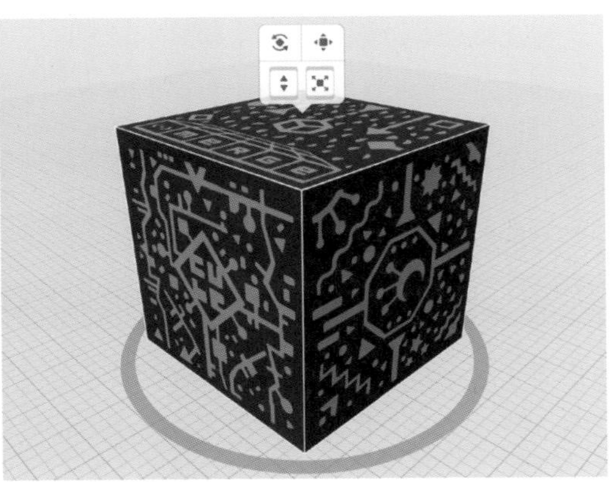

④ 머지큐브를 바닥에서 위로 띄워 올려 준 후에는 머지큐브가 다시 움직이지 않도록 [잠금] 버튼을 눌러 고정시킨다.

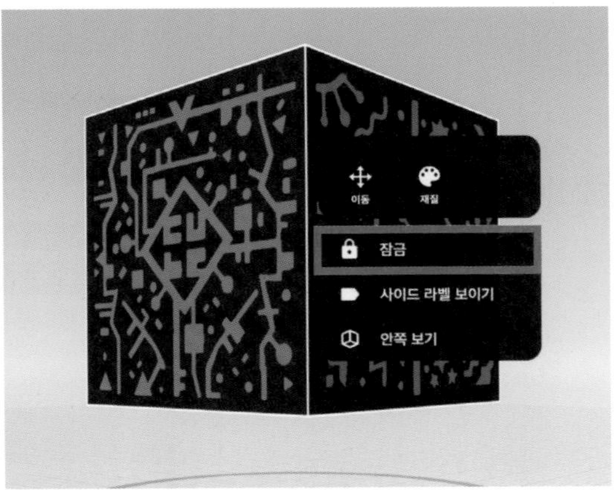

⑤ 머지큐브를 우클릭해 기능창을 열어 [사이드 라벨 보이기] 버튼을 누른다. 가상현실 공간을 꾸미다 보면, 현재 작업하고 있는 면이 어느 면에 해당하는지 알기 힘들기 때문에 이 기능을 활용하여 면을 구분할 것이다. 면은 위, 앞, 왼쪽, 오른쪽, 뒤, 아래로 구성되어 있다. 특별히 정해진 순서는 없으니 원하는 면을 선택해 디자인해 보자.

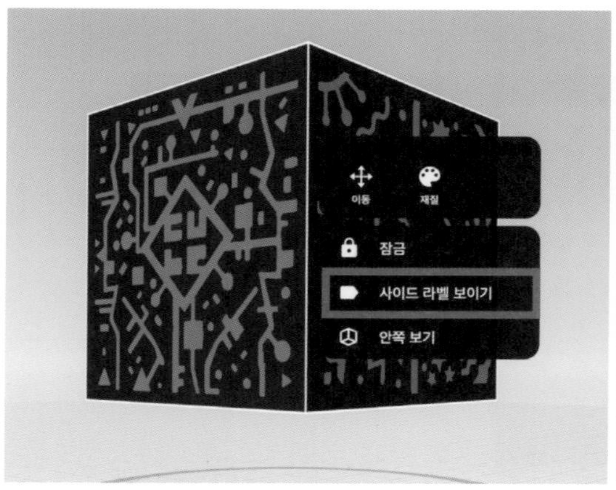

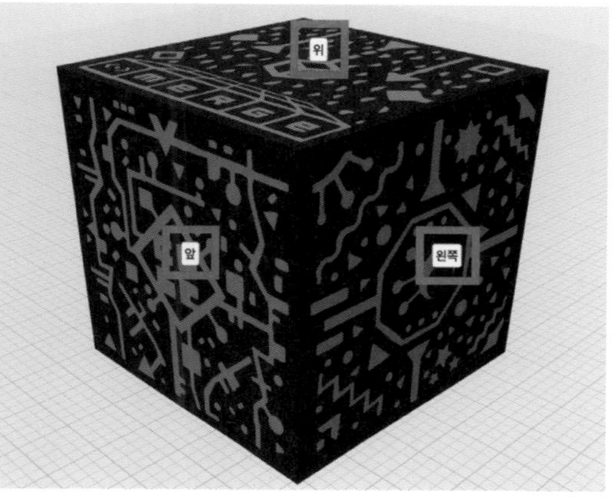

⑥ 머지큐브의 무늬를 가리기 위해 기능창을 열어 [재질]을 선택한다. 기본적으로 머지큐브의 무늬가 선택되어 있는데, 본 프로젝트에서는 숲이라는 배경과 어울리도록 [색상]-[무늬]에서 초록색으로 설정하였다.

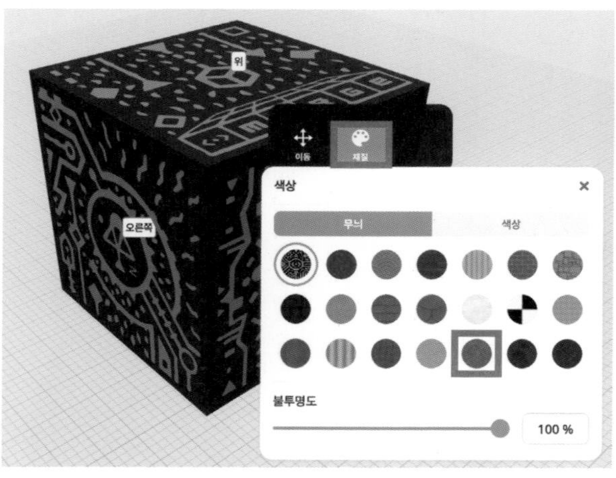

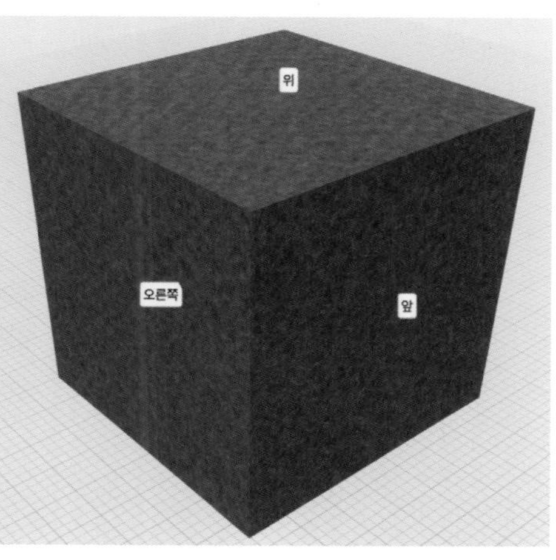

[스토리 디자인]

① 본격적으로 머지큐브의 각 면을 백설공주 이야기의 주요 장면으로 구성해 보자. 위에 있는 면은 백설공주가 난쟁이들과 함께 생활하는 모습으로 꾸며 줄 것이다. 먼저 [라이브러리]-[주택]-[도시]에서 집을 하나 골라 백설공주와 난쟁이들이 사는 집(Building)을 배치해 보자. 알파벳 A 키를 눌러 위에 있는 면에 붙여도 된다.

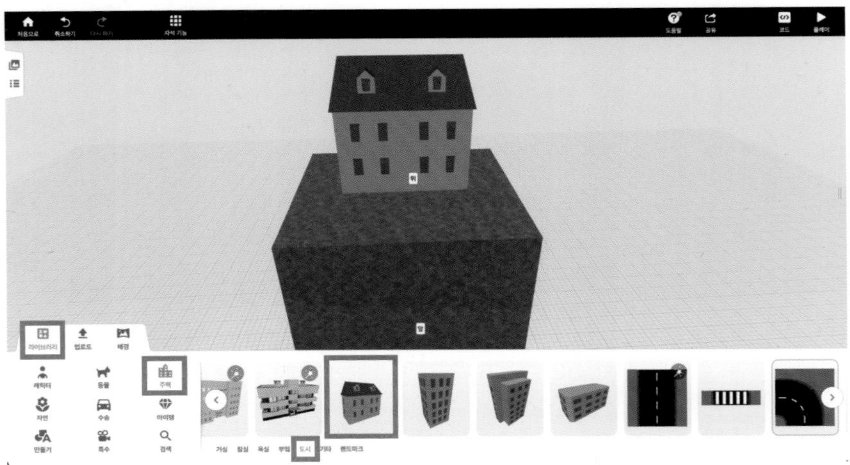

② 집의 크기를 적절하게 조절하고, [재질]을 선택하여 원하는 색으로 바꿔 보자. 본 프로젝트에서는 노란색으로 설정했으나 원하는 색을 선택해도 좋다.

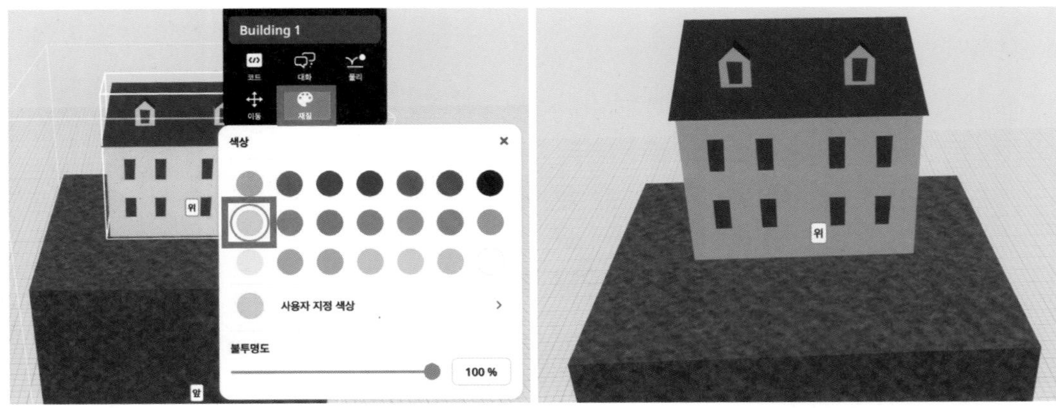

③ [라이브러리]-[캐릭터]에서 공주(Fancy woman)와 난쟁이들 오브젝트를 집 앞에 배치해 보자. 등장인물들의 특징에 어울리게 백설공주보다 난쟁이의 크기를 작게 설정한다. 본 프로젝트에서 난쟁이들은 [사람]의 첫 번째부터 일곱 번째 오브젝트(Casual girl, Casual boy, Fancy girl, Fancy boy, Regular girl, Regular boy, Braids girl)를 사용하였다.

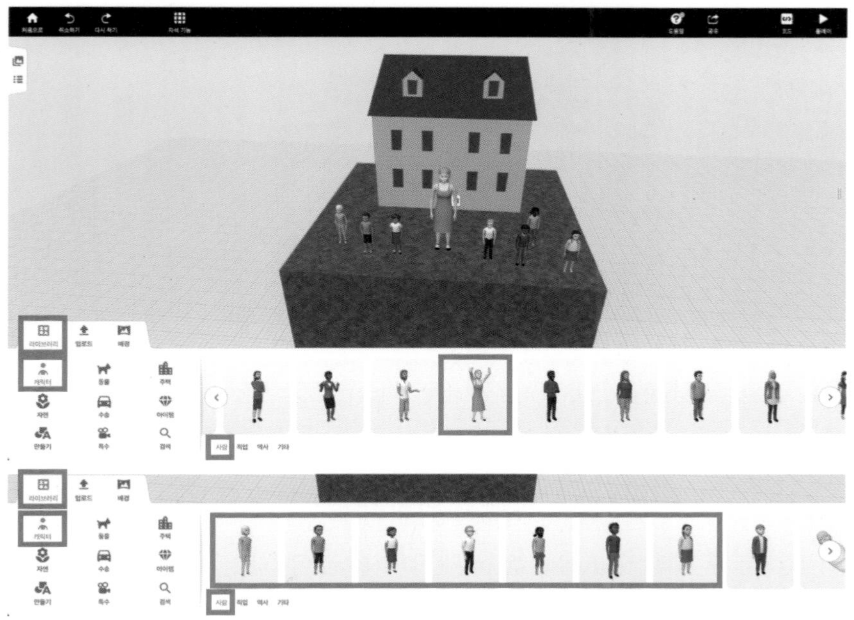

④ 2-3부에서 배운 [대화]와 [애니메이션] 기능을 활용하여 장면에 어울리는 자세와 대사를 넣어 보자.

⑤ 윗면 이야기 구성이 완료되었으므로 설치한 오브젝트를 모두 선택한 후 [그룹 만들기]를 해 주자. 그 후 [잠금] 기능을 선택해 움직이지 않도록 해 주어야 한다. 다른 면을 구성하는 데 설치한 오브젝트들이 방해가 되지 않도록 꼭 설정해 주자.

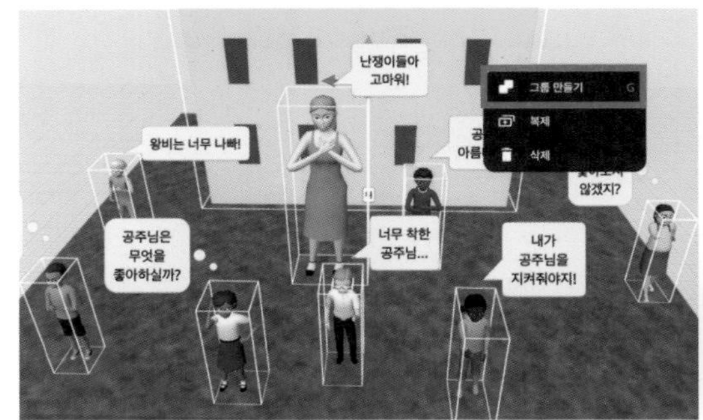

⑥ 오른쪽 면에는 왕비(Witch) 오브젝트를 배치하고, 거울에게 세상에서 누가 제일 예쁘냐고 물어보는 장면으로 구성하였다. 오른쪽 면이기 때문에 오브젝트를 적절하게 회전시켜 배치해야 함에 유의하자. 거울 오브젝트는 [라이브러리]-[아이템]-[소품]의 태블릿(Tablet)을 확대하여 사용하였다.

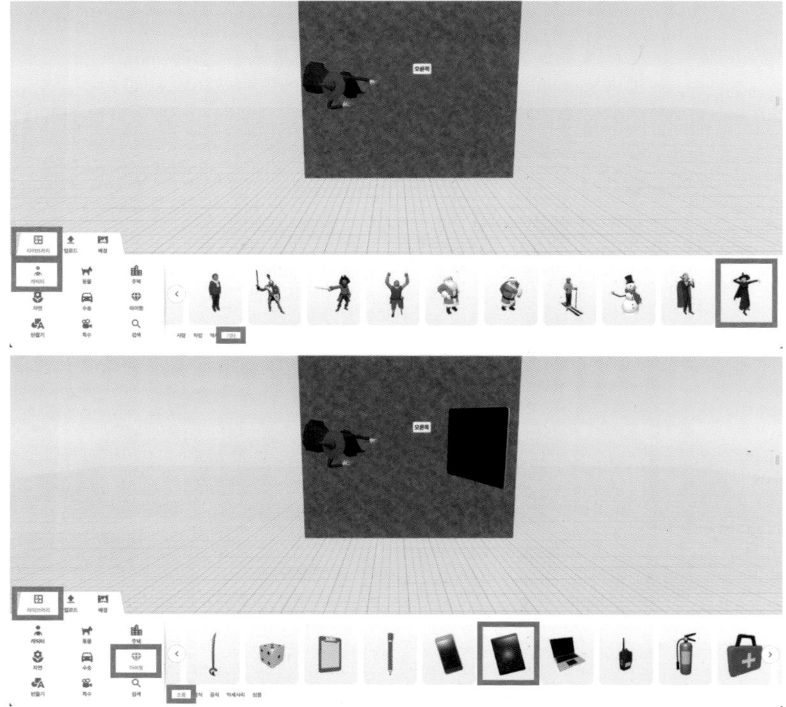

⑦ 오브젝트를 배치한 후에는 적절한 [애니메이션]과 [대화]까지 꼭 넣어 주자.

⑧ 이제 앞면에는 백설공주가 왕비가 건넨 독 사과를 먹고 깊은 잠에 빠지는 장면으로 꾸며 줄 것이다. 백설공주와 왕비 오브젝트를 추가하고 백설공주에게는 잠자는 애니메이션을 설정해 주자. 왕비에게 어울리는 [애니메이션]과 [대화]를 자유롭게 넣어 보면 좀 더 재미있겠다.

⑨ 왼쪽 면에는 난쟁이들이 잠든 백설공주 옆에서 슬퍼하는 모습으로 구성하였다.

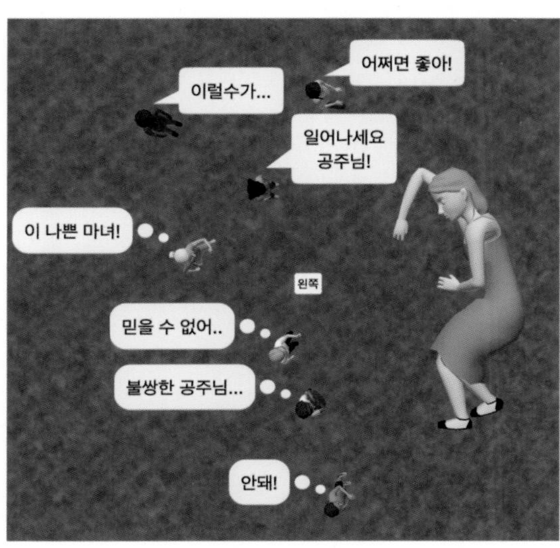

⑩ 뒷면에는 잠에서 깨어난 백설공주가 왕자와 사랑에 빠지는 장면으로 꾸며 볼 것이다. 본 프로젝트에서 왕자는 [라이브러리]-[캐릭터]-[기타]의 갑옷을 입은 기사(Knight)로 선택하였다. 적절한 [대화]와 [애니메이션]도 잊지 말고 설정해 주자.

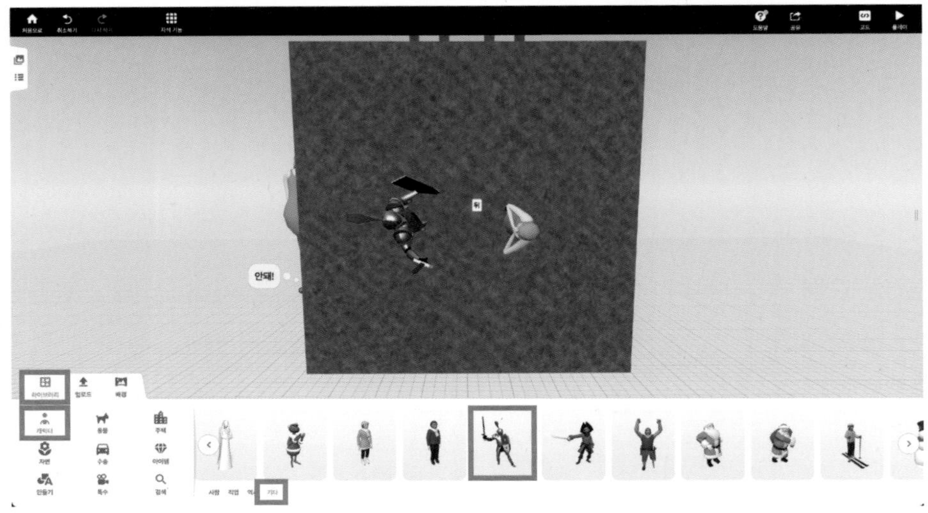

⑪ 아랫면에는 왕비가 벌을 받는 장면으로 구성하였다. 아랫면은 오브젝트를 배치하기 어려운 점이 있으니 간단하게 구성해도 괜찮다.

[가상현실 감상]

① 우리가 만든 가상현실을 감상하기 위해 디자인 화면에서 [공유] 버튼을 눌러 코드를 생성해야 한다. 공유가 완료되면 가상현실에 접속할 수 있는 QR코드와 공유 코드를 확인할 수 있다. 공유와 관련된 자세한 내용은 2-1부를 참고하도록 하자.

② 우리가 공유한 가상현실을 감상하려면 스마트 기기와 머지큐브 도안이 필요하다. 머지큐브는 구매하거나 머지큐브 사이트(https://mergeedu.com)에서 무료로 다운로드할 수 있다.

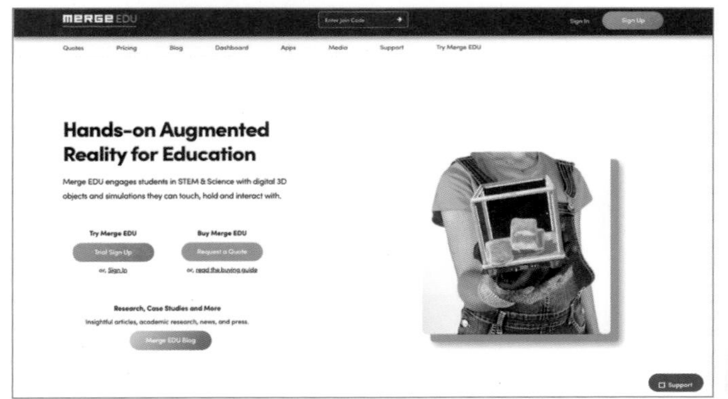

③ 2-1부에서 소개한 애플리케이션을 켜고 상단의 버튼을 눌러 공유 코드를 입력할 수 있는 화면에 접속해 보자. 우리가 직접 만든 가상현실이 내 손 위에서 증강현실로 펼쳐지는 모습을 관찰할 시간이다.

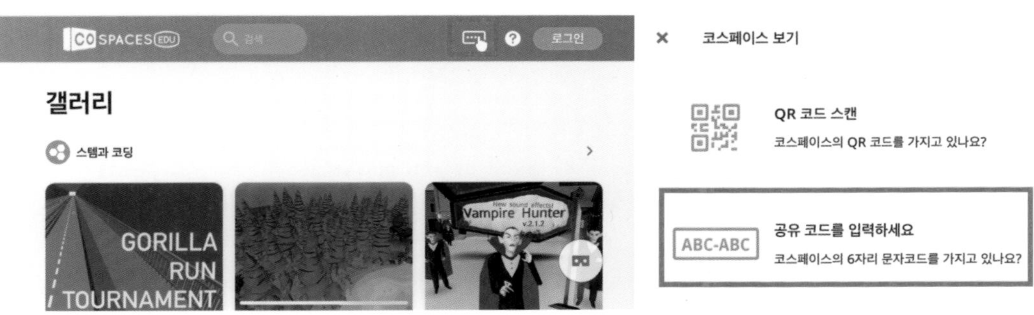

④ 앞에서 생성된 코드를 입력하고 [코스페이스 보기]를 눌러 준다.

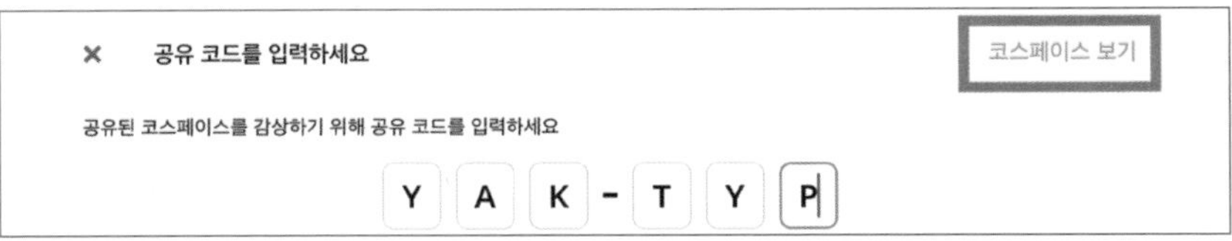

⑤ 플레이 를 눌러 우리가 만든 가상현실을 실행해 보자.

⑥ 그럼 다음과 같이 AR 모드를 시작한다는 문구가 출력되고 로딩이 완료되면 카메라가 켜지며 머지큐브를 카메라 앞에 놓으라는 안내 문구가 나온다. 만약 카메라 설정을 허용해 달라는 문구가 뜬다면 허용을 눌러야 함을 꼭 기억하자.

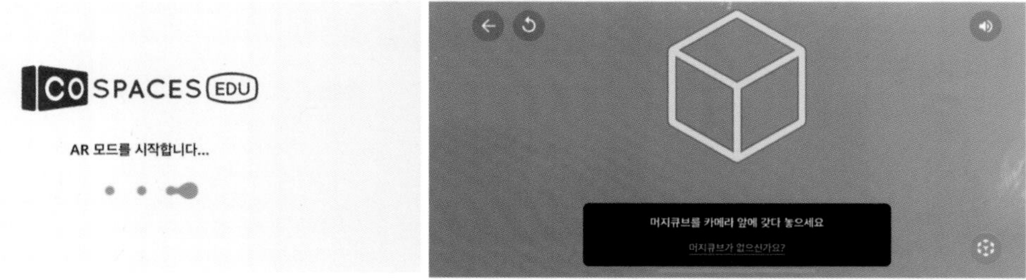

⑦ 머지큐브를 인식시키면 우리가 만든 가상현실이 나타나는 것을 확인할 수 있다.

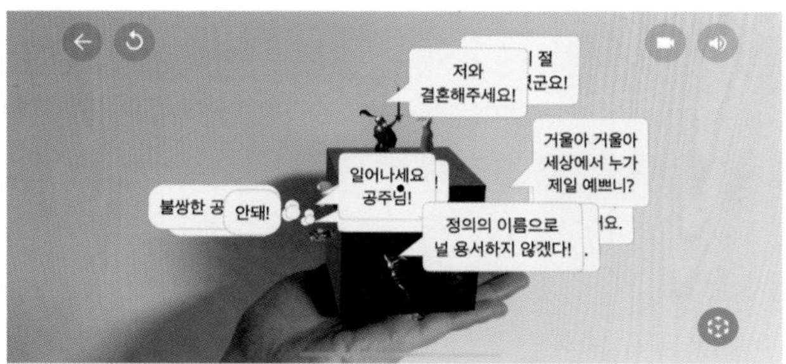

⑧ 머지큐브를 돌려가며 만든 장면을 감상해 보자. 단, 카메라에 너무 가까이 갖다 대면 머지큐브를 인식하지 못하므로 이 점에 주의한다.

3. 가상현실 디자인하기 - VR 카드보드

[배경 디자인]

① 새로운 가상현실을 만들어 백설공주의 뒷이야기를 만들어 볼 것이다. 이번에는 [3D 환경]-[코스페이스]를 선택해 공간을 생성해 보자.

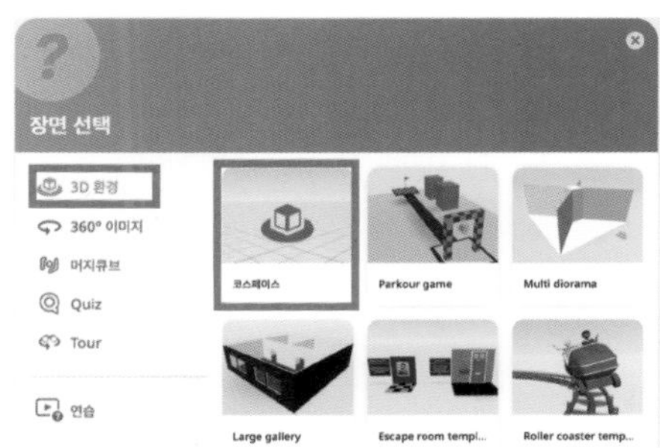

② 본 프로젝트에서는 [배경]을 눈이 온 마을로 설정하고 가상현실을 꾸며 줄 것이나 자유롭게 배경을 선택해도 된다.

③ 카메라 오브젝트를 아래쪽으로 드래그하여 사용자의 눈높이에 맞게 조정한다. 버튼이 있는 VR 카드보드의 경우에는 버튼을 눌러 앞으로 이동할 수 있으므로 [카메라]-[걸음] 모드로 설정하자.

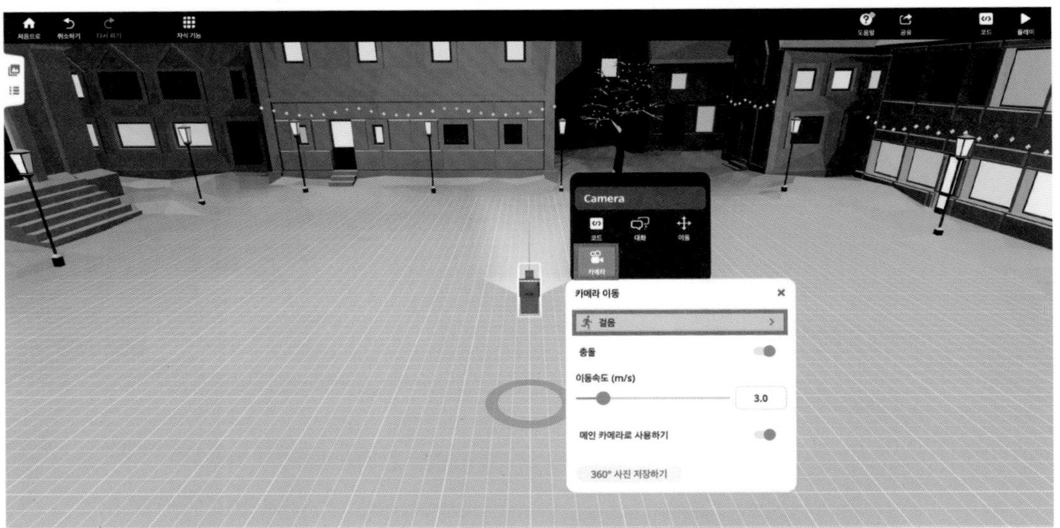

[스토리 디자인]

① 백설공주와 왕자가 결혼하여 아이를 낳았다는 모습을 표현하기 위해 공주(Fancy woman)와 왕자(Knight) 오브젝트를 배치하였다. 백설공주의 [애니메이션]은 [Postures]-[Hold baby]로 설정하여야 한다.

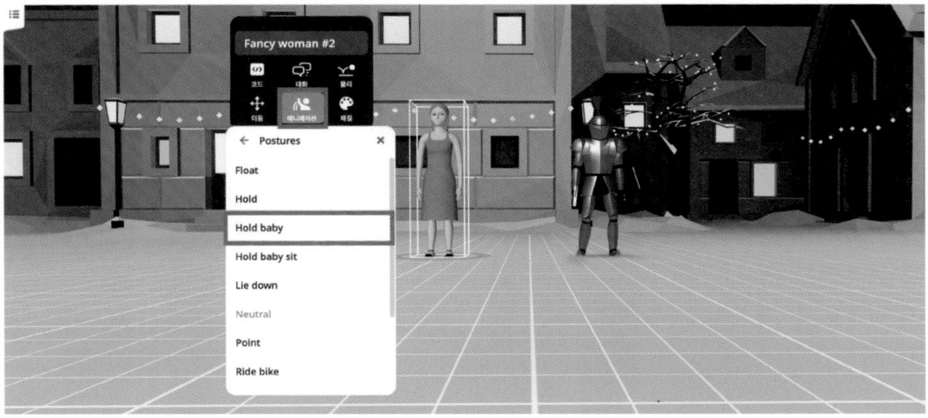

② 그리고 [라이브러리]-[캐릭터]-[사람]에서 아기(Baby) 오브젝트를 추가한 후 백설공주에게 안겨 주었다. 아기를 선택한 후 백설공주의 오른손에 [붙이기] 해주자. 백설공주의 왼손을 클릭하면 아기가 거꾸로 안겨 있는 형태가 되므로 이 점을 주의한다.

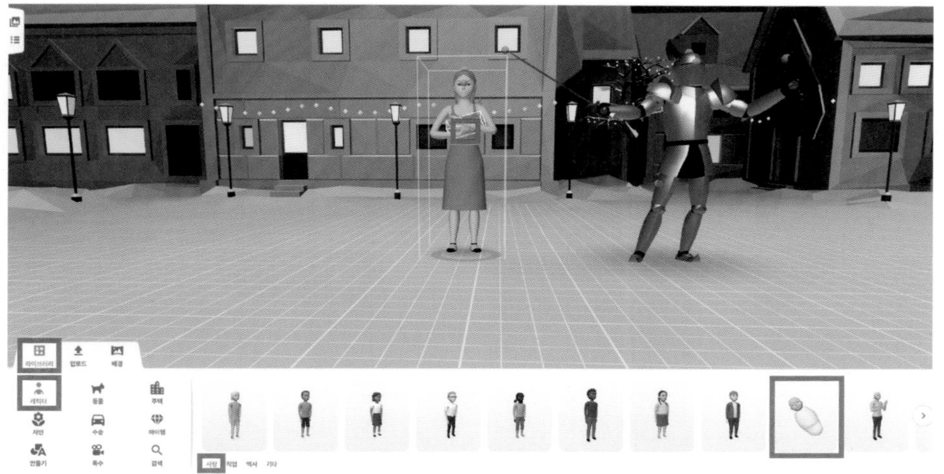

③ 백설공주와 왕자 주변에 난쟁이들(Casual girl, Casual boy, Fancy girl, Fancy boy, Regular girl, Regular boy, Braids girl)을 배치해 주었다. 적절한 [애니메이션]과 [대화]를 설정해 주자.

[가상현실 감상]

① 만든 가상현실을 눈앞에 있는 것처럼 보려면 VR 카드보드가 필요하다. 인터넷에서 구매하거나 도안을 다운로드한 다음, 만들어 보자. VR 카드보드 외에 다른 기기를 활용해도 된다.

종류	VR 카드보드	카드보드+기계식 버튼	VR BOX	전문 VR 기기
가격	1,500~3,000원대	2,500원대	3만원대	70만원대
기능	헤드 스트랩 조절	맵 내 이동 가능 오브젝트 클릭 가능	초점-미간 폭 조절 헤드 스트랩 조절	맵 내 이동 가능 오브젝트 클릭 가능

② 앞서 머지큐브를 공유한 방식과 같이 우리가 만든 가상현실 속으로 들어가 볼까? 가상현실 디자인 화면에서 [공유]를 눌러 공유 코드를 발급받자.

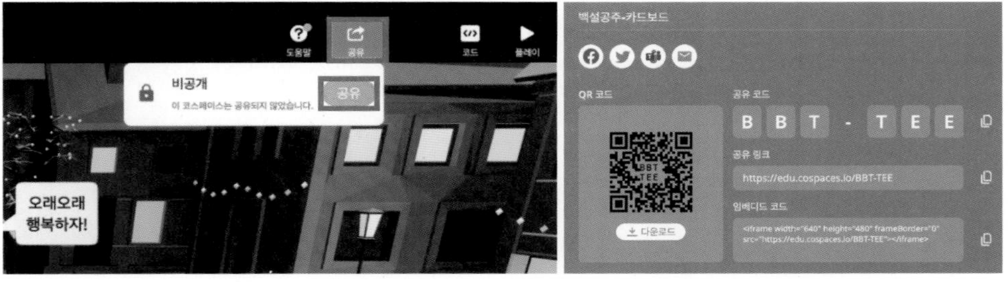

③ 코스페이시스 에듀 애플리케이션을 켜고 상단의 버튼을 눌러 공유 코드를 입력할 수 있는 화면에 접속한다.

④ 앞에서 생성된 코드를 입력하고 [코스페이스 보기]를 눌러 준다.

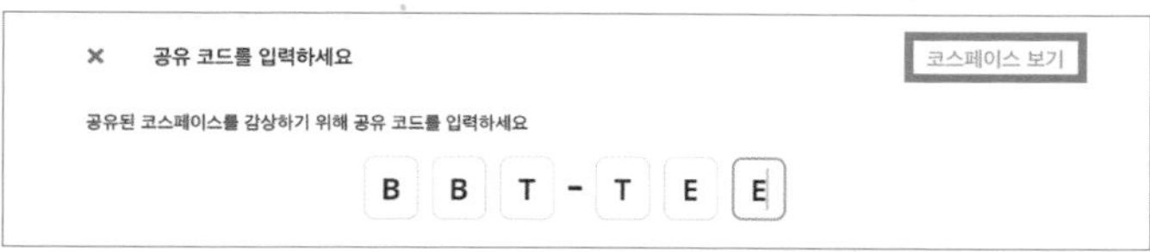

⑤ ▶ 플레이 를 눌러 우리가 만든 가상현실을 실행해 보자.

⑥ 가상현실이 실행되면 오른쪽 하단 아이콘을 누른 후 나오는 메뉴에서 [VR로 보기]를 선택하자.

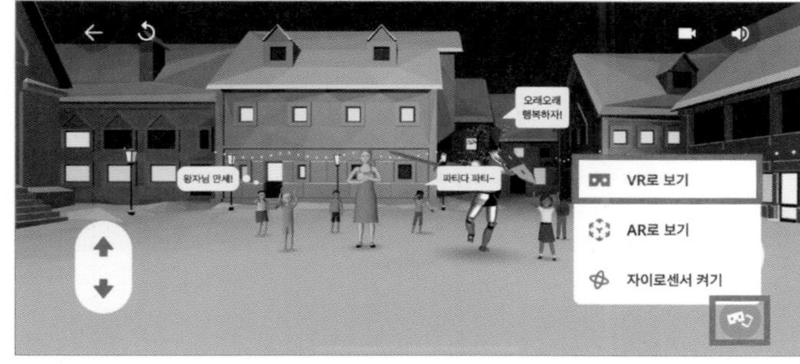

⑦ 그럼 아래와 같은 화면으로 바뀌게 된다. 가운데 선을 VR 카드보드의 중앙에 오도록 맞춘 후 스마트폰을 VR 카드보드에 놓고 가상현실을 감상해 보자. 그럼 마치 눈앞에 캐릭터들이 있는 것처럼 보일 것이다.

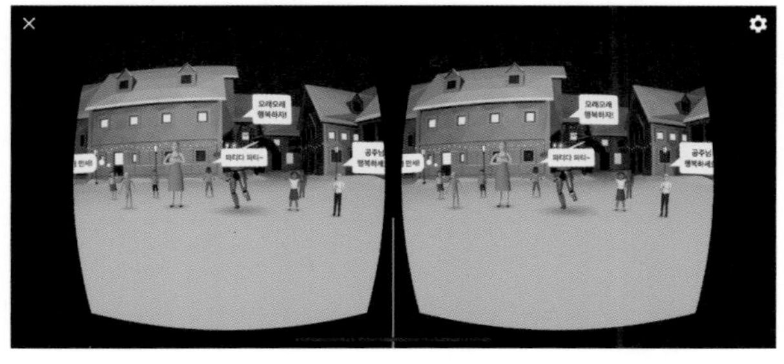

⑧ 이때 스마트폰의 자이로 센서가 작동하므로 좌우로 고개를 돌리면 시선이 따라가는 것을 확인할 수 있다. 다음 화면은 스마트폰을 왼쪽으로 돌렸을 때 보이는 모습이다.

⑨ VR 카드보드에 기계식 버튼이 있는 기종을 활용할 경우, 버튼을 누르면 가운데 점이 있는 방향을 향해 이동할 수 있다. 제시된 화면은 처음 시작 지점에서 공주와 왕자를 향해 걸어간 모습이다.

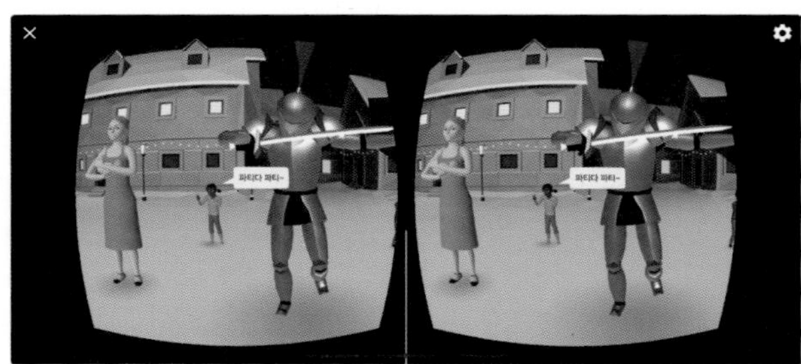

⑩ 만약 VR 카드보드가 준비되어 있지 않다면, 오른쪽 하단 아이콘의 [자이로 센서 켜기]를 선택해 스마트폰 안에서 가상현실을 체험할 수 있다.

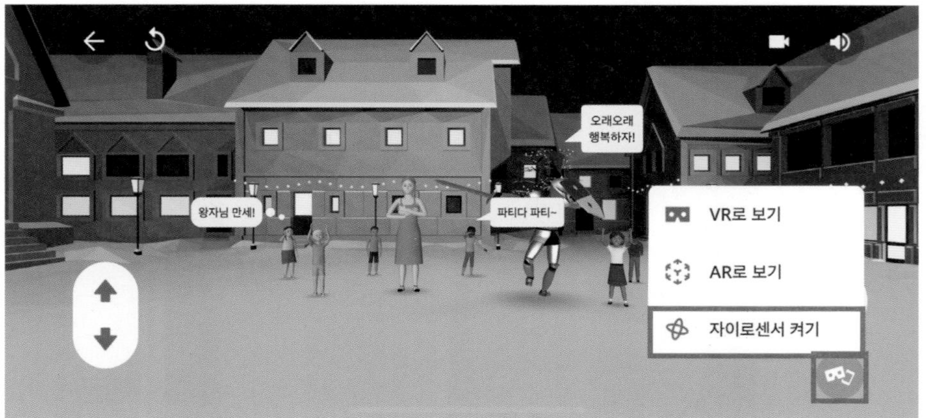

⑪ 해당 모드에서도 자이로 센서가 작동하므로 스마트폰을 좌우로 돌리면서 마을의 모습을 볼 수 있다. 아래 사진은 스마트폰을 오른쪽으로 돌린 모습이다.

왼쪽에 있는 위쪽 화살표로 앞으로 이동, 아래쪽 화살표로 뒤로 이동할 수 있다. 오른쪽에 있는 버튼으로는 점프할 수 있으니 한번 시도해 보자.

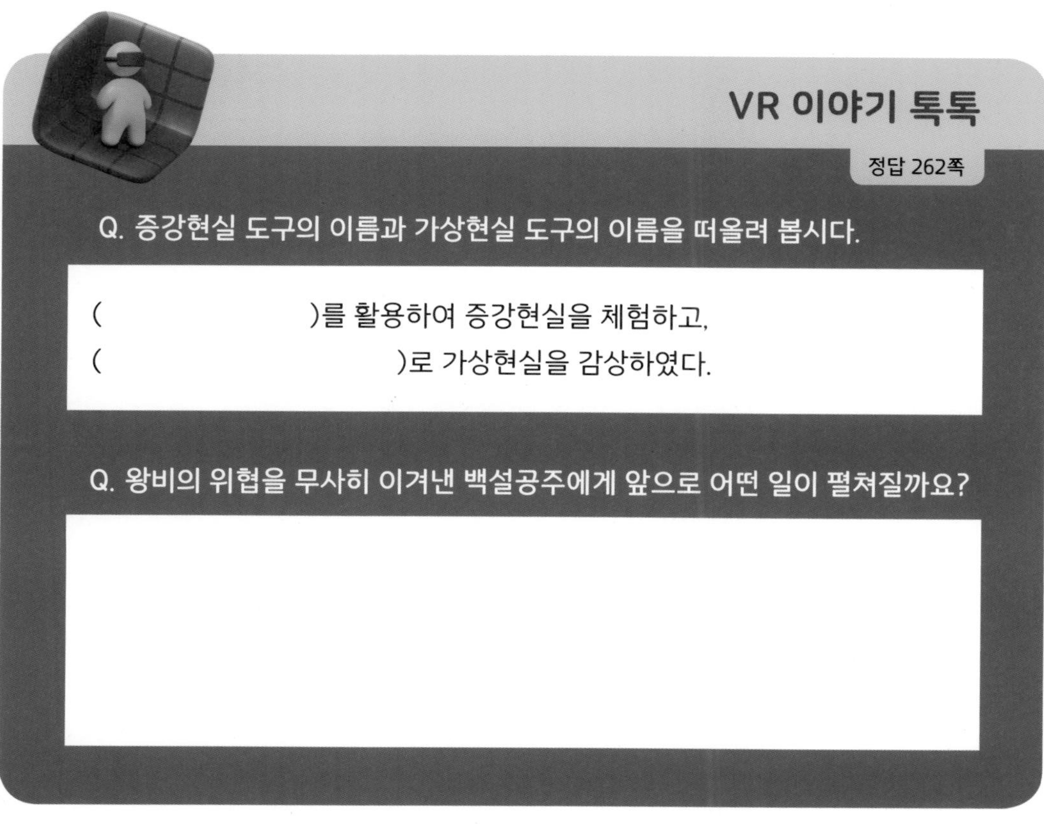

VR 이야기 톡톡

정답 262쪽

Q. 증강현실 도구의 이름과 가상현실 도구의 이름을 떠올려 봅시다.

( )를 활용하여 증강현실을 체험하고,
( )로 가상현실을 감상하였다.

Q. 왕비의 위협을 무사히 이겨낸 백설공주에게 앞으로 어떤 일이 펼쳐질까요?

2-5
알라딘의 마법 양탄자 만들기

1. 이야기 속으로

가난한 소년인 알라딘은 신비한 램프를 찾아 달라는 심부름을 하게 된다. 알라딘은 동굴에서 램프를 발견하고 우연히 램프를 문질러 지니를 소환하고 마는데……!
알라딘은 지니의 도움으로 궁전과 부를 얻게 되고 아름다운 공주 자스민과 결혼할 기회도 갖게 된다.
하지만 이를 시기한 마법사가 나타나 램프를 훔치고 공주 자스민을 빼앗으려고 한다.
마법 양탄자를 탄 알라딘의 발자취를 따라가 보자.

Q. 양탄자로 여행하고 싶은 곳을 떠올려 봅시다.

학습 목표

- 양탄자의 경로를 만들 수 있어요.
- 신비한 마법 양탄자로 여행을 떠나요.

2. 가상현실 디자인하기

① 카메라 오브젝트를 사용자 쪽으로 드래그한다. 사용자의 시점과 동일하게 바라보기 위한 과정이다.

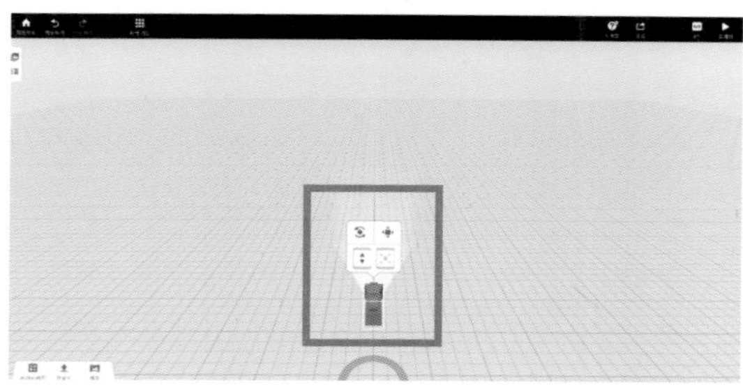

② 하단 메뉴에서 배경을 설정해 보자. 알라딘의 여행에 어울리는 배경을 떠올려 선택하면 된다. 본 프로젝트에서는 사막 배경을 선택하였으나 자유롭게 구성해도 무방하다.

③ 이제 배경과 어울리는 오브젝트들을 배치해 보자. [라이브러리]-[주택]의 피라미드(Pyramid), 스핑크스(Sphinx) 오브젝트를 이용해서 사막의 분위기에 맞게 꾸며 보았다. 또 [라이브러리]-[특수]에서 신비로운 효과(Firework) 오브젝트도 재미있다. 그 외에 동물이나 식물 오브젝트 등을 자유롭게 배치해 보자.

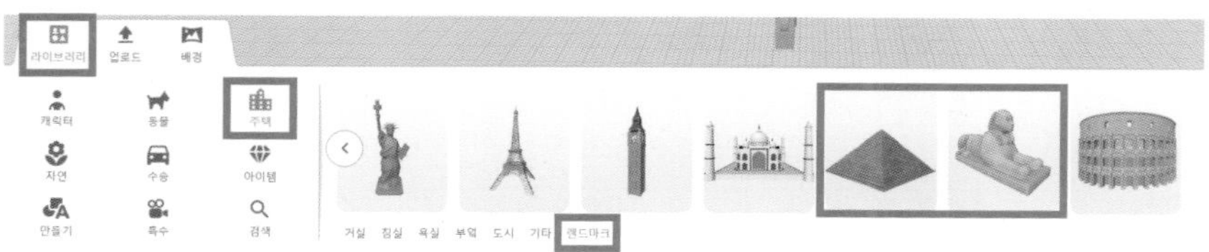

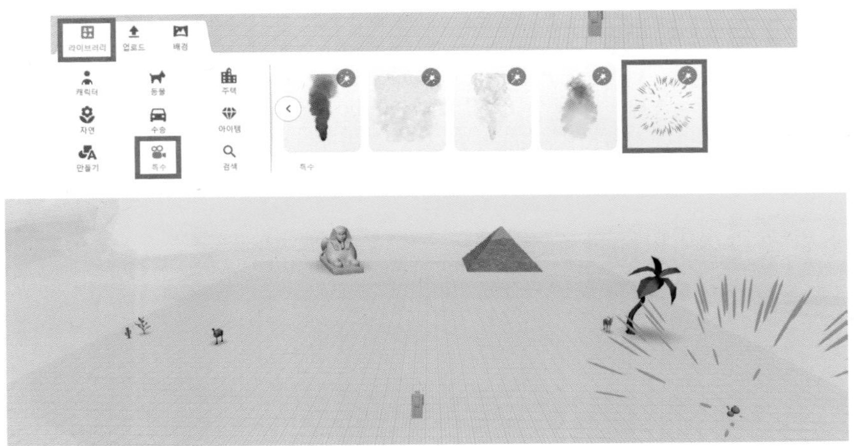

④ 이번에는 캐릭터를 배치할 것이다. [라이브러리]-[캐릭터]에서 원하는 오브젝트를 삽입해 보자. 본 프로젝트에서는 마녀 오브젝트(Witch)와 공주 오브젝트(Roman girl)를 넣었다. 마녀 오브젝트는 알라딘 이야기 속 사악한 마법사를, 공주 오브젝트는 알라딘과 사랑에 빠지는 자스민의 역할로 생각할 것이다.

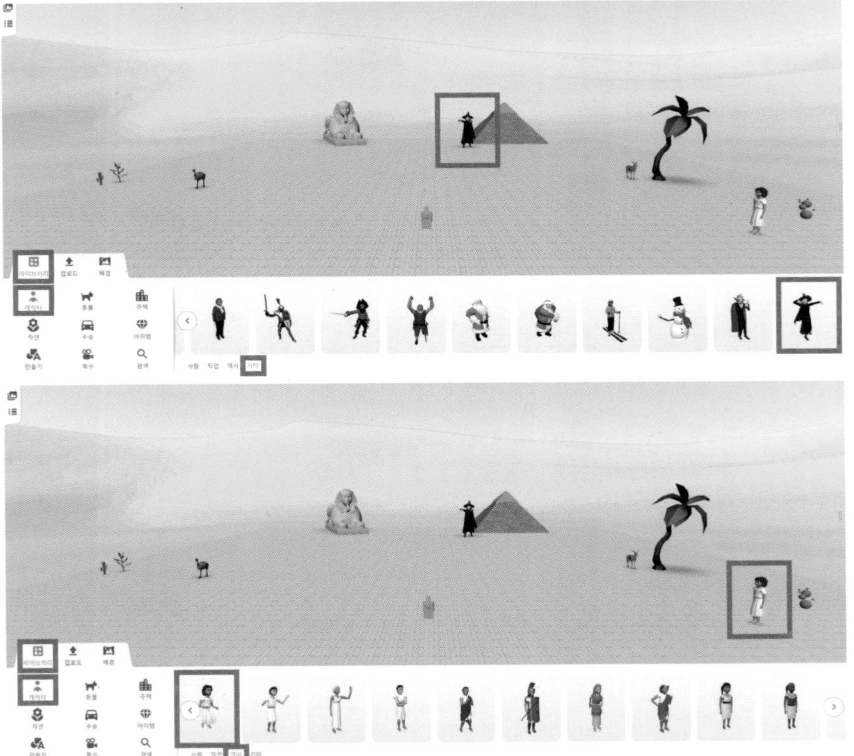

⑤ 특히 공주 오브젝트에 신비로운 효과를 붙여서 자스민에게 사랑에 빠지는 모습을 구현해 볼 것이다. 효과 오브젝트를 선택하고 A 키를 누르면 붙일 부분들이 파란색 점으로 생성된다. 본 프로젝트에서는 공주 오브젝트의 등에 특수 효과(Firework)를 붙였으나 자유롭게 구성해도 무방하다.

여기까지 오브젝트 배치와 구성은 알라딘 이야기와 나의 상상을 덧붙여 자유롭게 배치해도 좋다. 나만의 이야기를 펼쳐 나가 보자.

⑥ 이제 알라딘의 양탄자가 지나다닐 길을 만들 것이다. 자유자재의 움직임을 구현하기 위해서 경로를 삽입해 보자. [라이브러리]-[특수]에서 둥근 경로(Round path)를 드래그하여 삽입했다. 참고로 이 경로는 [플레이] 버튼을 누른 재생 모드에서는 보이지 않는다.

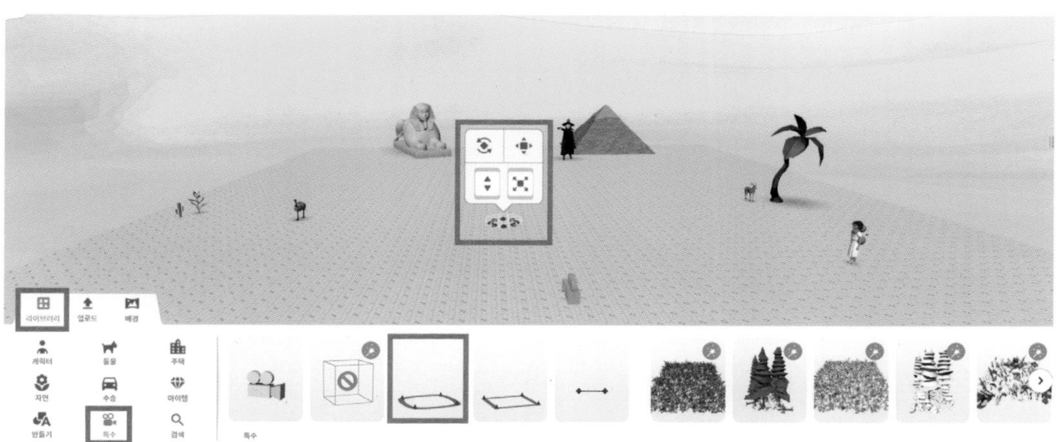

⑦ 이제 경로의 크기를 확대해 보자. 경로 오브젝트를 클릭 후 설정창에서 드래그하여 크기를 변경할 수 있다. 양탄자가 지나다니면서 우리가 배치한 식물, 동물, 스핑크스, 마녀 오브젝트들을 가까이에서 구경할 수 있도록 해야 한다.

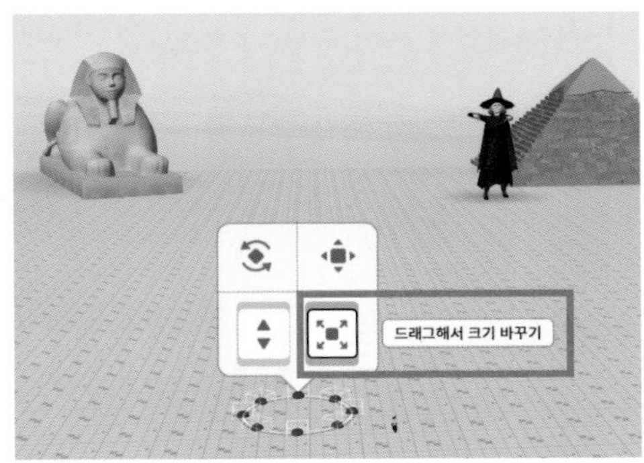

⑧ 이번에는 경로의 파란 점들을 드래그하여 경로를 불규칙하게 만들 것이다. 전체를 선택하는 것이 아니라 파란 점 각각을 선택해야 한다는 것에 유의하자.

⑨ 다른 파란 점들도 드래그하여 불규칙한 경로를 만든다. 이때 경로가 지면에 파묻히지 않도록 높이를 조절하는 것도 추천한다.

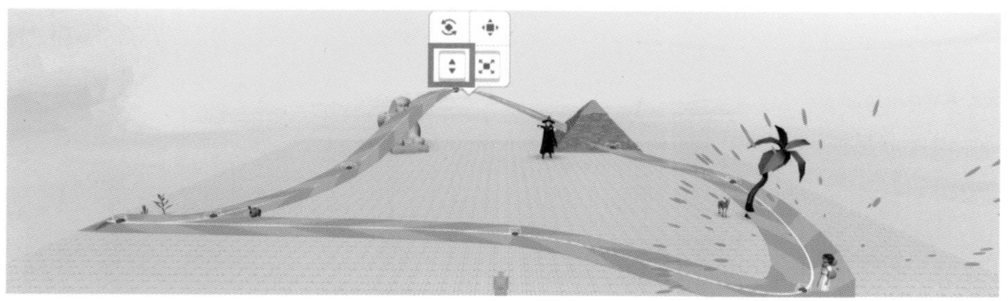

⑩ 이제 양탄자를 삽입할 것이다. [라이브러리]-[수송]에서 스케이트 보드를 양탄자처럼 활용해 보자. 만약 썰매 등의 다른 오브젝트를 활용하고 싶다면 자유롭게 배치해도 좋다. 양탄자(Skateboard) 오브젝트 삽입 후 방향과 크기 등을 조절해 주면 된다.

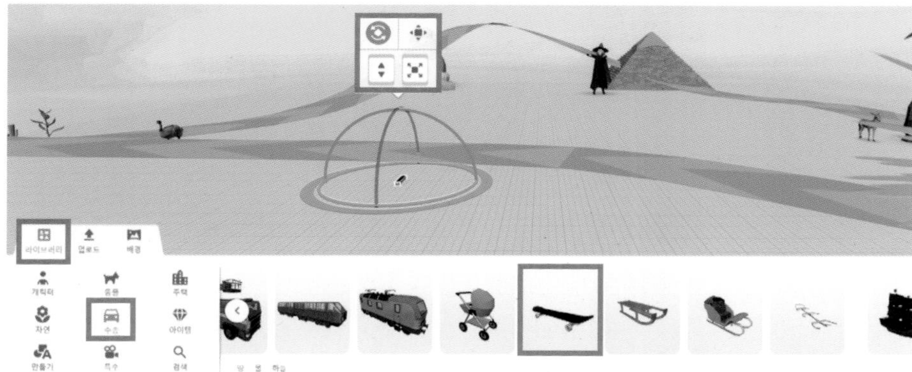

⑪ 양탄자 오브젝트를 선택 후 A 키를 눌러 경로 위에 붙여 보자. 만약 경로에 파묻히는 모양이 된다면 높이를 조절해 주면 된다.

⑫ 이번에는 카메라 오브젝트를 양탄자 오브젝트 위에 붙일 것이다. 카메라의 시점으로 VR을 관람하기 때문에 마치 양탄자에 탄 것과 같은 효과를 낼 수 있다. 마찬가지로 카메라를 선택 후 A 키를 눌러 양탄자 오브젝트 위로 붙여 주고 높이를 조절해 주자. 이렇게 카메라를 특정 오브젝트에 붙이게 되면 자동으로 [고정 위치] 모드로 전환된다.

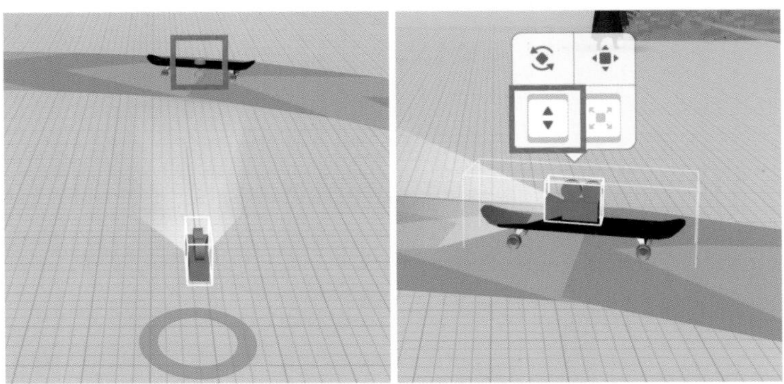

3. 가상현실 코딩하기

① 이제 코딩을 통해 양탄자 오브젝트를 움직여 볼 것이다. 우리가 만든 불규칙한 경로를 따라 움직이도록 해 보자. 이때 코딩을 하려는 오브젝트는 마우스 우클릭-기능창-[코드]-[코블록스에서 사용]을 활성화해 주어야 한다.

② 화면 우측 상단의 [코드]-[코블록스]를 선택하면 엔트리, 스크래치와 비슷하게 생긴 블록형 프로그래밍 공간이 열린다.

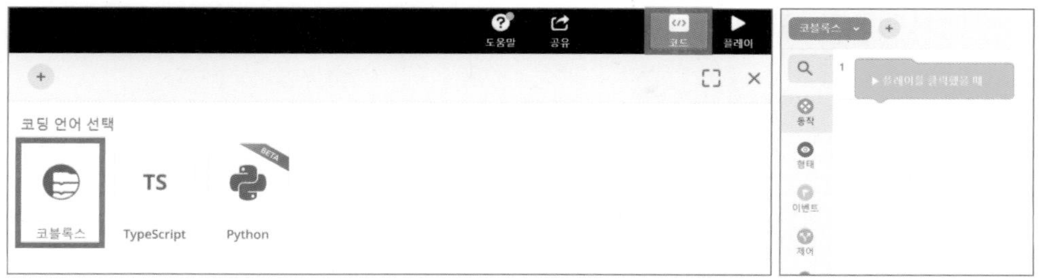

③ 필요한 블록은 경로를 따라 이동하게 하는 블록이다. 스케이트 보드 오브젝트, 즉 양탄자가 경로를 따라 움직일 수 있도록 해 주며 시간을 설정하여 속도를 조절할 수 있다.

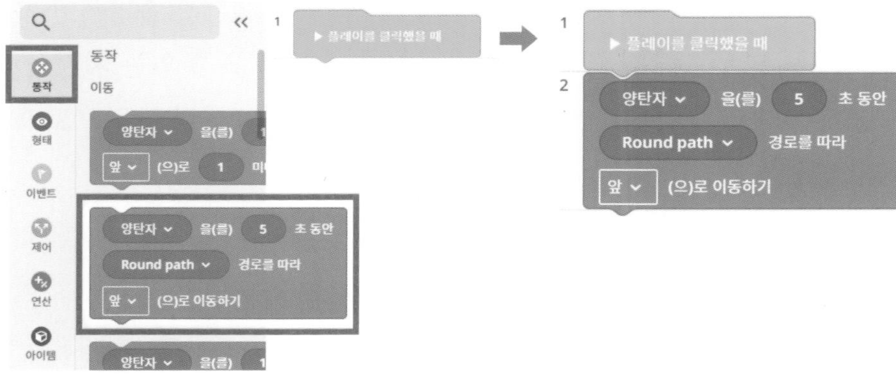

④ 이제 [플레이] 버튼을 클릭하여 양탄자 위에서 이동하는 VR을 관람하여 보자. 재생 후 속도를 조절하거나 반복시키는 등의 추가적인 명령을 구성하면 된다.

⑤ 본 프로젝트에서는 양탄자로 여행한 경로의 마지막에 공주 오브젝트를 배치하고자 하였다. 이야기에 흐름에 맞게 공주 오브젝트의 위치를 조정하면 된다. 공주 오브젝트도 [코블록스에서 사용]을 활성화해 주자.

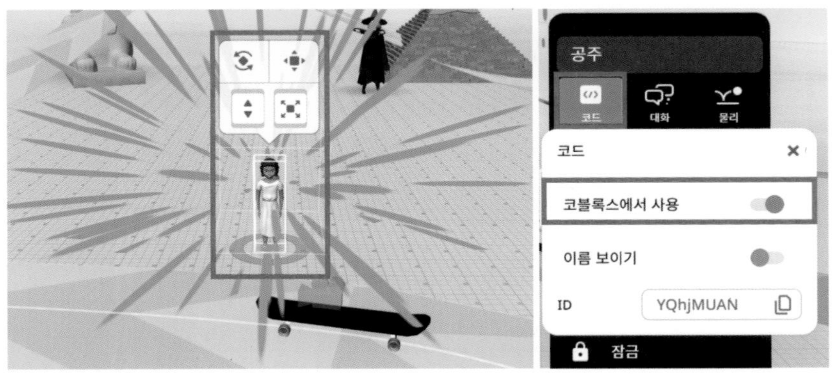

⑥ 알라딘의 양탄자 여행이 끝난 후 공주 오브젝트에게 고개를 돌려서 바라보았을 때, 대사를 말하도록 할 것이다. 사용자가 고개를 돌릴 수 있는 시간을 확보하기 위해 기다리기 블록을 사용한 후 말하기 블록을 순차적으로 프로그래밍해 준다.

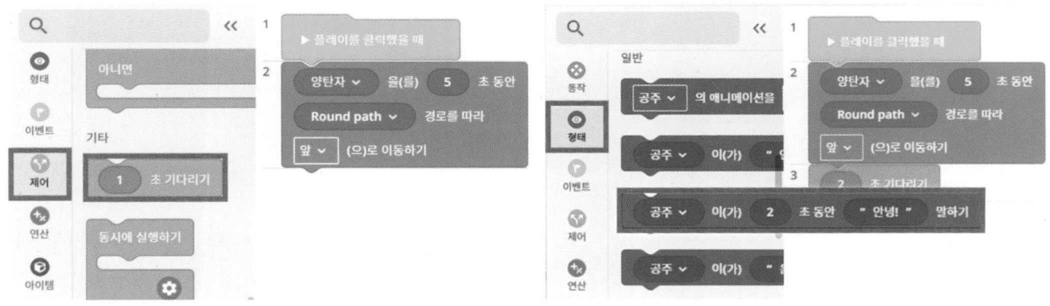

⑦ 양탄자 여행을 여러 번 반복해도 좋고, 마법사 오브젝트를 만나서 깜짝 놀라는 스토리를 구성해 봐도 좋다. 자유로운 나만의 이야기를 펼쳐 보자.

4. 최종 코드

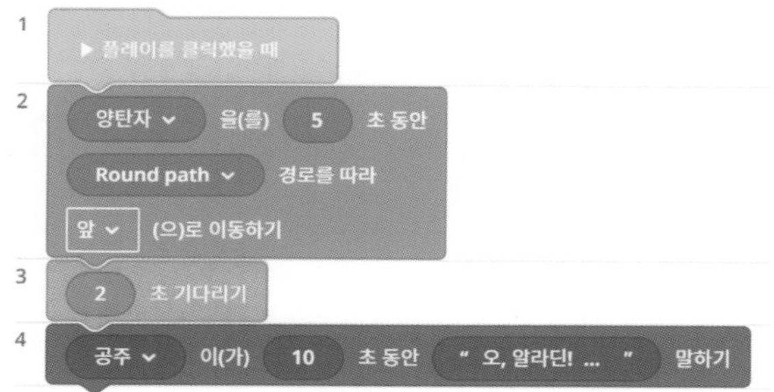

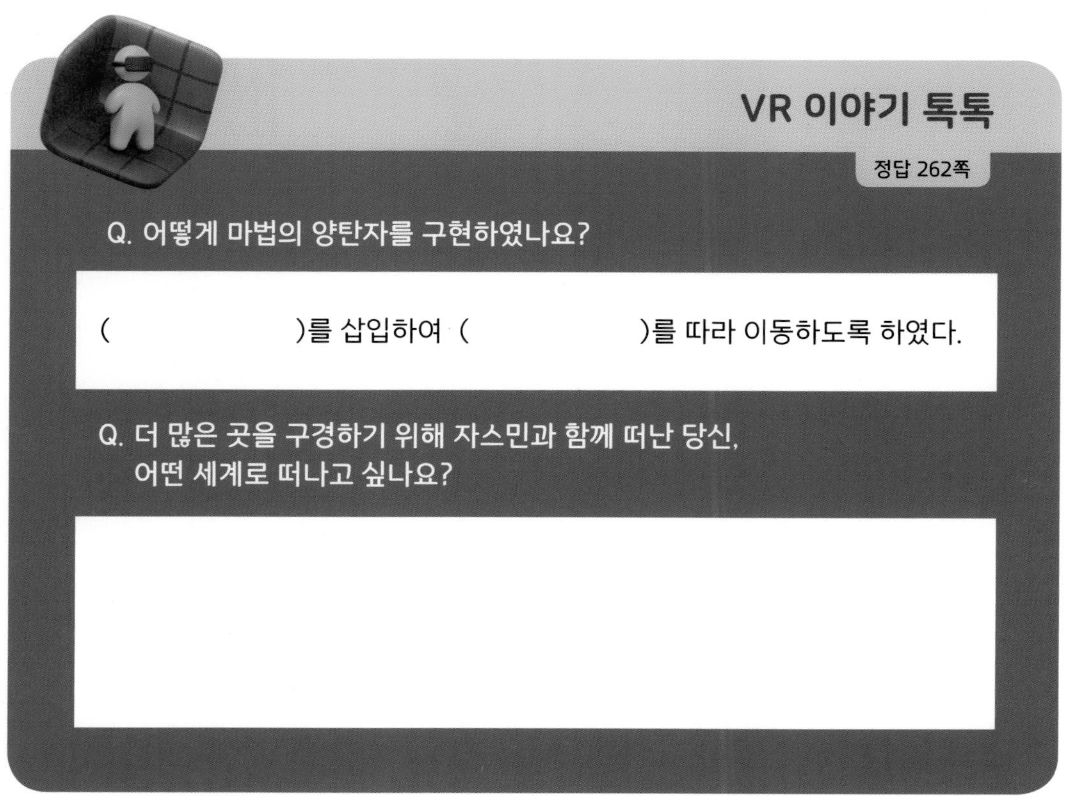

VR 이야기 톡톡

정답 262쪽

Q. 어떻게 마법의 양탄자를 구현하였나요?

( )를 삽입하여 ( )를 따라 이동하도록 하였다.

Q. 더 많은 곳을 구경하기 위해 자스민과 함께 떠난 당신, 어떤 세계로 떠나고 싶나요?

2-6 숲속 과자집 탈출 작전

1. 이야기 속으로

어느 숲속에 살고 있던 헨젤과 그레텔은 계모로부터 버려지게 된다. 빵 부스러기를 하나씩 떨어뜨려 집으로 가는 길을 표시했지만, 새들이 빵 부스러기를 쪼아 먹는 바람에 소용이 없어졌다.
숲속을 한참 헤매던 헨젤과 그레텔은 달콤한 과자로 이루어진 커다란 과자집을 발견한다. 배가 고파 과자집에 붙어 있는 과자를 정신없이 먹다가 그곳에 살고 있던 마녀에게 들켜 과자집 속에 갇혀 버리는데……! 헨젤과 그레텔은 마녀에게 잡아먹히지 않고, 숲속 과자집에서 무사히 탈출할 수 있을까?

Q. 헨젤과 그레텔은 숲속 과자집에 살고 있는 마녀로부터 탈출하기 위해 어떻게 행동해야 할까요?

학습 목표

- 마녀의 숲속 과자집에서 출발하여 집으로 가는 길을 꾸며 봐요.
- 숲속 과자집에서 탈출하기 위한 퀴즈를 만들어요.

2. 가상현실 디자인하기

① 코스페이스를 생성한 후 좌측 하단의 [배경]에서 헨젤과 그레텔의 배경인 숲속과 어울리는 것을 고른다.

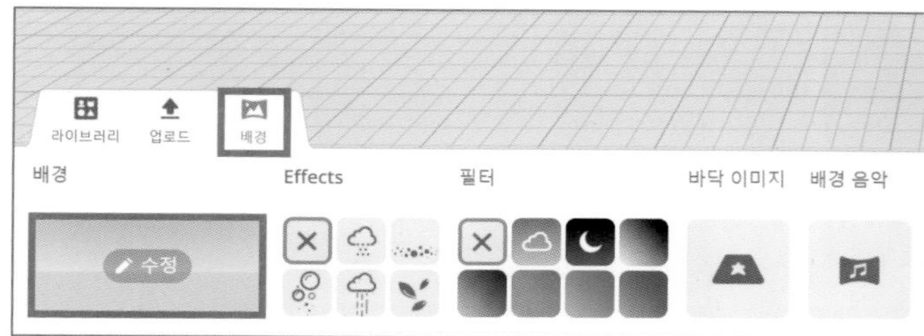

② 이제 스토리텔링에 필요한 주요 배경을 만들어 보자. [라이브러리]-[아이템], [자연]에서 각각 과자집(Gingerbread house), 나무(Jungle tree, Pine tree) 오브젝트를 사용하였다. 마녀의 별장과 헨젤과 그레텔의 집은 [라이브러리]-[주택]에서 회색 집(House 1) 오브젝트를 동일하게 삽입할 것이다.

본 프로젝트에서는 과자집과 나무는 맵 상단에, 마녀의 별장은 좌측 하단에, 헨젤과 그레텔의 집은 우측 하단으로 구성하였으나 이 구성은 자유롭게 변경해도 좋다.

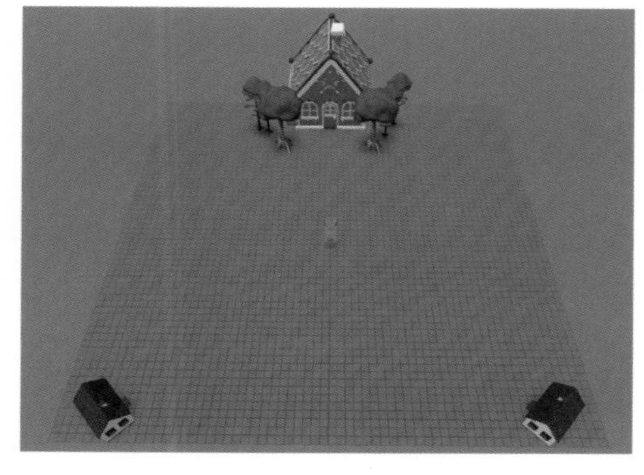

③ 마녀의 별장과 헨젤과 그레텔의 집 오브젝트를 동일하게 사용했으므로 헨젤과 그레텔의 집 오브젝트의 [재질]을 연노랑으로 변경하여 마녀의 별장 오브젝트와 차이를 두었다.

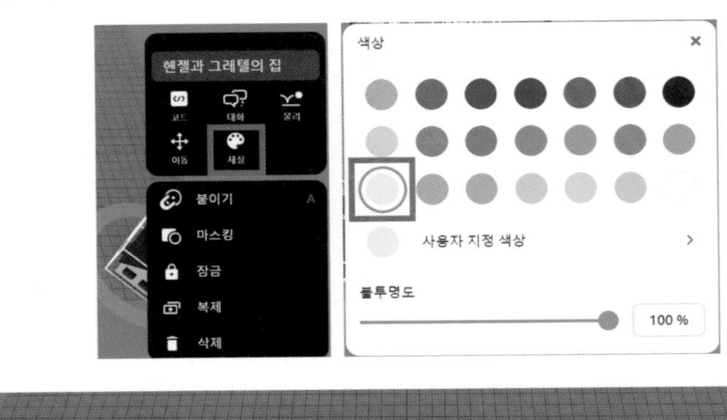

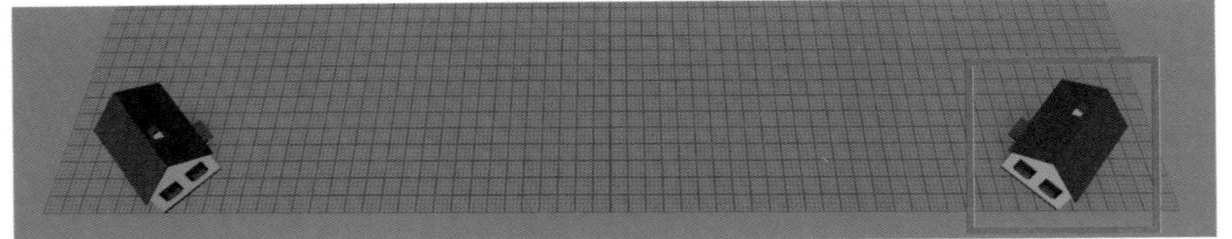

④ 과자집에서 탈출하는 것이 목표이기 때문에 시작 지점은 과자집으로 설정한다. 이를 위해 카메라는 과자집 쪽으로 위치를 변경하고, 집 앞에서 숲속 풍경을 바라보는 방향으로 180도 회전시켜 줄 것이다. 본 프로젝트에서는 헨젤과 그레텔의 탈출을 도와주기 위한 인물의 시선으로 이곳저곳 돌아다니는 느낌을 부여하기 위해 [걸음] 모드로 설정하였다.

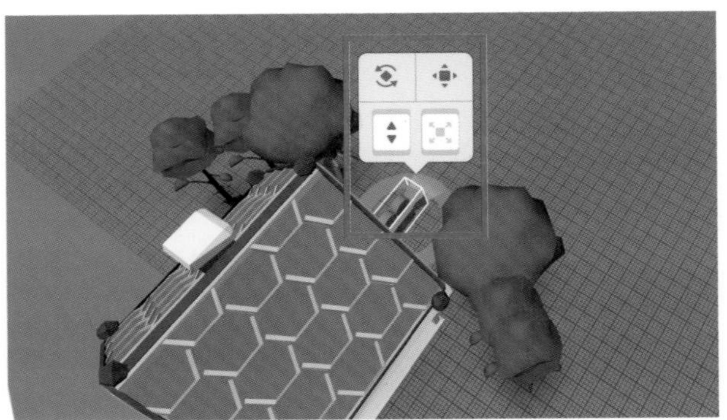

⑤ 각 건물 앞에 해당하는 인물과 소품 오브젝트를 삽입해 보자. [라이브러리]-[캐릭터]에서 다양한 사람 오브젝트로 헨젤(Jacket boy)과 그레텔(Braids girl), 헨젤과 그레텔의 부모님(Fancy woman #2, Regular man)과 마녀(Witch) 캐릭터의 역할을 부여하고, [아이템]에서 마녀의 화로(Cauldron)와 쿠키 인형(Gingerbread man) 오브젝트를 배치하였다. 오브젝트의 생동감 있는 연출을 위해 [특수]에서 불(Fire) 오브젝트를 가져온 뒤 마녀의 화로 위에 A 키를 활용하여 붙여 주면 더욱 재미있겠다.

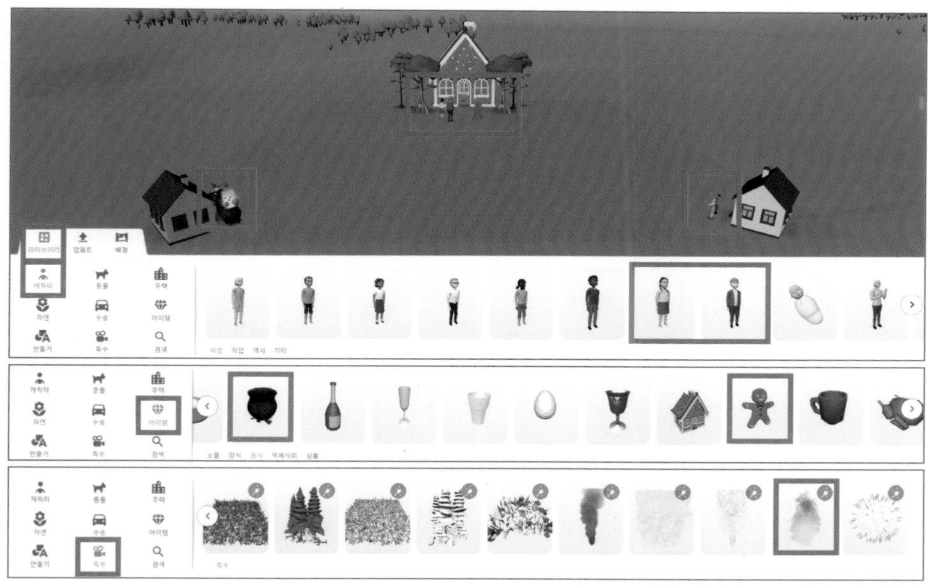

⑥ 이번에는 숲속 과자집 탈출을 위한 힌트 오브젝트를 과자집 근처에 둘 것이다. [라이브러리]-[아이템], [주택]에서 과자집 좌측에는 탁상(Bistro table) 오브젝트를 설치한 후 그 위에 마녀의 일기(Book) 오브젝트를 A 키로 붙여 올려놓는다. 우측에는 마녀의 음식창고(Wooden box) 오브젝트를 삽입하였다.

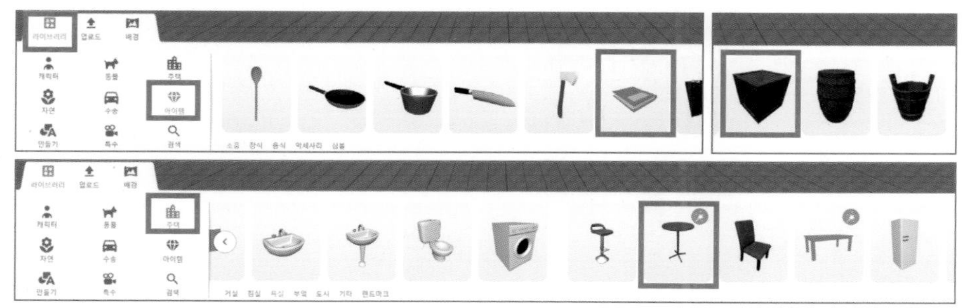

플레이했을 때 힌트 오브젝트임을 직관적으로 보여주기 위해 마녀의 일기와 마녀의 음식창고 오브젝트를 각각 더블클릭하여 기능창에서 이름을 한글로 바꿔 준 후 [코드]-[이름 보이기]를 활성화한다.

⑦ 다음으로 숲속 과자집 탈출을 위한 문제 오브젝트를 출발 지점 기준 순차적으로 배치할 것이다. 본 프로젝트에서는 ⓐ쿠키 인형 오브젝트를 문제로, ⓑ꽃밭(Coral reef) 오브젝트를 장애물로 활용하였다. 문제를 다 푼 이후의 스토리 진행을 위해 ⓒ마녀의 별장과 헨젤과 그레텔의 집으로 인도하는 안내판(Signpost left, Signpost right) 오브젝트를 추가한다. 사용자가 원한다면 얼마든지 다른 오브젝트로 대체해도 좋다.

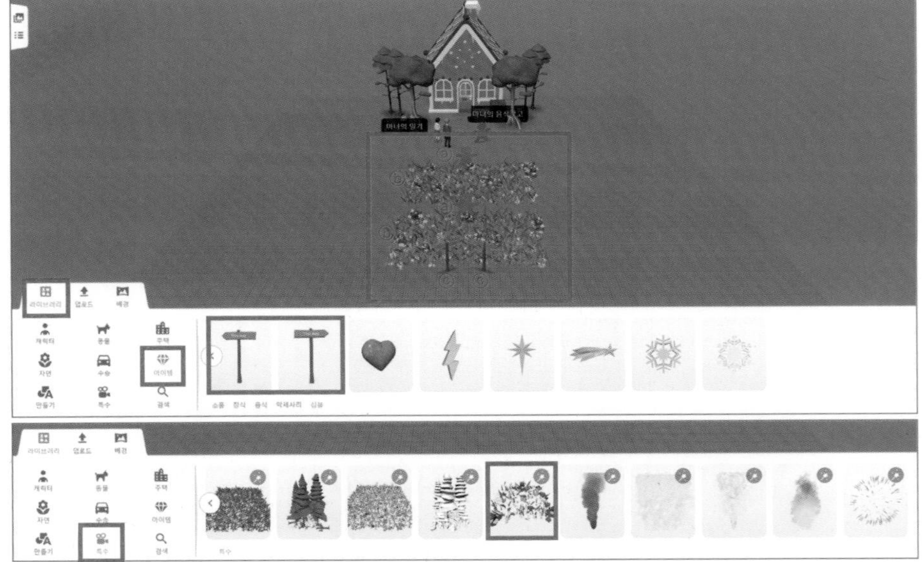

⑧ 동일한 오브젝트가 2개씩 있으므로 명확하게 구분하기 위해 각 오브젝트의 이름을 아래 예시처럼 적절히 수정하는 것을 추천한다.

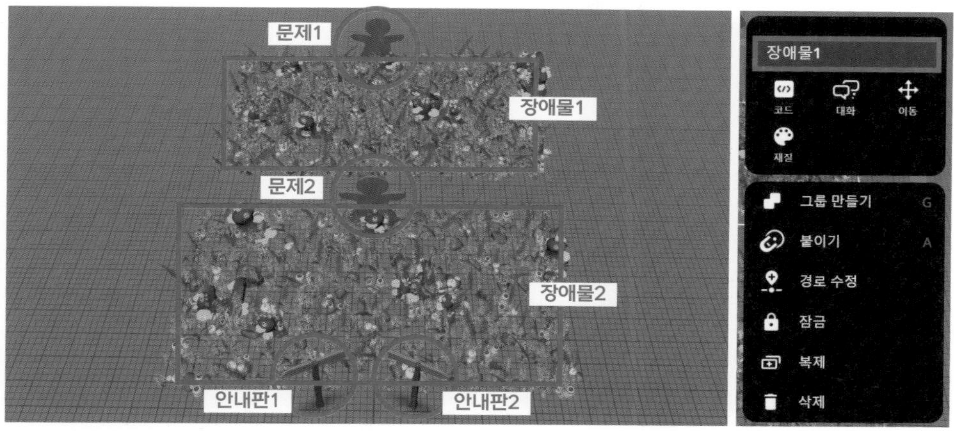

⑨ 이제 각 캐릭터 오브젝트를 더블클릭하여 [대화]-[말하기]로 숲속 과자집 탈출 안내 및 성공, 실패와 관련된 대사를 입력하고, [애니메이션]에서 어울리는 효과를 추가할 것이다. 각 캐릭터의 상황에 몰입할수록 실감 나는 문장이 탄생할 수 있지 않을까!

⑩ 마지막으로 코스페이스의 남은 면적을 [라이브러리]-[특수]에 있는 숲(Forest) 오브젝트로 채워 주자. 이는 시작 지점에서 도착 지점이 바로 보이지 않게 하기 위함이다. 본 프로젝트에서는 동일한 오브젝트를 반복해서 사용하였으나 높이가 있는 다양한 오브젝트를 조화롭게 배치하여 나만의 숲속 세계를 완성해 보는 것도 재미있겠다.

3. 가상현실 코딩하기

① 마녀의 숲속 과자집을 탈출하기 위한 퀴즈를 코딩으로 구현할 것이다. 이에 앞서 코딩이 필요한 오브젝트의 관련 기능을 사용하기 위해 [코드]-[코블록스에서 사용]을 활성화한다. 힌트에 해당하는 마녀의 일기, 마녀의 음식창고 오브젝트와 퀴즈와 관련된 문제/장애물/안내판 오브젝트에게 해당 기능을 부여해 주자.

② 화면 우측 상단의 [코드]-[코블록스]를 차례대로 클릭하면 코딩을 위한 프로그래밍 창이 생성된다.

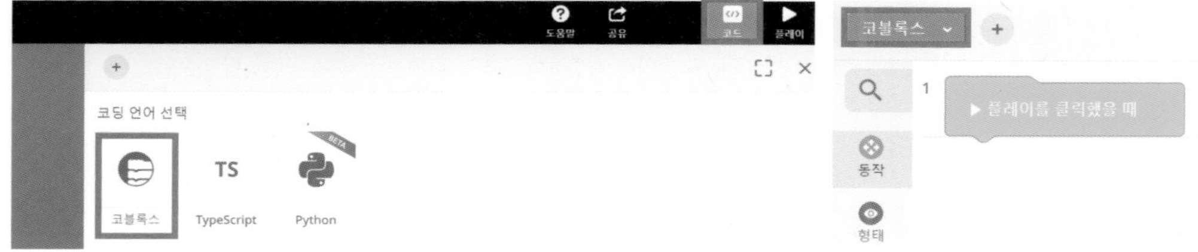

③ 먼저 힌트 오브젝트를 클릭했을 때 힌트 내용이 보이도록 프로그래밍해 보자. 이벤트 카테고리에서 오브젝트를 클릭했을 때 블록을 오른쪽 프로그래밍 창으로 가져와 힌트 오브젝트 중 하나인 [마녀의 음식창고]로 변경해 준다.

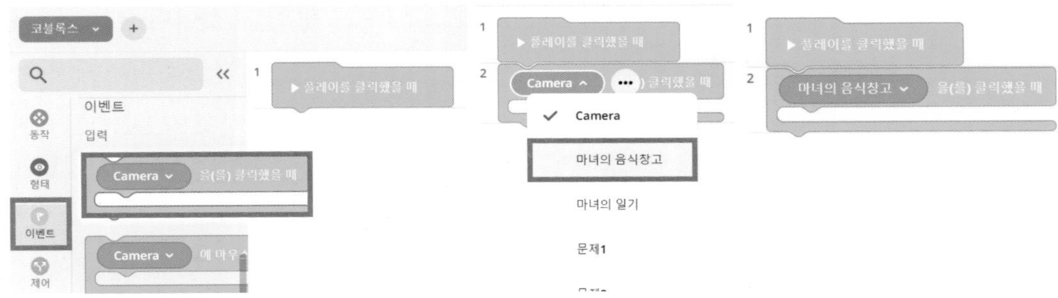

④ 형태 카테고리에서 오브젝트가 말하고 싶은 내용을 보여 주는 코딩 블록을 이전에 가져온 블록 사이에 결합한 후 시간을 적당히 조절해 주고, 출제하고 싶은 문제에 대한 힌트를 대사 칸에 적어 볼 것이다.

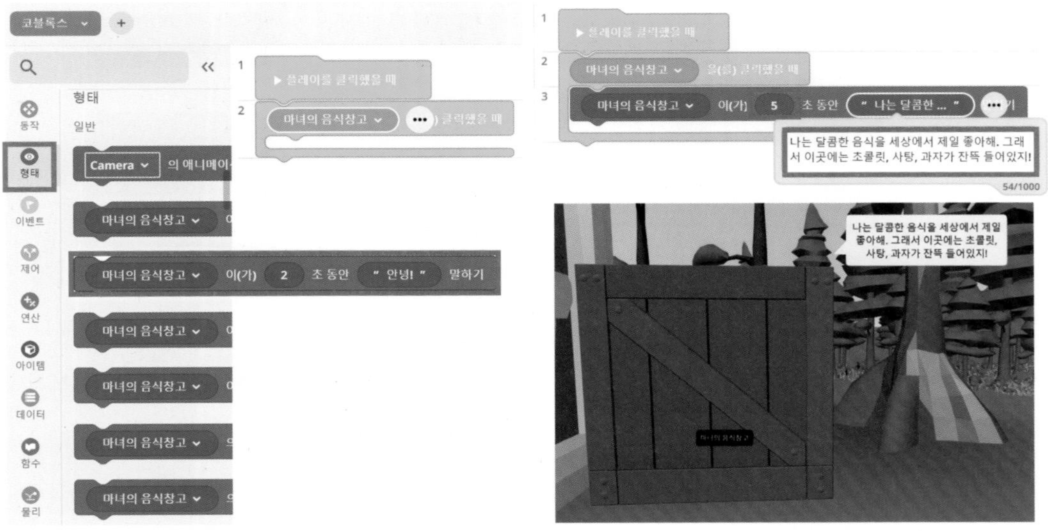

⑤ [복제하기] 기능을 사용하면 반복되는 형태의 블록 모음에 대한 복제가 가능하다. 복제하고 싶은 블록 모음 상단에서 마우스 오른쪽 버튼 클릭 후 [복제하기]를 선택할 것이다. 복제된 블록의 내용을 새롭게 입력하고 싶은 [마녀의 일기]로 모두 변경한 다음 또 다른 문제에 대한 힌트를 대사로 표현해 보자.

⑥ 이제 본격적으로 퀴즈를 위한 프로그래밍을 시작해 보겠다. 이벤트 카테고리에서 오브젝트 클릭 블록을, 형태 카테고리에서 퀴즈창 보이기 블록을 오른쪽 창으로 가져와 결합하고, [문제1]로 변경해 준다.

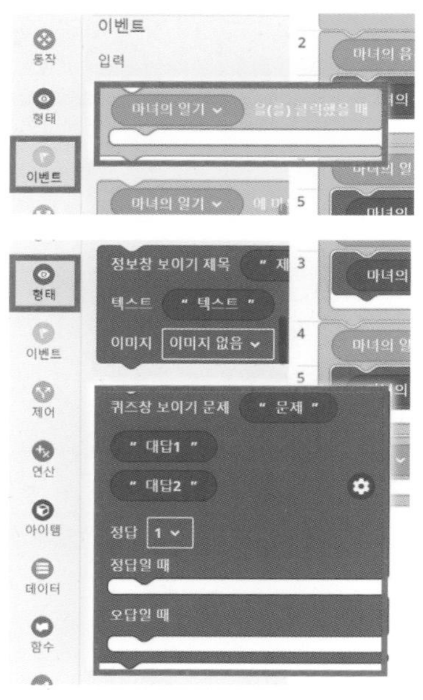

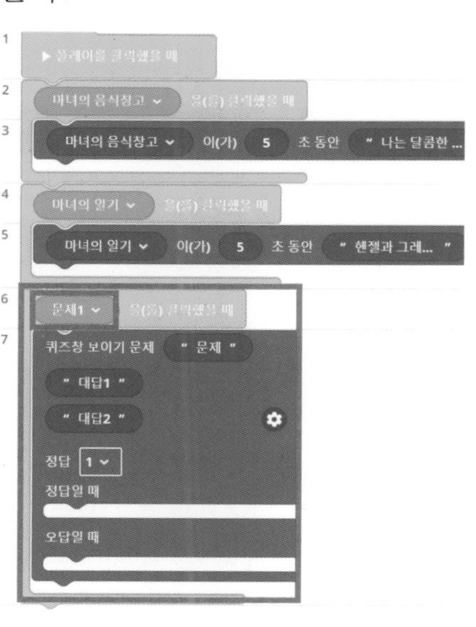

⑦ 퀴즈창 블록 안에 첫 번째 문제와 대답과 정답을 각각 입력한다. 만약 대답의 개수가 부족하다면 블록 오른쪽에 위치한 [+대답 추가] 아이콘을 눌러 원하는 개수만큼 추가할 수 있다.

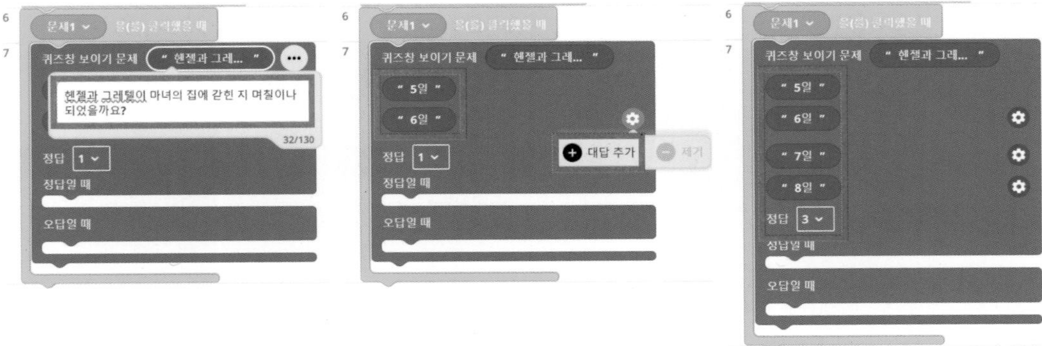

⑧ 정답이라면 [동작] 카테고리에서 문제를 낸 쿠키 인형과 장애물이 땅속(아래)으로 사라지도록 이동 효과를 부여하고, 오답이라면 [형태] 카테고리에서 힌트였던 마녀의 일기를 다시 읽어 보고 오라는 대사를 넣어 보자.

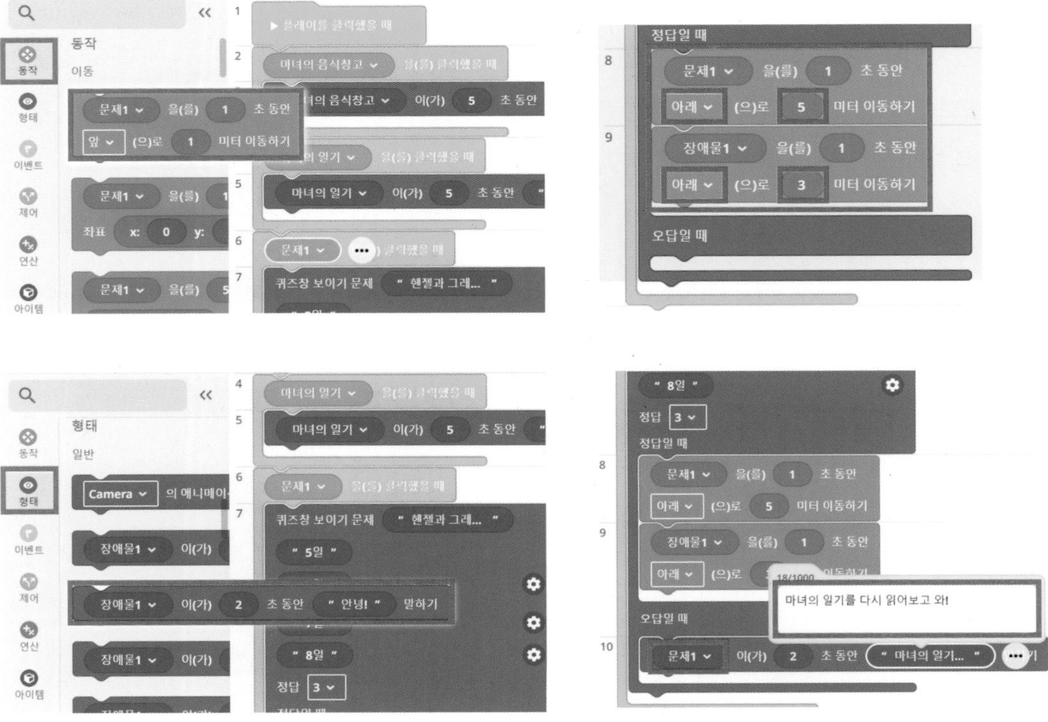

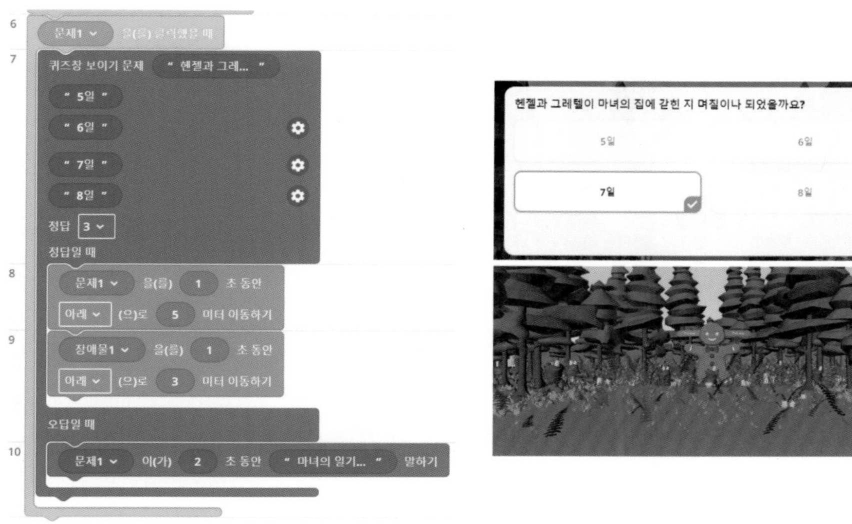

문제 쿠키 인형과 장애물은 꼭 아래로 사라지지 않아도 된다. 내가 삽입한 오브젝트에 맞게 재미있는 코딩을 해 보면 어떨까?

⑨ ⑤에서 사용했던 [복제하기] 기능을 한 번 더 활용하여 [문제1]에 대한 전체 퀴즈 블록을 복제할 것이다. 복제가 완료되면 [문제2]에 대한 내용으로 설정을 변경해 보자.

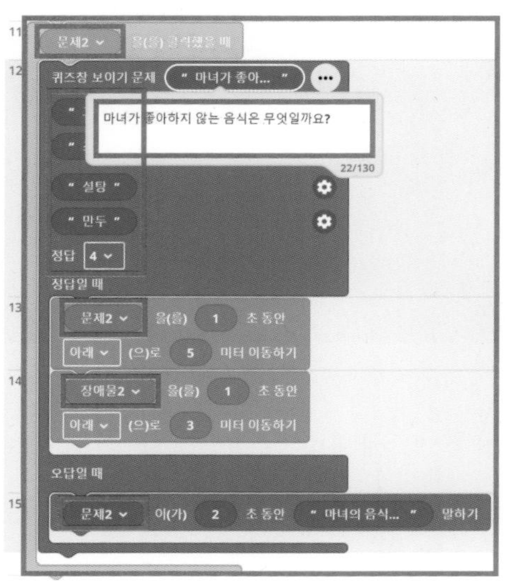

⑩ 두 개의 퀴즈를 모두 풀고 나면 안내판 오브젝트가 어떤 장소로 가는 길인지 알려 주는 프로그래밍을 해 준다. [이벤트] 카테고리의 오브젝트 클릭 블록과 [형태] 카테고리의 말하기 블록을 결합하여 [안내판1]은 "마녀에게 가는 길", [안내판2]는 "집으로 가는 길"이라는 대사를 입력할 것이다.

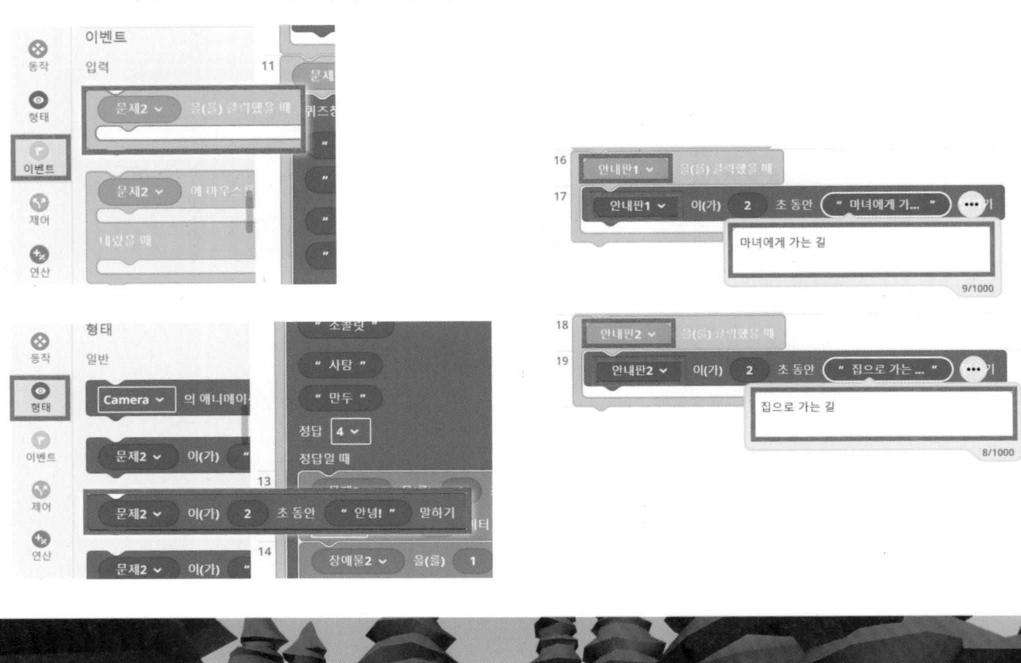

지금까지 배운 블록의 조합을 활용하여 이후 헨젤과 그레텔에게 벌어질 무궁무진한 스토리텔링을 프로그래밍해 봐도 좋다. 나만의 이야기 세상을 마음껏 펼쳐 보도록 하자.

4. 최종 코드

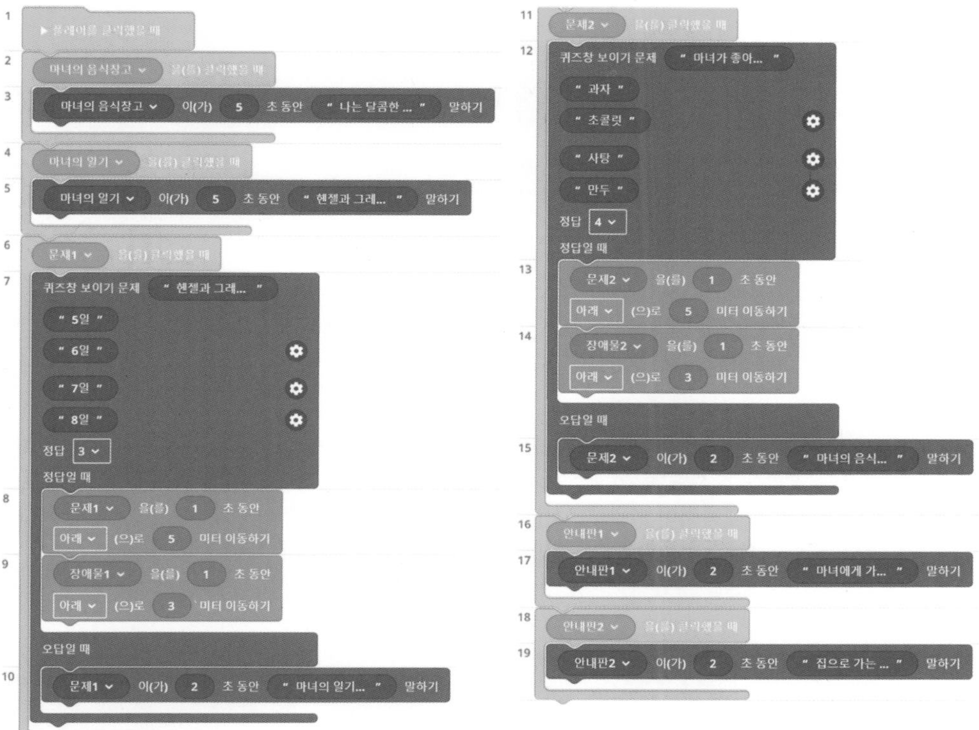

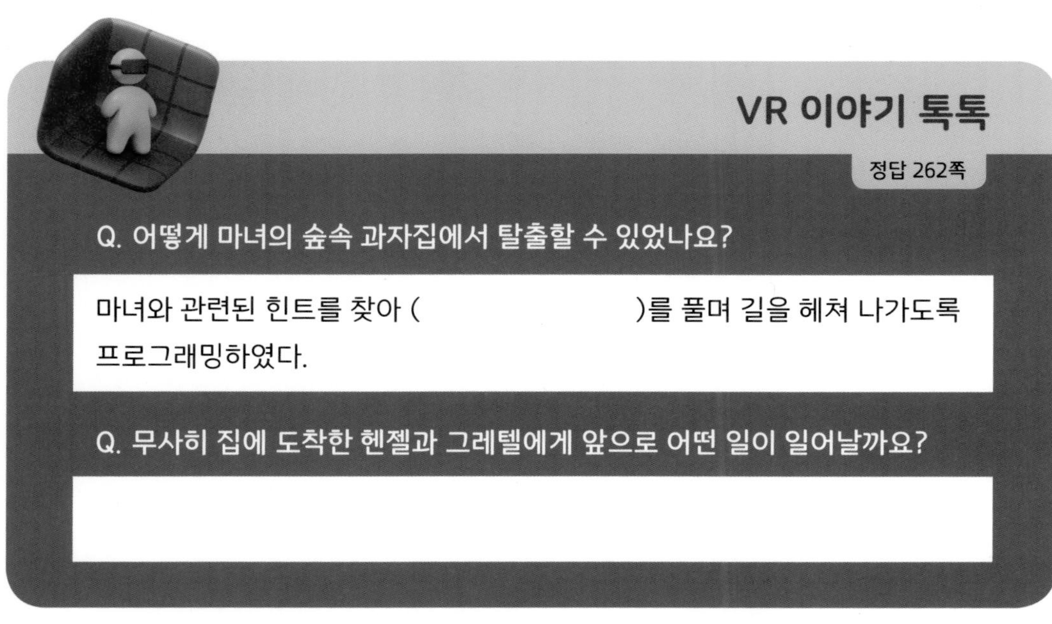

VR 이야기 톡톡

정답 262쪽

Q. 어떻게 마녀의 숲속 과자집에서 탈출할 수 있었나요?

마녀와 관련된 힌트를 찾아 ( )를 풀며 길을 헤쳐 나가도록 프로그래밍하였다.

Q. 무사히 집에 도착한 헨젤과 그레텔에게 앞으로 어떤 일이 일어날까요?

2-7 쥐를 유혹하는 피리 소리

1. 이야기 속으로

옛날 머나먼 나라에 평화로운 한 마을이 있었다. 그러나 마을에 쥐떼가 나타나 큰 피해를 입히면서 마을은 혼란에 빠진다. 쥐떼에 한참 고통받던 나날 중 한 사나이가 나타나 자신이 쥐를 없애 줄 수 있다고 큰소리를 쳤다. “당신은 어떤 능력이 있소?” “저는 피리를 잘 붑니다.” 사람들은 코웃음을 쳤지만, 사나이가 피리를 연주하자 놀랍게도 쥐들이 모여들었다.
이에 사나이는 강으로 쥐들을 유인하여 빠뜨릴 계획을 세우는데……. 피리 부는 사나이와 함께 강으로 쥐들을 몰고 가며 마을을 구해 보자.

Q. 쥐떼가 나타나기 전과 나타난 후의 마을의 모습은 어떻게 달라졌을까요?

학습 목표

- ★ 내가 만든 마을을 걸어 다니며 구경할 수 있어요.
- ★ 거리 조건을 이용하여 오브젝트가 나를 따라오게 만들 수 있어요.

2. 가상현실 디자인하기

① 마을 풍경으로 꾸미고 싶은 배경을 선택한다. 이번 프로젝트에서는 눈 쌓인 마을을 배경으로 골랐는데 숲이나 들판을 선택하여 마을처럼 꾸며 주어도 좋다.

② 마을과 어울리는 오브젝트를 배치해 보자. 광장의 시계탑(Big Ben), 거리를 청소하는 환경미화원(Overall man), 눈 내린 풍경에 어울리는 크리스마스 트리(Christmas tree), 눈사람을 만드는 아이들(Casual boy, Regular girl), 거리를 오가는 마차 등 마을의 모습을 떠올리며 오브젝트들을 자유롭게 추가한다.

③ 마차는 관련 오브젝트가 없기 때문에 유모차 오브젝트와 말 오브젝트를 합쳐서 만들 수 있다. 유모차(Pram)는 [수송]-[땅], 말(Horse)은 [동물]-[땅]에서 찾아 드래그한다. 이때 유모차의 크기는 말보다 크게 만들어야 자연스럽기 때문에 [드래그해서 크기 바꾸기] 기능으로 크기를 조정해 보자. 말이 끄는 것처럼 말 뒤쪽에 유모차를 배치한 후에 [그룹 만들기]를 눌러 하나의 오브젝트로 만들었다.

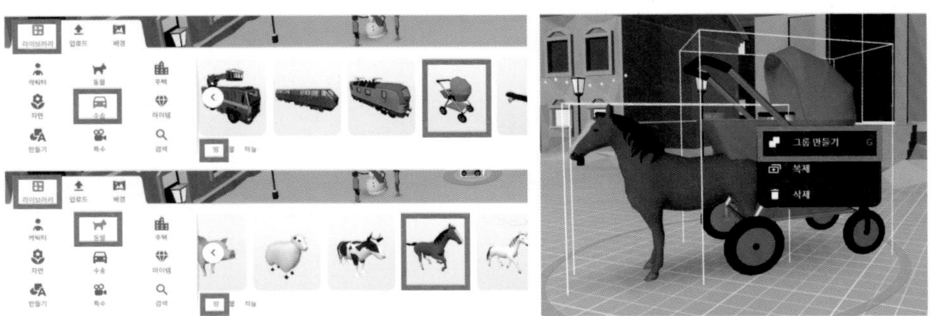

④ 이번에는 주인공이 될 피리 부는 사나이를 꾸며 보겠다. 본인이 생각하는 사나이의 외형과 가장 비슷한 모습의 오브젝트를 [라이브러리]-[캐릭터]에서 골라 보자. 본 프로젝트에서는 수염 달린 사나이(Outdoor senior man)에게 [붙이기] 기능을 활용하여 멋진 모자(Cowboy hat)를 씌워 주었다.

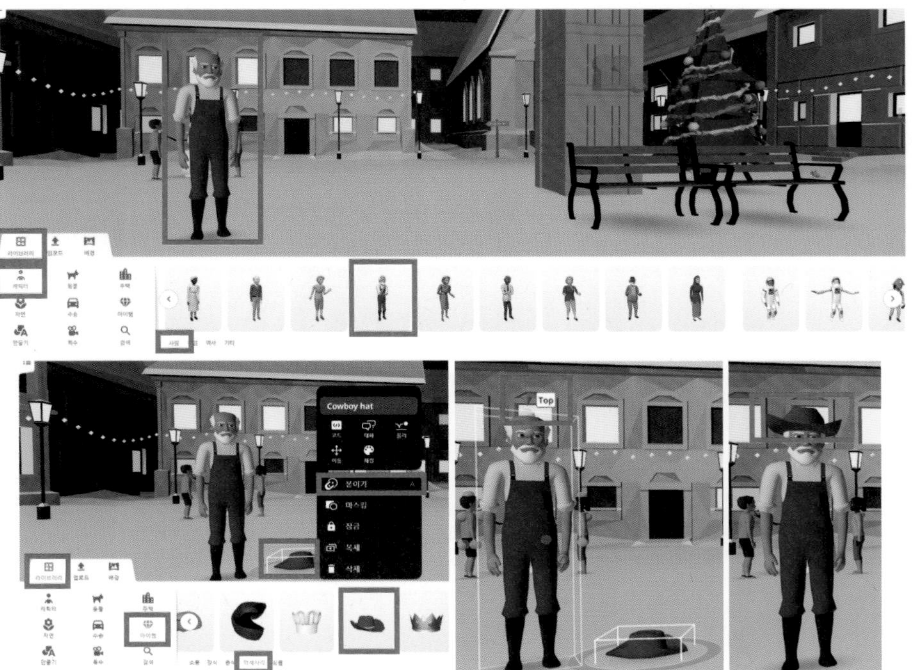

⑤ 사나이에게 피리를 쥐여 주어야 하지만 피리 오브젝트가 없어 [아이템]-[음식]에서 지팡이 모양의 사탕(Candy cane)을 골라 대체하였다. [붙이기] 기능을 이용하여 왼손에 붙여 보자.

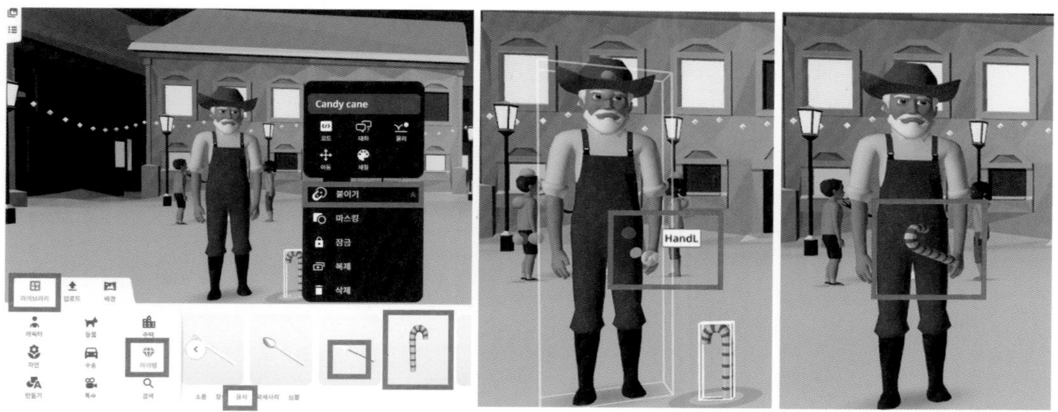

⑥ 기능창에서 완성된 오브젝트의 이름을 '피리부는 사나이'라고 변경해 주었다. 이제 피리를 부는 것처럼 보이는 애니메이션으로 바꾸어 보자. 본 장에서는 [Actions]의 [Hug]가 피리를 입가에 가져다 대는 것처럼 보여 선택하였으나 자신이 원하는 애니메이션이라면 무엇이든 좋다.

⑦ 쥐를 유인할 강을 만들어 보자. 강을 표현할 만한 오브젝트가 없기 때문에 새로운 오브젝트로 만들어야 한다. 이를 위해 [만들기]-[평면]에서 유리벽(Glass wall)을 추가하여 [재질]을 바꿔 보겠다.

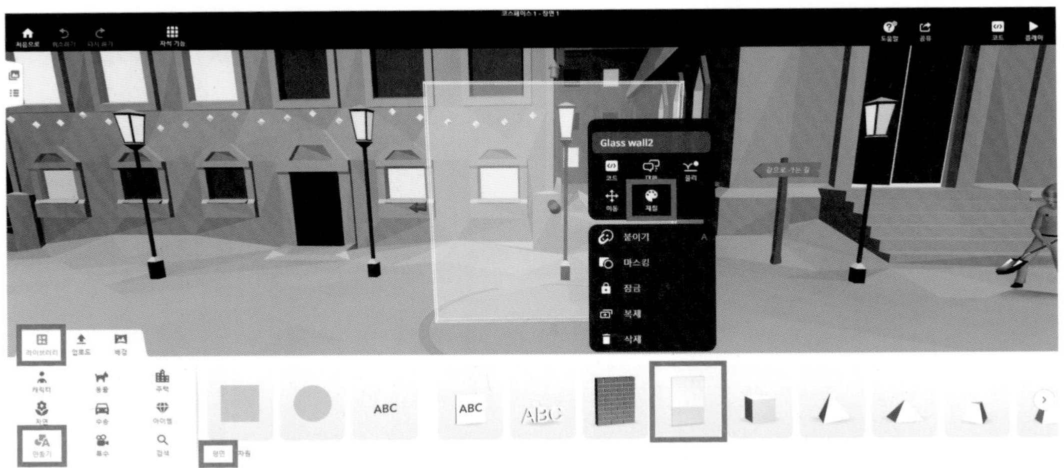

⑧ 전체를 한번에 수정할 수 있도록 단일 재질을 활성화한 후 무늬를 골라 보자. 강 위의 일렁이는 물결처럼 보이기 위한 풀밭 무늬를 추천한다. [색상]으로 이동하여 강에 어울리는 색으로 변경한 후 보다 자연스러운 표현을 위해 불투명도를 조절한다.

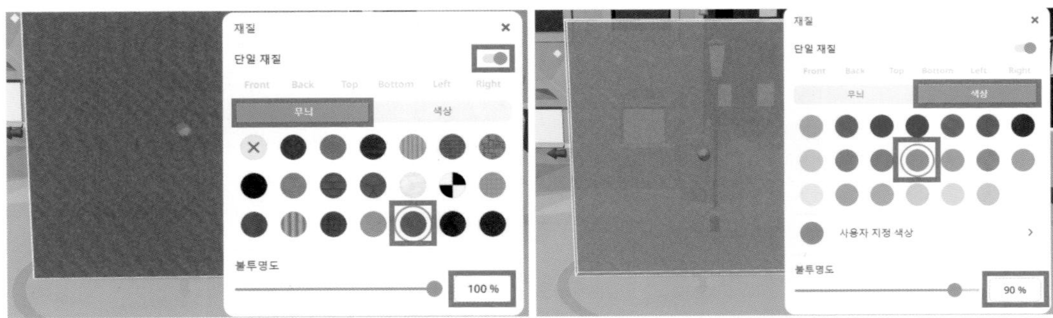

⑨ 강을 만들기 위한 준비 작업이 끝났다. 이제 [회전 모드]를 이용하여 유리 벽을 눕히고 [드래그해서 올리기]로 바닥에 내려놓으면 된다.

⑩ [드래그해서 올리기]를 다시 한번 누르면 수직 이동 모드가 해제되며 오브젝트 크기를 조정할 수 있는 화살표가 나타난다. 너비를 조정할 수 있는 빨간 화살표를 드래그하여 옆으로 길게 늘여 보자.

⑪ 이제 마을 배경 뒷부분으로 강 오브젝트를 놓을 것이다. 배치의 편의성을 위해 위에서 내려다보는 시점으로 변경했다. 강 전체가 잘 보이도록 시점을 조정한 후 오브젝트를 잘 배치한다.

⑫ 강을 못 찾을 것이 걱정되어 표지판(Signpost left) 오브젝트를 이용하여 강으로 가는 길을 안내해 주었다. 표지판 오브젝트는 텍스트 상자가 함께 제공되어 텍스트 편집이 가능하다. 표지판 오브젝트의 기능창에서 [텍스트]를 선택하여 "강으로 가는 길"이라고 문구를 변경한다.

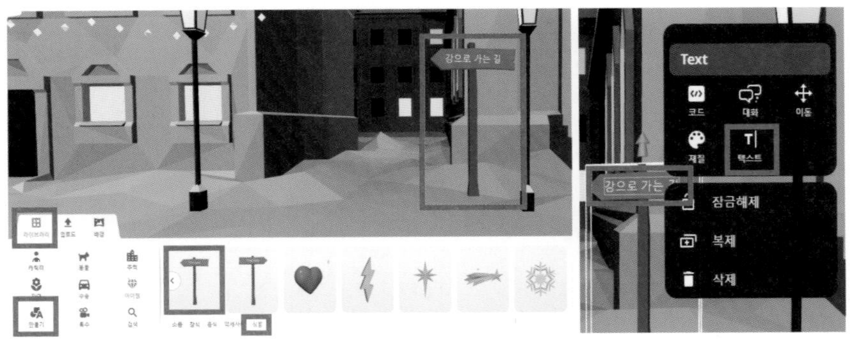

⑬ 이제 마을을 괴롭히는 쥐들을 배치해 보자. [라이브러리]-[동물]에서 쥐(Mouse) 오브젝트를 드래그하여 삽입했다. 한글로 이름을 변경한 후 [복제]를 이용하여 쥐 9마리를 더 만들어 준다. [애니메이션]을 설정하거나 [재질]에서 색상을 변경하는 등의 방법으로 다양성을 줄 수 있다. 다양한 모습의 쥐를 장면 이곳저곳에 풀어 놓는다.

3. 가상현실 코딩하기

① 사나이가 피리를 불어 이동하면 쥐가 그 뒤를 따라갈 수 있도록 코딩해 볼 것이다. 사나이와 쥐 오브젝트의 기능창을 열고 [코드]-[코블록스에서 사용]을 눌러 활성화한다.

② 10마리의 쥐를 모두 [코블록스에서 사용]을 활성화시켜야 하지만, 화면 곳곳에 있는 쥐를 찾기란 쉽지 않다. 그럴 때는 오브젝트 목록을 확인해 보자. ⓐ좌측 상단의 오브젝트 목록을 클릭하면 ⓑ내가 추가한 모든 오브젝트를 볼 수 있다. 원하는 오브젝트 위에 커서를 대면 ⓒ기능창을 열 수 있는 아이콘이 나타난다. 각각의 쥐 오브젝트를 목록에서 찾아 ①번의 과정처럼 ⓓ[코드]-ⓔ[코블록스에서 사용]을 활성화시키면 된다.

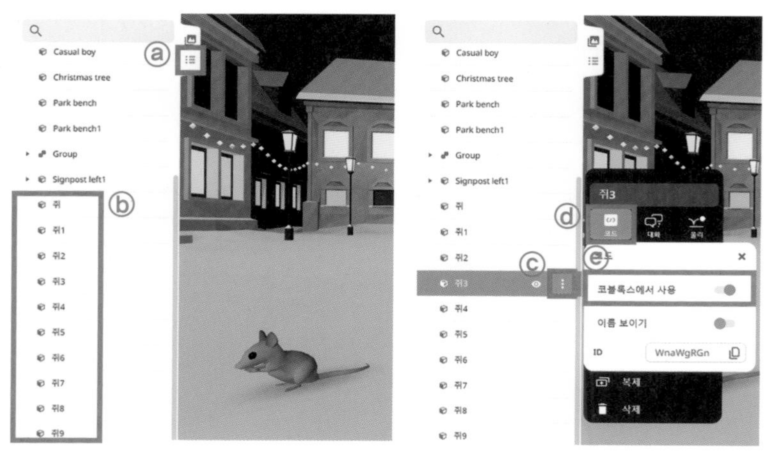

③ 피리 부는 사나이의 행적을 관찰할 수 있도록 카메라를 사나이 앞에 두고 이동시켜 보겠다. 걷는 사나이를 바라보며 이동할 수 있도록 카메라 오브젝트 기능 창의 [카메라]에서 [고정 위치]를 [걸음]으로 바꾸어 준다. [플레이] 버튼을 누르고 W, A, S, D 키로 움직이며 카메라가 이동하는지 확인해 보자.

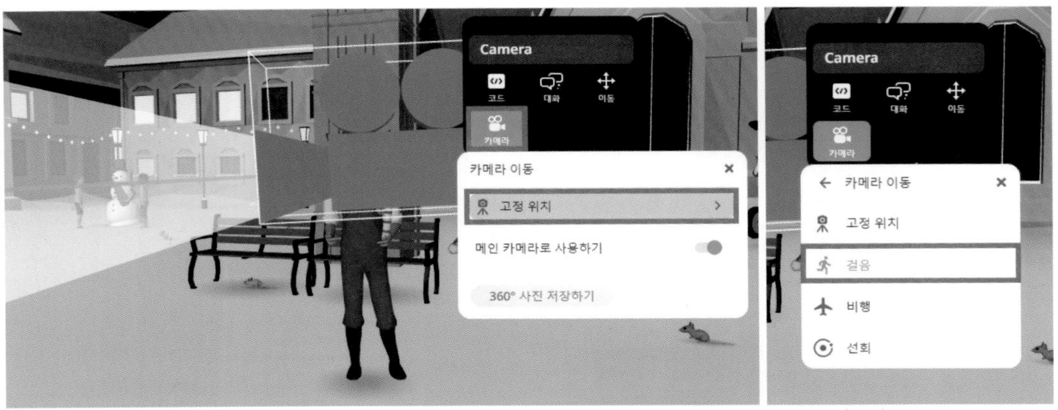

④ 이제 피리 부는 사나이가 카메라를 따라 이동할 수 있도록 코딩해 보자. 제어 카테고리의 무한 반복하기 블록과 동작 카테고리의 바라보기 블록을 사용하였다. 피리 부는 사나이가 카메라를 따라 몸의 방향을 바꿀 것이다.

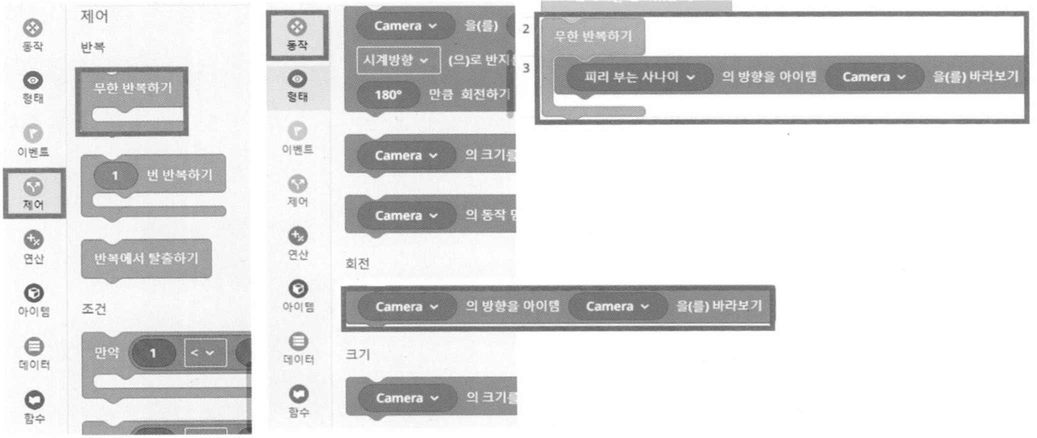

카테고리의 이동 블록을 추가하여 피리 부는 사나이가 카메라를 향해 걸어오게 한다. 이때 걸음걸이 속도는 자유롭게 지정해주자.

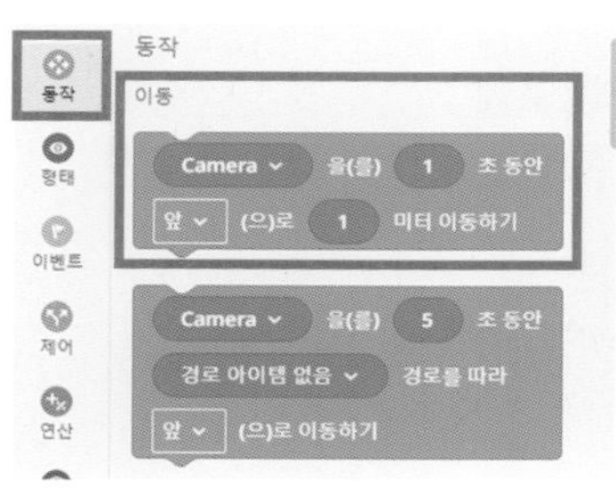

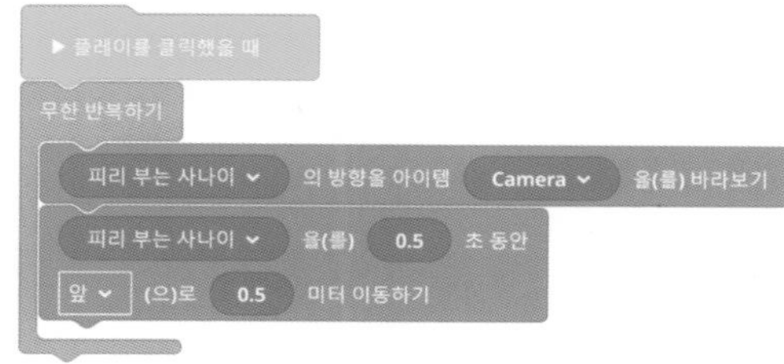

⑤ [플레이] 버튼을 누르고 화면을 회전하여 피리 부는 사나이를 찾아보자. 카메라 방향으로 피리 부는 사나이가 전진해오고 있을 것이다. 카메라를 이리저리 돌리면 사나이도 카메라를 바라보는 방향으로 바꾼다. 가상현실 내부를 자유롭게 이동하며 사나이를 따라오게 해 보자.

⑥ 이때 가만히 있다면 피리 부는 사나이가 카메라 방향으로 계속해서 전진하며 카메라를 밀어 낼 것이다. 이를 방지하기 위해 피리 부는 사나이에서 카메라까지의 거리가 2 이상일 경우만 반복하도록 조건을 추가해 보겠다. 조건이 참인 동안 반복하기와 ~에서 ~까지 거리 블록은 설정의 [고급자용 코블록스] 블록을 추가해야만 찾을 수 있다.

피리 부는 사나이에서 카메라까지 거리가 2 이상 조건이 참인 동안 반복되어야 하므로 아래의 그림처럼 블록을 조립한다.

④에서 만든 무한 반복하기 구조에 조건을 추가하여 완성해 보자.

⑦ 이제 쥐가 사나이를 따라오도록 코딩해야 한다. 쥐와 관련한 내용을 코딩할 수 있도록 새로운 코블록스를 생성해 보자.

⑧ 피리 소리를 듣고 쥐가 따라오는 것처럼 보이기 위하여 피리 부는 사나이와 쥐의 거리가 가까워지면 쥐가 사나이 쪽으로 이동하도록 만들 것이다. 만약 ~라면 블록을 이용하여 피리 부는 사나이에서 쥐까지의 거리가 5보다 가깝다면 이라는 조건을 넣어 보자.

쥐가 사나이를 따라올 수 있도록 ④와 동일하게 코딩해주었다. 다만, 요리조리 잽싸게 움직이는 쥐를 상상하며 속도는 0.1초 동안 0.1미터 이동하는 것으로 설정한다.

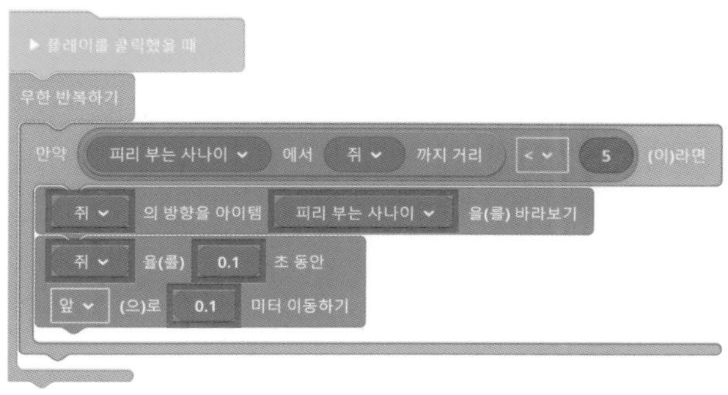

⑨ 쥐 오브젝트를 배치할 때 먹기, 자기 등 애니메이션으로 다양성을 주었을 것이다. 각기 다른 행동을 하던 쥐가 피리 부는 사나이의 연주를 듣고 달리는(Run) 애니메이션으로 바꿀 수 있도록 형태 카테고리에서 애니메이션을 변경하는 블록을 추가해 보자.

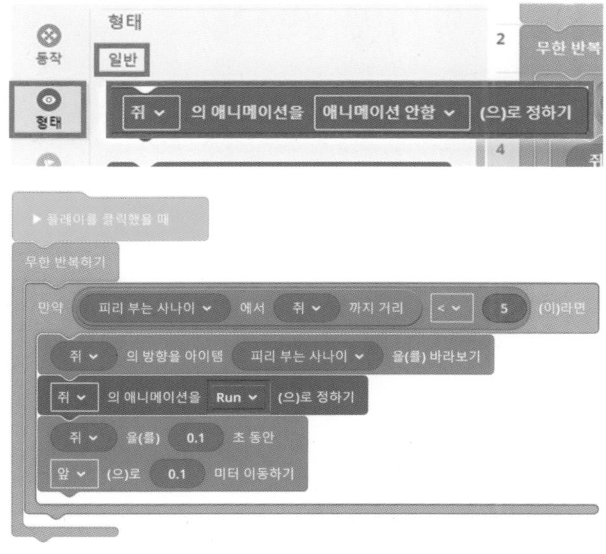

⑩ 쥐 한 마리에 대한 코딩이 완성되었다. 이제 남은 쥐에 대한 코딩을 해 주어야 한다. 만약 블록 위에 커서를 두고 마우스 우클릭하면 나오는 [복제하기] 기능을 활용하여 편하게 완성해 보자. 만약 블록 묶음이 한 번에 추가될 것이다. 다만, 대상을 쥐에서 쥐1, 2, 3, 4, …, 9로 클릭해서 변경해 주어야 한다.

⑪ 쥐 열 마리에 대한 코딩이 완료되었다면 [플레이] 버튼을 눌러 쥐를 강으로 몰고 가보자. 쥐 쪽으로 다가가니 쥐가 폴짝폴짝 따라오는 것을 확인할 수 있다. 열 마리를 모두 몰고 강으로 향하는 골목길에 진입했다면 미션은 성공이다. 쥐를 더 추가해도 좋고, 마을 사람들의 반응을 추가해도 좋다. 상상의 보따리를 풀어 보자.

4. 최종 코드

```
▶ 플레이를 클릭했을 때
무한 반복하기
  조건 피리 부는 사나이 ∨ 에서 Camera ∨ 까지 거리 ≥ ∨ 2 이 참인 동안 ∨ 반복하기
    피리 부는 사나이 ∨ 의 방향을 아이템 Camera ∨ 을(를) 바라보기
    피리 부는 사나이 ∨ 을(를) 0.5 초 동안
    앞 ∨ (으)로 0.5 미터 이동하기
```

```
▶ 플레이를 클릭했을 때
무한 반복하기
  만약 피리 부는 사나이 ∨ 에서 쥐 ∨ 까지 거리 < ∨ 5 (이)라면
    쥐 ∨ 의 방향을 아이템 피리 부는 사나이 ∨ 을(를) 바라보기
    쥐 ∨ 의 애니메이션을 Run ∨ (으)로 정하기
    쥐 ∨ 을(를) 0.1 초 동안
    앞 ∨ (으)로 0.5 미터 이동하기
  만약 피리 부는 사나이 ∨ 에서 쥐1 ∨ 까지 거리 < ∨ 5 (이)라면
    쥐1 ∨ 의 방향을 아이템 피리 부는 사나이 ∨ 을(를) 바라보기
    쥐1 ∨ 의 애니메이션을 Run ∨ (으)로 정하기
    쥐1 ∨ 을(를) 0.1 초 동안
    앞 ∨ (으)로 0.5 미터 이동하기
  만약 피리 부는 사나이 ∨ 에서 쥐9 ∨ 까지 거리 < ∨ 5 (이)라면
    쥐9 ∨ 의 방향을 아이템 피리 부는 사나이 ∨ 을(를) 바라보기
    쥐9 ∨ 의 애니메이션을 Run ∨ (으)로 정하기
    쥐9 ∨ 을(를) 0.1 초 동안
    앞 ∨ (으)로 0.5 미터 이동하기
```

- 쥐1, 2, …, 9에 대한 조건 블록을 추가한다. (쥐2 ~ 쥐8에 대한 코드는 중복되어 생략하였다.)

VR 이야기 톡톡

정답 262쪽

Q. 쥐가 피리 부는 사나이를 따라오도록 제어하는 방법은 무엇이었나요?

피리 부는 사나이와 쥐의 (   )를 판단하여 (가까워지면 / 멀어지면) 따라오게 하였다.

Q. 강으로 쥐를 유인하여 마을의 문제를 해결한 사나이는 마을에 어떤 영향을 주었을까요?

2-8 버즈의 스파키 구하기

1. 이야기 속으로

보니의 집에서 평화롭게 지내던 장난감들에게 위기가 찾아온다. 보니가 가장 아끼던 로봇 장난감, 스파키가 고장나 버린 것이다. 스파키를 다시 작동시키기 위해서는 특별한 부품이 필요하다. 이 부품은 지구에서는 구할 수 없고, 우주의 한 외딴 행성에서만 발견된다.
장난감들은 스파키를 구하기 위해 용감하게 우주로 떠나게 된다. 하지만 멀고도 위험한 우주! 우리 장난감 친구들은 외딴 행성까지 무사히 도착할 수 있을까?

Q. 우주에는 어떤 위험이 있을까요?

학습 목표

- ★ 우주의 장애물을 만들어 비행기와 충돌하는 모습을 구현해요.
- ★ 도착한 외딴 행성에서 우리 친구들을 맞이할 수 있게 해요.

2. 가상현실 디자인하기

① 본 프로젝트에서는 우주를 배경으로 이야기가 전개되고 있으니, 그에 걸맞은 배경을 선택한다.

② 광활한 우주를 항해하는 것이 목적이므로 항해에 적합한 비행기(Airplane)와 운석(Cloud)을 불러오도록 한다. 또한, 비행기 안에 탑승할 우주인(Astronaut man, Astronaut woman) 역시 필요하다. 이때 원하는 오브젝트로 자유롭게 스토리텔링을 해도 무방하다. 그리고 전체 맵이 충분히 큰 크기가 되도록 비행기와 운석의 사이즈를 조절해 주도록 한다.

③ 우주인 오브젝트를 마우스 우클릭하여 [애니메이션]을 설정해 줄 수 있다. 이때 A 키를 눌러 우주선 안에 앉히고 그룹으로 묶어 두면 다른 오브젝트 배치 시에 같이 선택되는 일이 없다. 그리고 나서 크기를 적절히 조절하여 우주선을 작게 만들어 준다. 다른 캐릭터들도 추가하여 뒷자석에 앉힐 수 있다.

④ 프로젝트가 시작되면 카메라의 관점이 비행기와 같은 상태로 스토리가 이어질 것이다. 따라서 카메라도 A키를 활용하여 비행기 위쪽에 붙여주도록 한다. 이렇게 카메라를 비행기 오브젝트에 붙이게 되면 자동으로 [고정 위치] 모드가 된다.

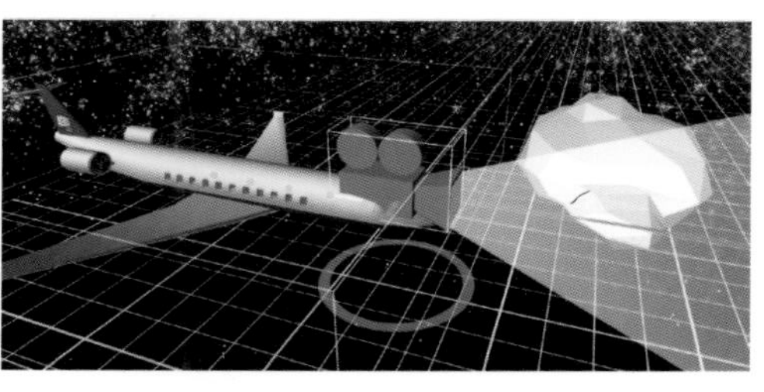

⑤ 이제, 소행성에 도착할 수 있도록 워프게이트(Glass wall)를 만들 것이다. 워프게이트를 통해 소행성으로 이동해야 하므로, ⓐ장면 목록에서 ⓑ (+ 새 장면)을 선택한다. 새로운 장면 내에서 하단 메뉴의 ⓒ배경을 소행성 느낌이 나도록 변경해 주면 된다.

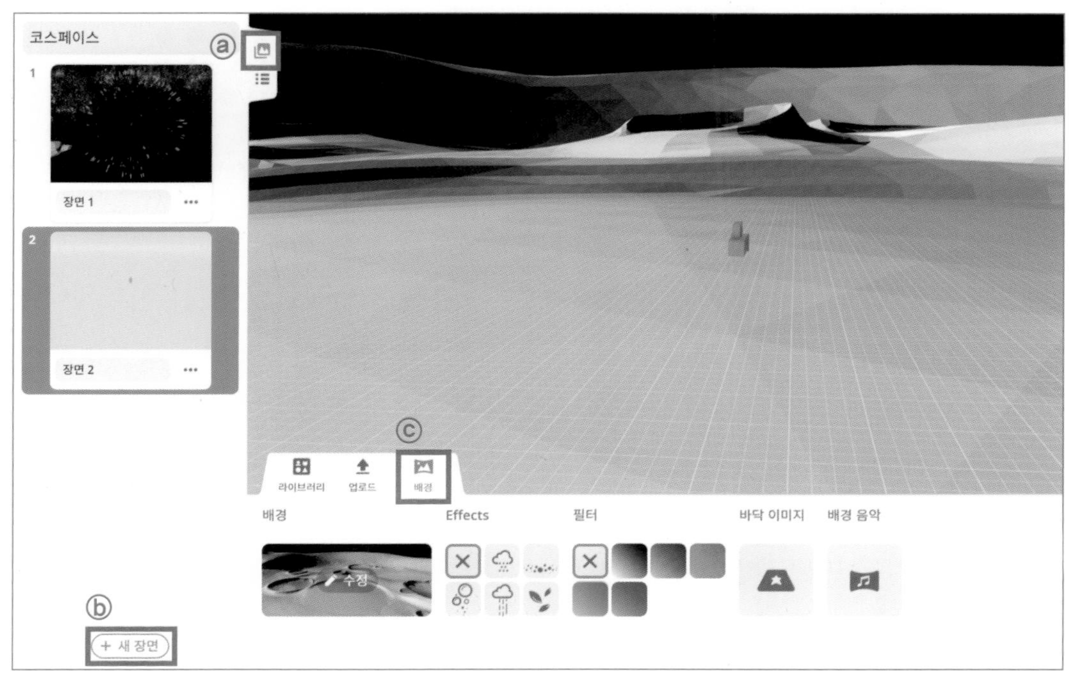

⑥ 장면2는 스파키의 부품을 구할 수 있는 목적지이므로 해당 장소에서는 환영하는 듯한 모습으로 구현해 주는 것이 자연스럽다. 이 부분은 자유롭게 상상하며 꾸며 주어도 좋다.

⑦ 이제 다시 장면1에서 장면2로 넘어가는 워프게이트 설정을 마저 해 보자. 워프게이트와 불꽃놀이(Firework)를 화면 맨 끝 동일한 위치에 설치한다. 워프게이트 오브젝트는 비행기와 닿으면 다음 장면으로 전환시켜 주는 것이 목적이고, 불꽃놀이 오브젝트는 그 위치를 알려 주는 역할이다.

좀 더 자세히 설명하자면 불꽃놀이 오브젝트는 특수 효과 중 하나로 '물리'의 개념을 갖지 않아 '충돌'할 수 없기 때문에 충돌이 일어날 수 있는 워프게이트 오브젝트가 필요하다. 또 워프게이트 오브젝트만 배치하게 되면 프로젝트가 시작하였을 때 어디로 나아가야 하는지 그 방향성이 불분명해진다. 자연스러운 스토리텔링 설정을 위해 워프게이트 오브젝트의 경우 불투명도를 낮추어 보이지 않도록 배치하고, 불꽃놀이 오브젝트의 효과로 방향을 제시하는 것이다.

여기까지 장면1, 장면2의 오브젝트 배치와 구성을 진행하였다. 자신의 상상력을 마음껏 발휘하여 두 장면을 더 꾸며 보자.

3. 가상현실 코딩하기

① 우주에서 유영하는 듯한 움직임을 코딩으로 구현해 보자. 비행기와 운석, 워프게이트 오브젝트를 각각 [코드]-[코블록스에서 사용]으로 활성화시킨다.

② 특히 본 프로젝트에서는 오브젝트 각각이 가진 무게를 반영한 코딩을 할 예정이므로 [물리]-[정밀한 충돌]을 활성화하여 각각의 무게를 설정해 주는 것이 핵심이다. 진짜 무게를 계상해도 좋지만, 자신이 적절하게 생각하는 무게를 넣어 테스트해 보는 것도 재미있다. 물리적인 두 물체가 부딪치는 경우 가벼운 쪽이 더 튕겨 나간다는 것에 유의한다.

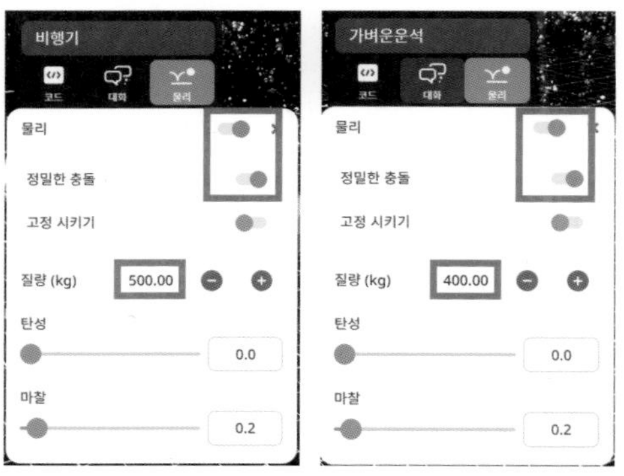

③ 우주에서 움직이는 느낌을 구현하면서 방향 조절이 가능하도록 코딩해 볼 것이다. 먼저, 동작 카테고리에서 비행기가 이동하게 해 주는 블록을 삽입한다. 이때 비행기는 끝없이 이동해야 하므로 제어 카테고리의 무한 반복 블록이 필요하다.

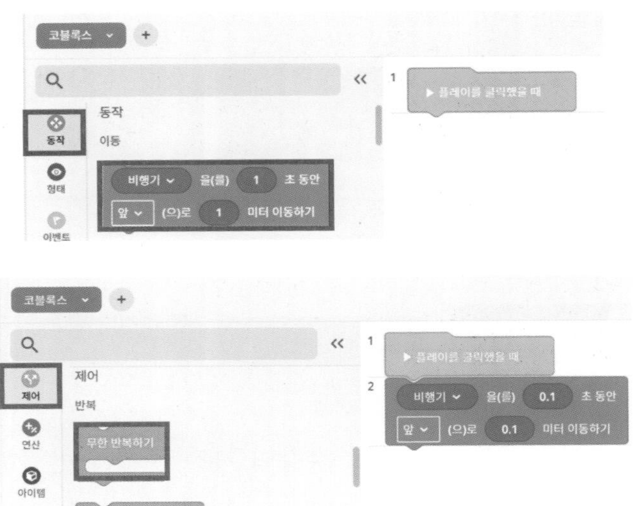

④ 이제 방향을 조정할 수 있도록 코블록스를 추가해 보자. + 버튼을 눌러 만든 코블록스(1) 코드 공간에서는 양쪽 방향 이동이 가능하도록 할 것이다. 이미 앞선 코딩에서 앞으로 무한히 이동하도록 구현하였으므로 A 키를 눌렀을 때와 D 키를 눌렀을 때의 회전만 프로그래밍해 주면 된다.(게임 상황으로 가정하고 예시 코딩을 A 키와 D 키로 진행하였으나, 방향키를 활용해도 무방하다.)

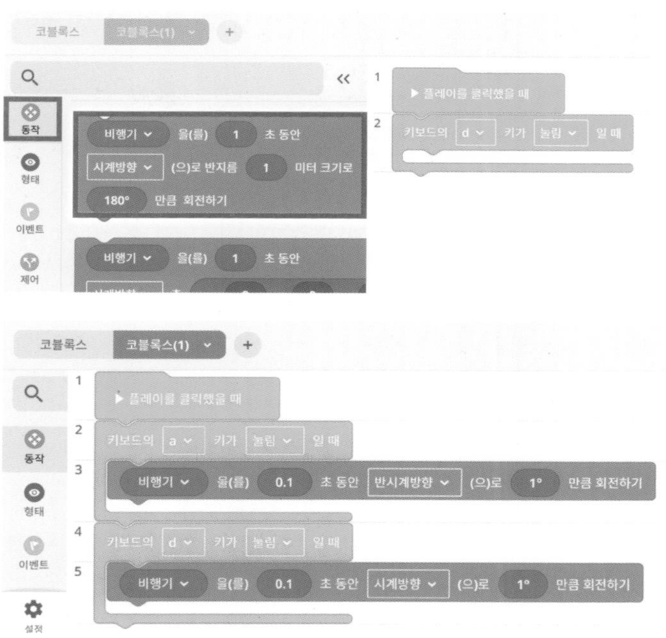

⑤ 코딩이 완료되면 프로젝트를 실행해 비행기가 운석에 부딪히며 앞으로 전진하는지 확인한다. 이때 비행기보다 운석이 무겁다면 비행기는 앞으로 나아가지 못하게 된다. 다양한 질량의 운석을 만들고, 비행기로 운석에 부딪히는 테스트를 진행해 볼 것이다. 만약 운석이 너무 쉽게 튕겨져 나가 비행기의 진로를 방해하지 못한다면 운석의 질량을 높여 주고, 운석이 너무 무거워 비행기의 전진이 어렵다면 운석의 질량을 가볍게 변경하면 된다. 물론 비행기의 질량을 변경하는 것도 방법이다.

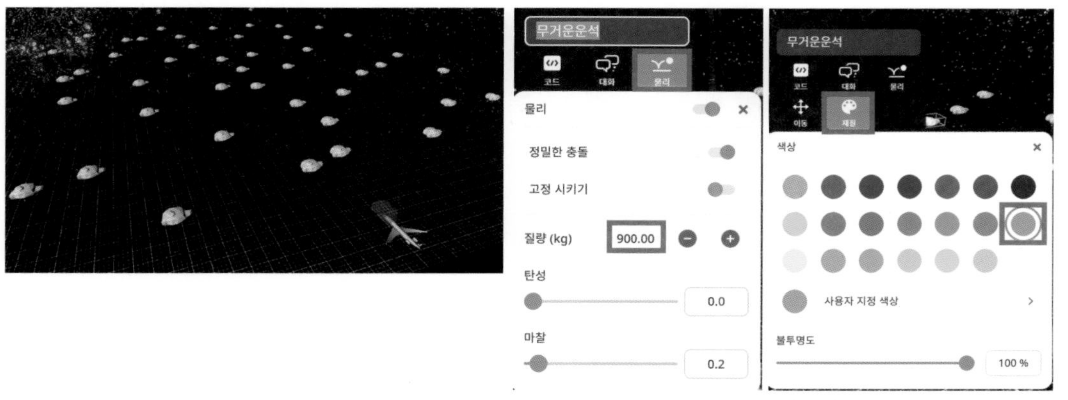

재미를 위해서 몇 개의 운석은 또 다른 질량을 적용하여 변화를 줄 수 있다. 몇 개의 운석은 질량과 색, 이름을 바꾸고 복사하여 적절한 곳에 배치할 수 있다. (본 프로젝트에서는 가벼운 운석은 400kg, 무거운 운석은 900kg로 설정하였다.)

⑥ 마지막으로 첫번째 코블록스에서 운석들을 넘어 우주 저 끝에 도착한 후의 코딩을 할 차례이다. 워프게이트가 비행기와 닿으면, 다음 장면으로 넘어갈 수 있도록 할 것이다.

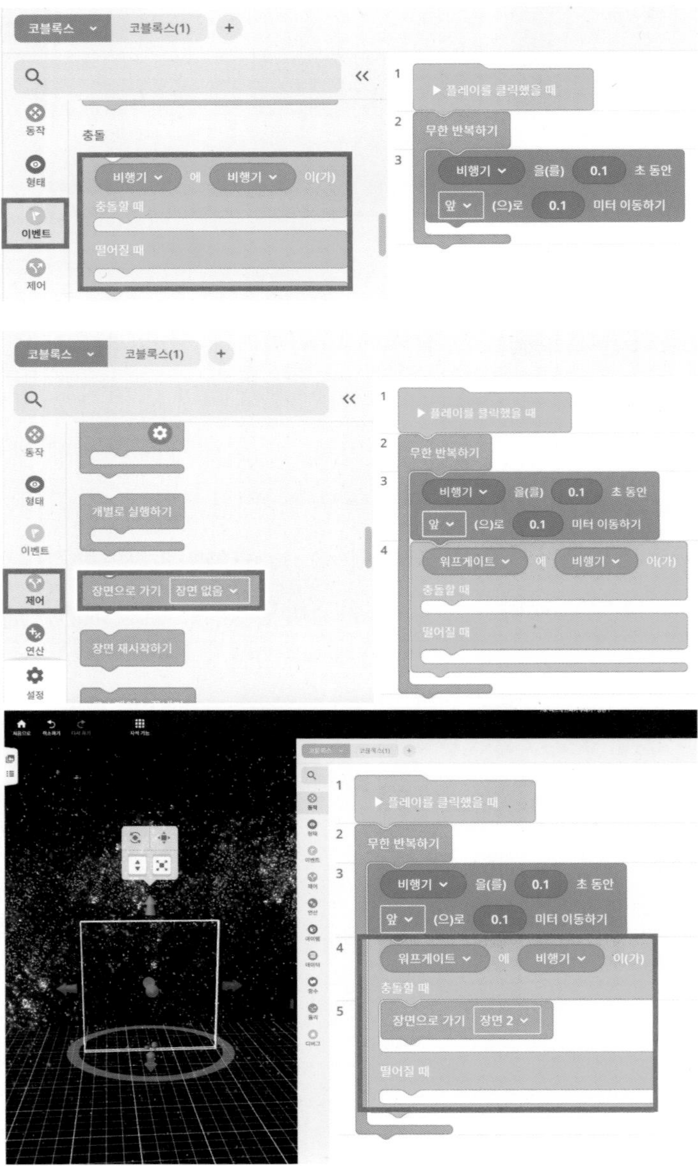

4. 최종 코드

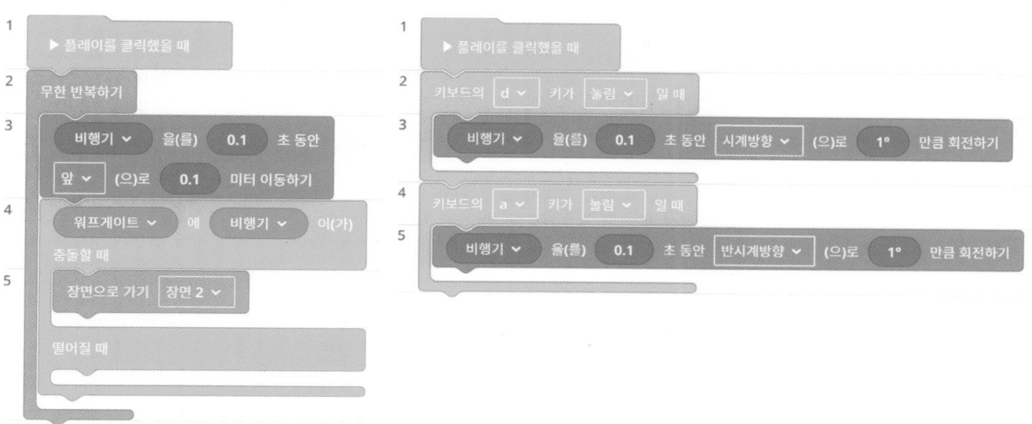
▶ 플레이를 클릭했을 때
무한 반복하기
비행기 을(를) 0.1 초 동안
앞 (으)로 0.1 미터 이동하기
워프게이트 에 비행기 이(가)
충돌할 때
장면으로 가기 장면 2
떨어질 때
▶ 플레이를 클릭했을 때
키보드의 d 키가 눌림 일 때
비행기 을(를) 0.1 초 동안 시계방향 (으)로 1° 만큼 회전하기
키보드의 a 키가 눌림 일 때
비행기 을(를) 0.1 초 동안 반시계방향 (으)로 1° 만큼 회전하기

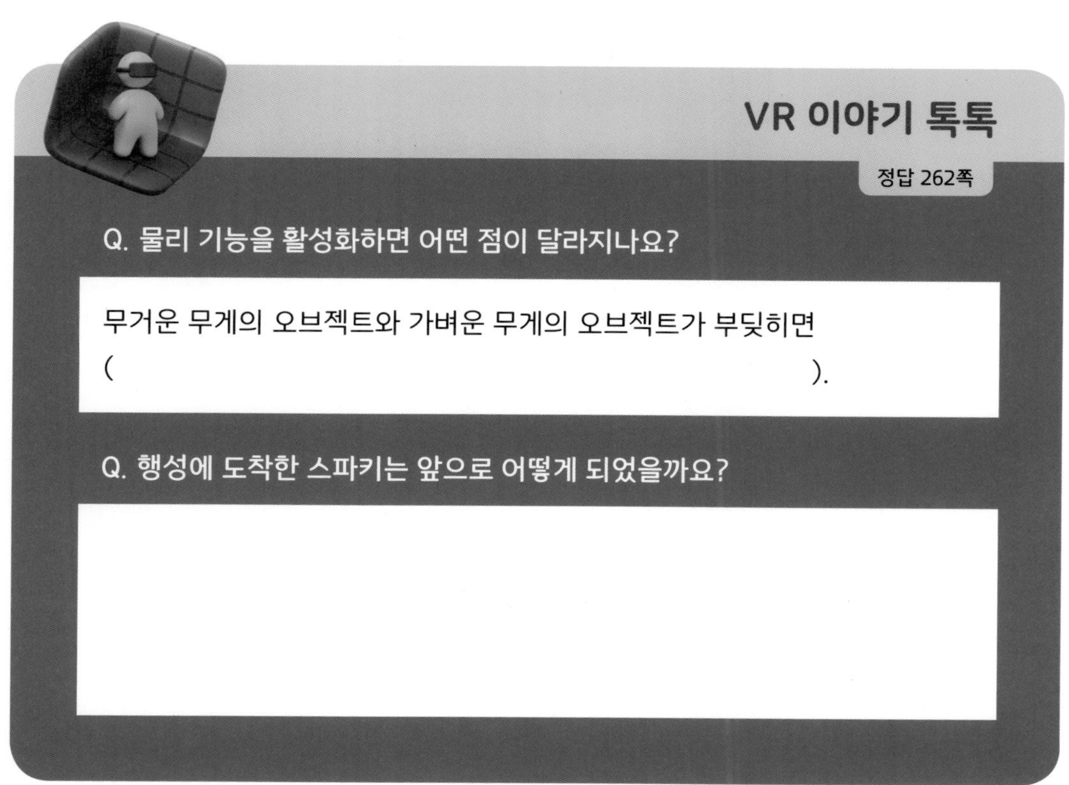
VR 이야기 톡톡
정답 262쪽
Q. 물리 기능을 활성화하면 어떤 점이 달라지나요?
무거운 무게의 오브젝트와 가벼운 무게의 오브젝트가 부딪히면
( ).
Q. 행성에 도착한 스파키는 앞으로 어떻게 되었을까요?

2-9 오작교 만들기 대작전

1. 이야기 속으로

옛날 하늘나라에 견우라는 소를 돌보는 목동과 직녀라는 베 짜는 선녀가 있었는데 매일 일에만 빠져 지냈다. 이를 기특하게 여긴 옥황상제가 둘을 직접 이어 주게 된다. 그러나 둘은 사랑에 빠져 해야 할 일에 소홀해졌고, 옥황상제는 이에 분노하여 둘을 은하수를 사이에 두고 만나지 못하게 하였다.
견우와 직녀가 너무 슬퍼하며 눈물만 뚝뚝 흘리는데 이 눈물이 지상 세계에 홍수를 일으킬 지경이 되자, 지상 세계에 살고 있던 동물들이 대책 회의를 하게 된다.
까치와 까마귀들이 하늘로 올라가 견우와 직녀를 만날 수 있도록 새들에게 이야기해 볼까?

Q. 어떻게 하면 견우와 직녀가 만날 수 있을까요? 다양한 방법을 생각하여 적어 봅시다.

학습 목표

- 동물들이 사는 지상 세계와 견우와 직녀가 만나는 하늘나라를 꾸며 봐요.
- 지상에 있는 새들을 만나 다리를 만들도록 이야기해요.

2. 가상현실 디자인하기

① 카메라 오브젝트를 기준으로 가상현실을 꾸미기 시작해 보자. 카메라 오브젝트는 이후 코딩을 할 예정이므로 마우스 오른쪽 버튼을 클릭하여 [코드]-[코블록스에서 사용]을 활성화한다. 카메라는 회전하지 않고 각도를 원 상태 그대로 둬야 함을 유의해야 한다. 이후 코딩을 통해 카메라를 움직일 것이므로 [카메라]-[고정 위치] 모드로 설정한다.

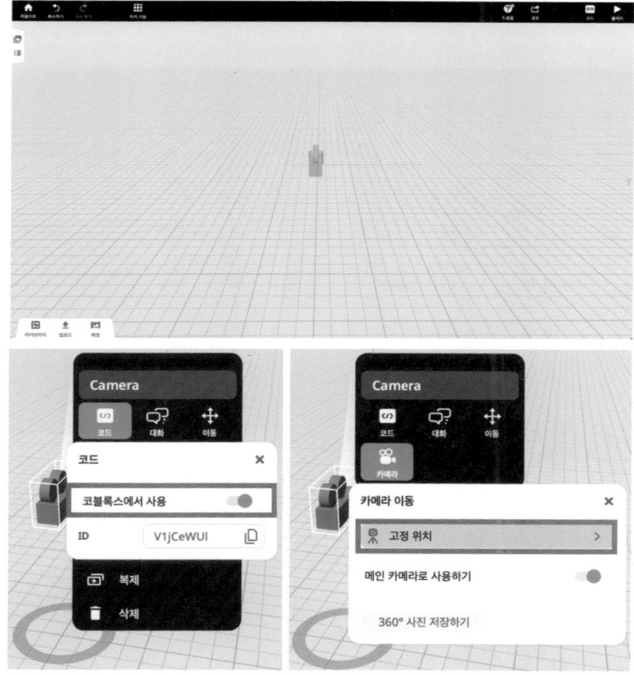

② 지상 세계에 어울리는 [배경]을 설정해 주자. 본 프로젝트에서는 숲 배경을 선택하였으나 다른 배경을 선택해도 좋다.

③ [라이브러리]-[캐릭터]에서 원하는 오브젝트를 선택해 카메라 앞에 배치해 보자. 본 프로젝트에서는 [사람]의 첫 번째 오브젝트(Casual girl)를 사용했으나 다른 오브젝트를 활용해도 무방하다. 우리가 보는 시점을 기준으로 캐릭터의 등이 보이도록 180도 회전시켜야 한다. 이 오브젝트는 이동할 수 있도록 코딩할 것이므로 [코드]-[코블록스에서 사용]을 켜 준다.

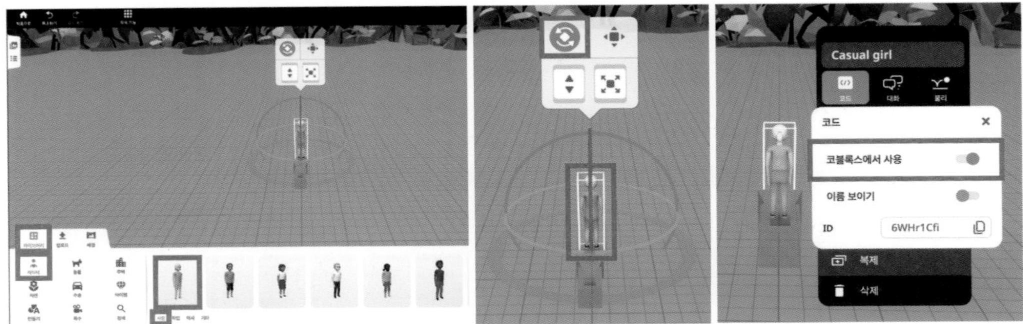

④ 이번에는 지상 세계에 있는 다양한 동물들을 배치할 것이다. [라이브러리]-[동물]에서 원하는 오브젝트를 삽입해 보자. 본 프로젝트에서는 여우(Fox), 사자(Lion), 토끼(Rabbit), 말(Horse), 호랑이(Tiger)를 배치했으나 다른 동물들을 자유롭게 추가할 수 있다.

⑤ 까치와 까마귀에 해당하는 검은 새(Blackbird)를 배치하고자 한다. 검은 새는 이후 코딩에 활용할 것이므로 한 마리를 배치한 후에 마우스 우클릭하여 [코드]-[코블록스에서 사용]을 활성화한다. 이 오브젝트를 복제하면 모두 코블록스에서 활성화된 상태로 복제되므로 편리하다. 본 프로젝트에서는 이름을 검은 새로 수정하였다.

⑥ [코블록스에서 사용]이 활성화된 검은 새를 복제하여 5마리 이상 배치해 보자.

⑦ 배치한 동물들에게 적절한 [애니메이션]과 [대화]를 상상하여 넣어 보자.

⑧ 지상 세계를 돌아다니면서 일정 수 이상의 새들이 모이면 다리가 만들어져 견우와 직녀가 만난다는 내용으로 본 프로젝트를 구성할 것이다. ⓐ장면 목록 - ⓑ(+ 새 장면)을 눌러 장면을 하나 추가해 주자. 빈 맵을 선택하면 된다.

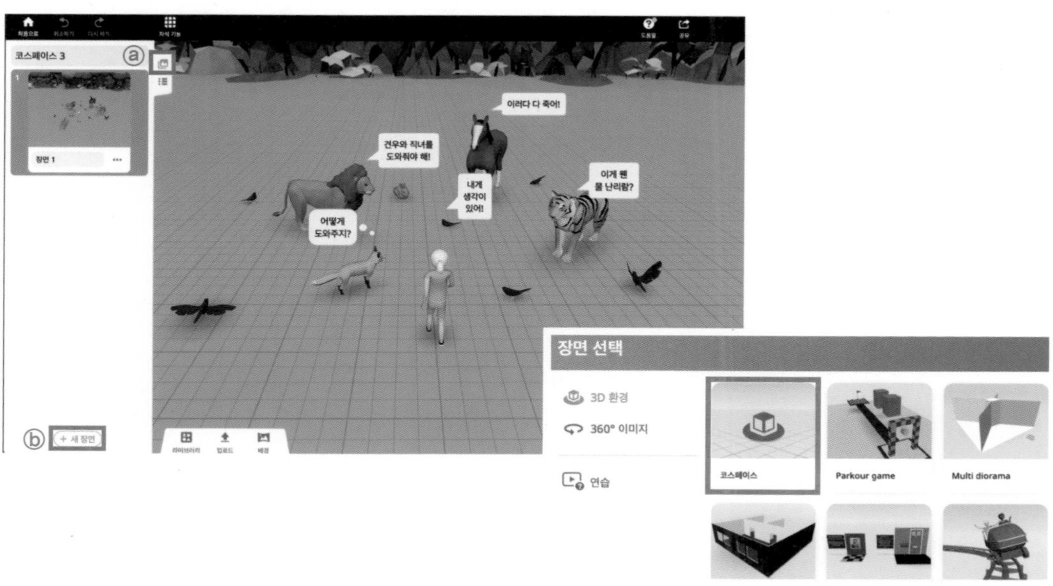

⑨ [배경]은 하늘나라와 어울리는 우주 배경으로 설정한다.

⑩ 견우(Roman man) 오브젝트와 직녀(Roman woman) 오브젝트를 배치하고 어울리는 [애니메이션]과 [대화]를 넣어 보자.

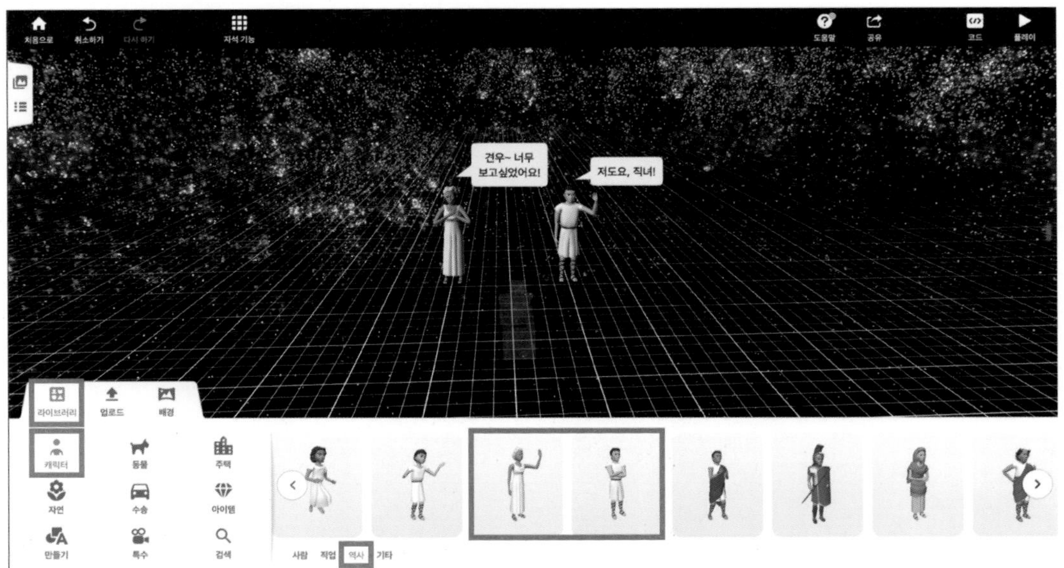

여기까지 장면1, 장면2의 오브젝트 배치와 구성을 진행하였다. 자신의 상상력을 마음껏 발휘하여 두 장면을 더 꾸며 줘도 좋다.

3. 가상현실 코딩하기

① 이제 코딩을 통해 캐릭터를 움직여 동물을 만나고 검은 새를 모아 보자. 이때 코딩을 하려는 모든 오브젝트가 [코블록스에서 사용]이 활성화되었는지 확인해야 한다. 검은 새를 여러 마리 추가했다면 이름이 검은 새, 검은 새1, 검은 새2 등으로 숫자가 붙여 설정되어 별개의 오브젝트로 인식된다는 점을 기억하자.

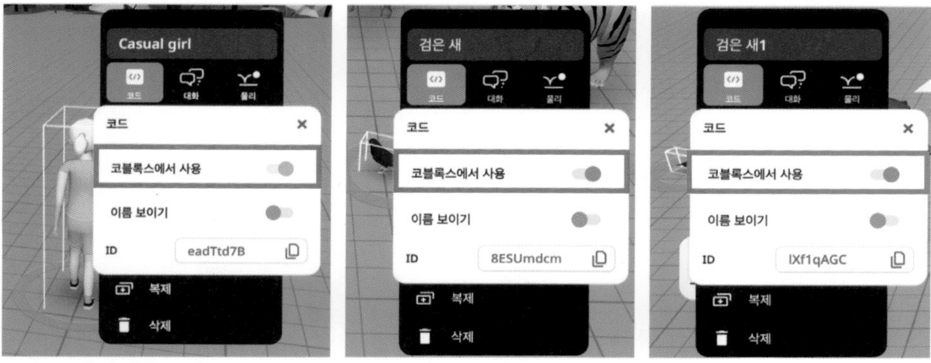

② 화면 오른쪽 상단의 [코드]-[코블록스]를 선택하여 코딩할 준비를 한다.

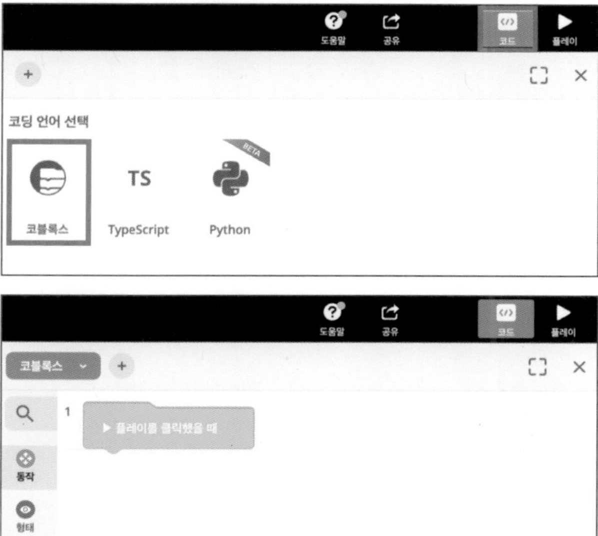

③ 캐릭터를 움직일 때 방향키를 사용하고자 한다. 방향키를 눌렀을 때 상하좌우로 움직이도록 코딩해 보자. 먼저 앞으로 가는 코드를 작성해 보겠다. 이벤트 카테고리에서 키보드의 위 키가 눌림일 때 블록을 넣어야 한다. 동작 카테고리의 1초 동안 앞으로 1미터 이동하기 블록을 방금 추가한 키보드 키가 눌림일 때 블록 안에 넣는다.

④ [플레이] 버튼을 클릭하여 캐릭터가 잘 움직이는지 확인해 보자. 캐릭터의 [애니메이션]을 [Actions]-[Walk]로 설정하여 자연스럽게 걷도록 한다.

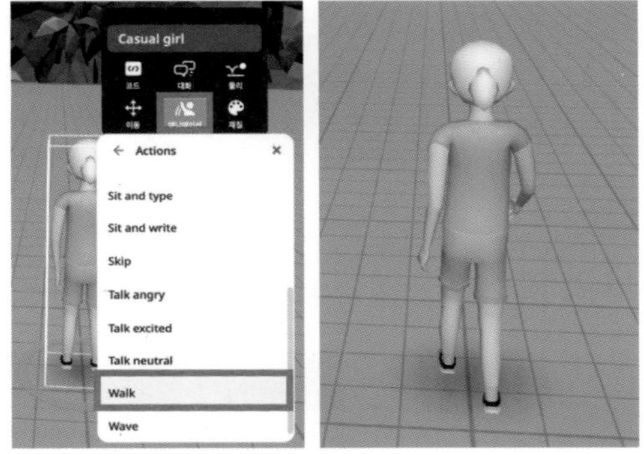

⑤ 앞으로 이동하는 코드를 작성한 것처럼 키보드의 왼쪽 방향키를 누르면 왼쪽으로, 아래 방향키를 누르면 뒤로, 오른쪽 방향키를 누르면 오른쪽으로 이동하는 코드를 작성한다. 앞으로 이동하는 코드를 복제하여 방향을 수정하면 편리하다. 본 프로젝트에서는 1초 동안 0.3미터 이동하도록 값을 조정하였으니 참고하자.

⑥ 이제 캐릭터가 자연스러운 모습으로 움직이게 되었으나 카메라의 시야 밖으로 이동하면 캐릭터의 모습을 확인할 수 없는 문제가 발생하였다. 그러므로 캐릭터의 움직임과 더불어 [카메라] 역시 이동하도록 코드를 추가해 주자. 캐릭터의 동작을 설정한 블록을 복제하여 캐릭터를 카메라로 바꿔 주면 카메라의 움직임이 만들어진다. 이때 카메라가 이동하는 거리는 캐릭터와 똑같이 조정하여야 한다는 것에 유의하자.

키보드의 위 키가 눌림 일 때
Casual girl 을(를) 1 초 동안
앞 (으)로 0.3 미터 이동하기
Camera 을(를) 1 초 동안
앞 (으)로 0.3 미터 이동하기
키보드의 아래 키가 눌림 일 때
Casual girl 을(를) 1 초 동안
뒤 (으)로 0.3 미터 이동하기
Camera 을(를) 1 초 동안
뒤 (으)로 0.3 미터 이동하기
키보드의 왼쪽 키가 눌림 일 때
Casual girl 을(를) 1 초 동안
왼쪽 (으)로 0.3 미터 이동하기
Camera 을(를) 1 초 동안
왼쪽 (으)로 0.3 미터 이동하기
키보드의 오른쪽 키가 눌림 일 때
Casual girl 을(를) 1 초 동안
오른쪽 (으)로 0.3 미터 이동하기
Camera 을(를) 1 초 동안
오른쪽 (으)로 0.3 미터 이동하기

⑦ 카메라까지 코딩을 완료하면 캐릭터가 돌아다니는 모습을 이제 따라다니며 볼 수 있다.

⑧ 현재 코딩은 캐릭터가 움직인 후 카메라가 뒤따라가도록 되어 있어 다소 어색하게 느껴질 수 있다. 이를 해결하기 위해 제어 카테고리의 동시에 실행하기 블록을 추가하여 캐릭터와 카메라가 함께 이동할 수 있도록 설정한다. 나머지 이동하는 코드에도 똑같이 적용해 주자.

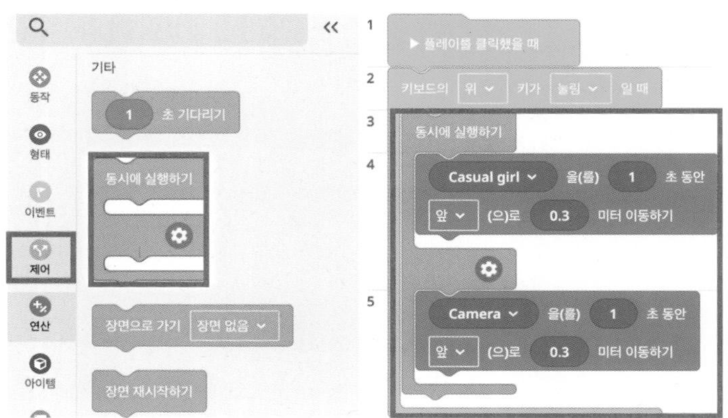

⑨ 일정 수의 새를 모아야 이야기가 진행되도록 만들 것이므로 새의 값을 저장할 공간이 필요하다. 코딩에서 값을 저장하는 공간을 '변수'라고 한다. 변수를 만들기 위해 데이터 카테고리의 첫 번째 블록을 끌어온 후 변수 이름을 '새'로 지정해 준다. 그리고 새를 5마리를 모아야 장면2로 넘어가도록 코딩할 것이기 때문에 변수에 5를 저장한다.

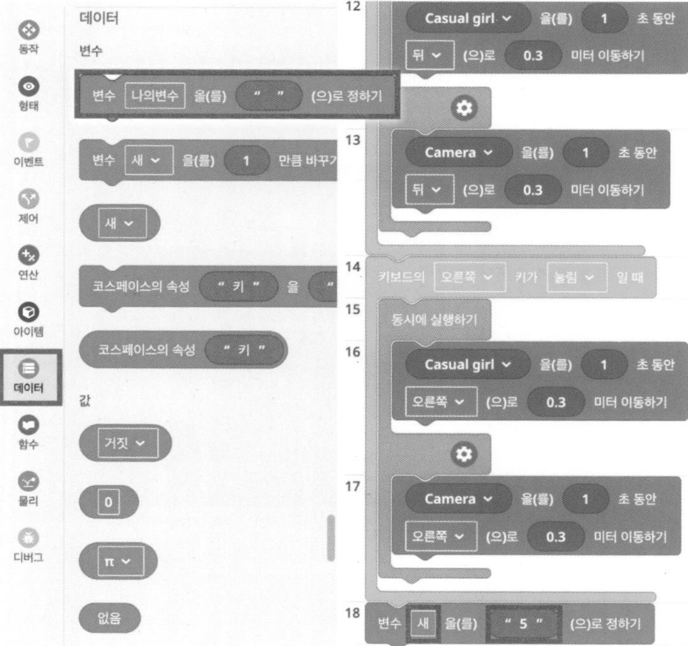

⑩ 앞으로 모을 새가 몇 마리가 남았는지 확인하기 위해서 형태 카테고리에서 말하기 블록을 넣어 준다.

⑪ 캐릭터 옆에 계속 "다리를 만들 때 필요한 새가 ★마리 남았어."라는 말풍선이 보이도록 할 것이다. 이때 데이터 카테고리의 문자열 합치기 블록이 필요하다. 중요한 것은 문자열 합치기 블록 2개를 이용해서 문자열 합치기 블록 안에 또 문자열 합치기 블록을 넣어야 한다는 사실이다. 그럼 총 세 칸이 되는데 첫 번째 칸에는 "다리를 만들 때 필요한 새가 "로 입력하였는데, 말풍선 표시 시 띄어쓰기가 자연스럽도록 문장 뒤에 공백을 삽입하였으니 참고하자. 마지막 세 번째 칸에는 "마리 남았어."를 입력한다.

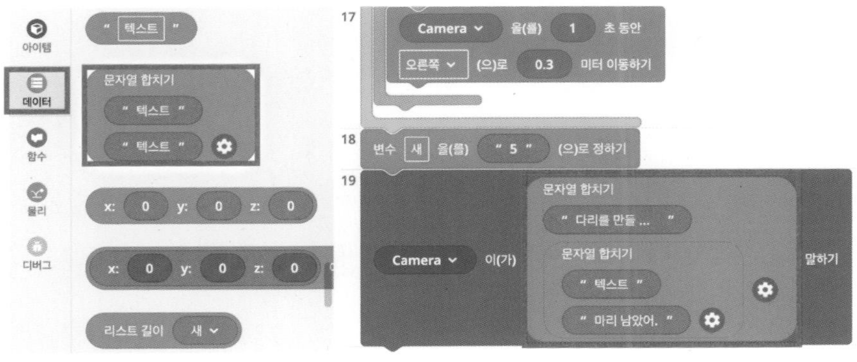

⑫ 두 번째 칸에는 위에서 설정한 변수 새 블록을 넣어 주면 된다. 그리고 캐릭터가 말할 수 있도록 카메라에서 캐릭터 오브젝트로 변경한다.

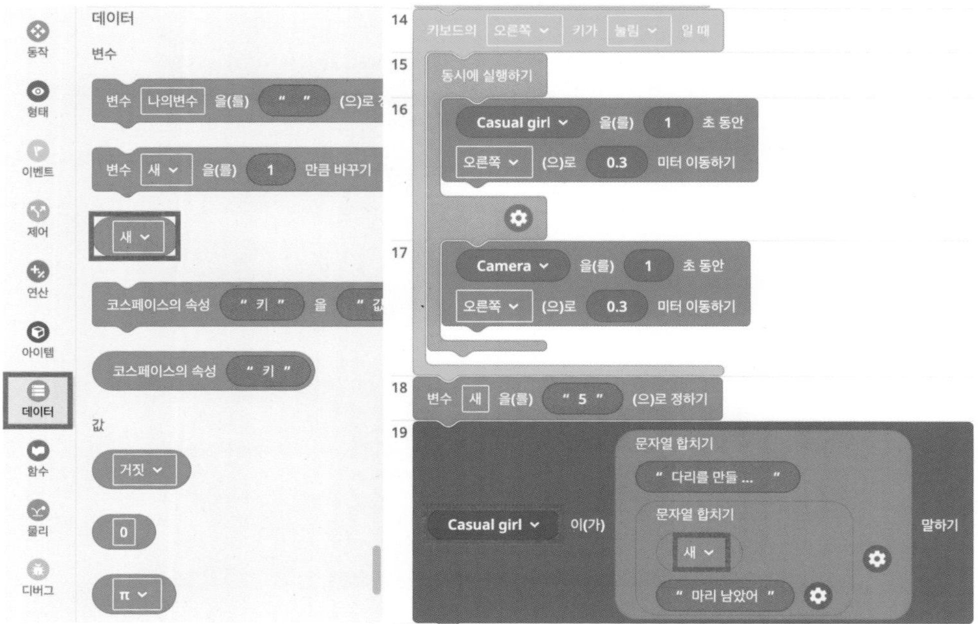

⑬ [플레이]를 눌러 실행해 보면 다음과 같이 캐릭터 옆에 말풍선이 나타나며 앞으로 새 몇 마리를 더 모아야 하는지를 알 수 있다. 현재 새 변수를 5로 설정하였기 때문에 5마리가 남았다고 표시된다.

⑭ 검은 새에게 말을 거는 행동을 오브젝트를 클릭하는 것으로 표현하고자 한다. 검은 새를 클릭했을 때 코딩을 실행하기 위해 [이벤트] 카테고리에서 검은 새를 클릭했을 때 블록을 추가해 준다.

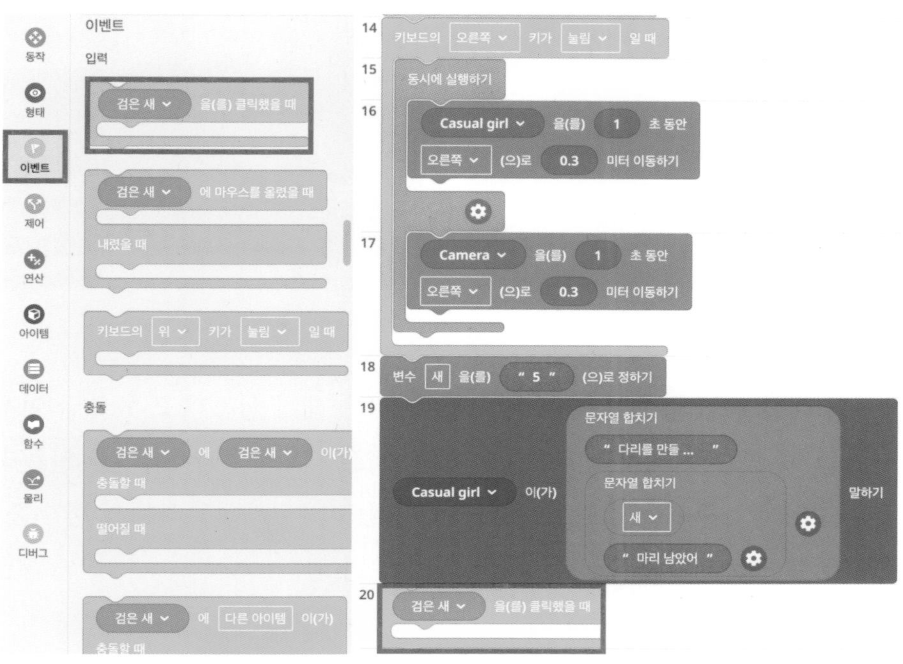

⑮ 검은 새를 클릭했을 때 말을 건네고, 검은 새가 대답해야 하므로 클릭했을 때 블록 안에는 [형태] 카테고리의 선택창 보이기 블록을 넣어 준다.

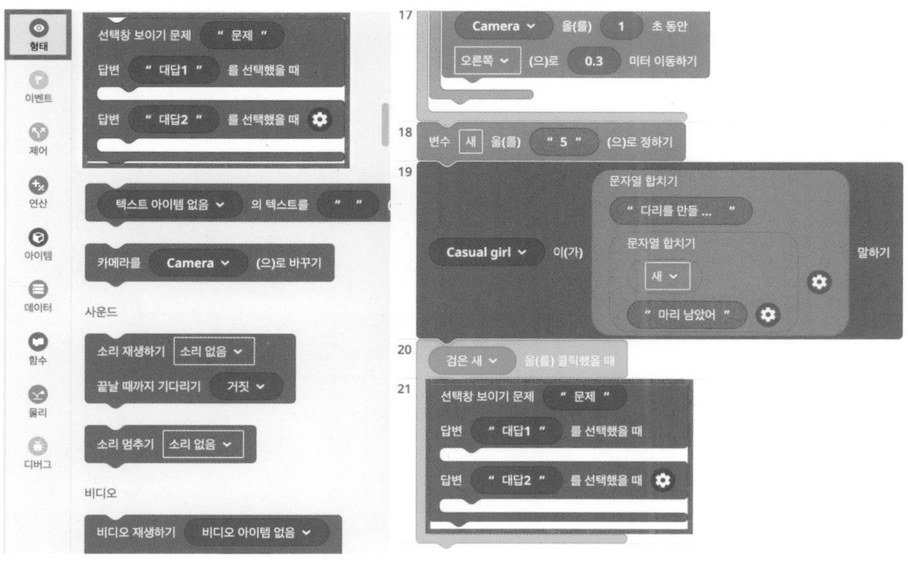

⑯ 선택창 보이기 문제에는 까마귀와 까치에 해당하는 검은 새에게 건넬 말을 상상해서 적어 보자. 답변 하나에는 긍정적인 대답을, 다른 하나에는 부정적인 대답을 상상해서 적는다.

⑰ 긍정의 대답을 했을 경우를 생각해 보자. 검은 새가 돕겠다고 했으니 이제 다리를 만들 때 필요한 새는 1마리가 줄어야 하고, 대답한 새는 다리를 만들러 가야 한다. 1마리가 줄어들게 만들기 위한 코드는 데이터 카테고리에서 변수를 1만큼 바꾸기 블록을 추가한 후, 1을 -1로 바꿔 주면 된다.

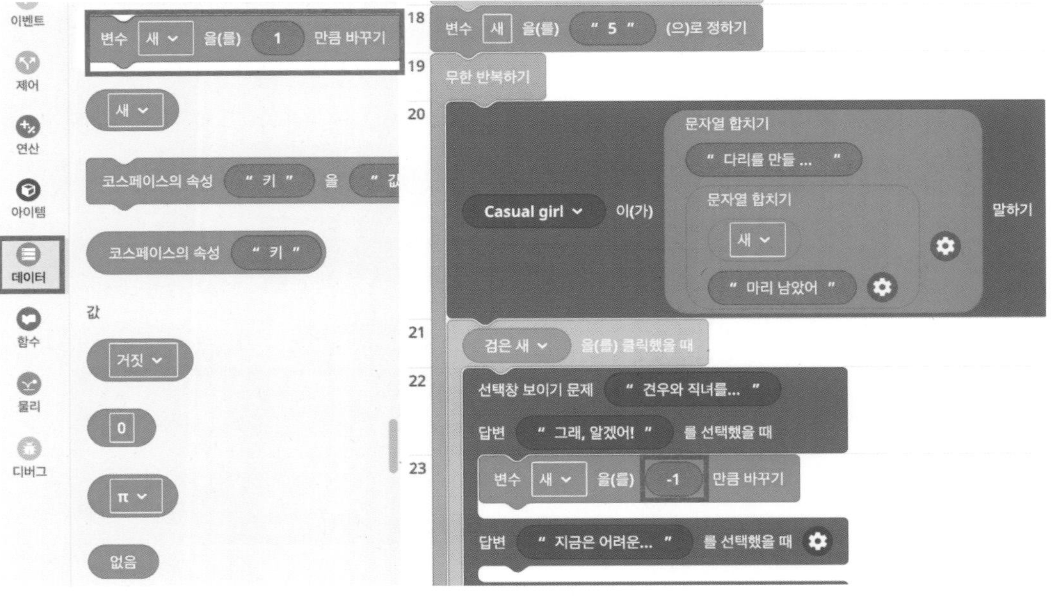

⑱ 방금 대화한 검은 새 오브젝트는 화면에서 사라지는 것이 자연스러우므로 형태 카테고리에서 불투명도를 100으로 정하기 블록을 설치한 후 숫자를 0으로 바꿔 준다. 이 경우 오브젝트는 그 자리에 존재하고 있지만 투명으로 바꿔 준다는 의미로 오브젝트가 완전히 사라지는 것은 아니다.

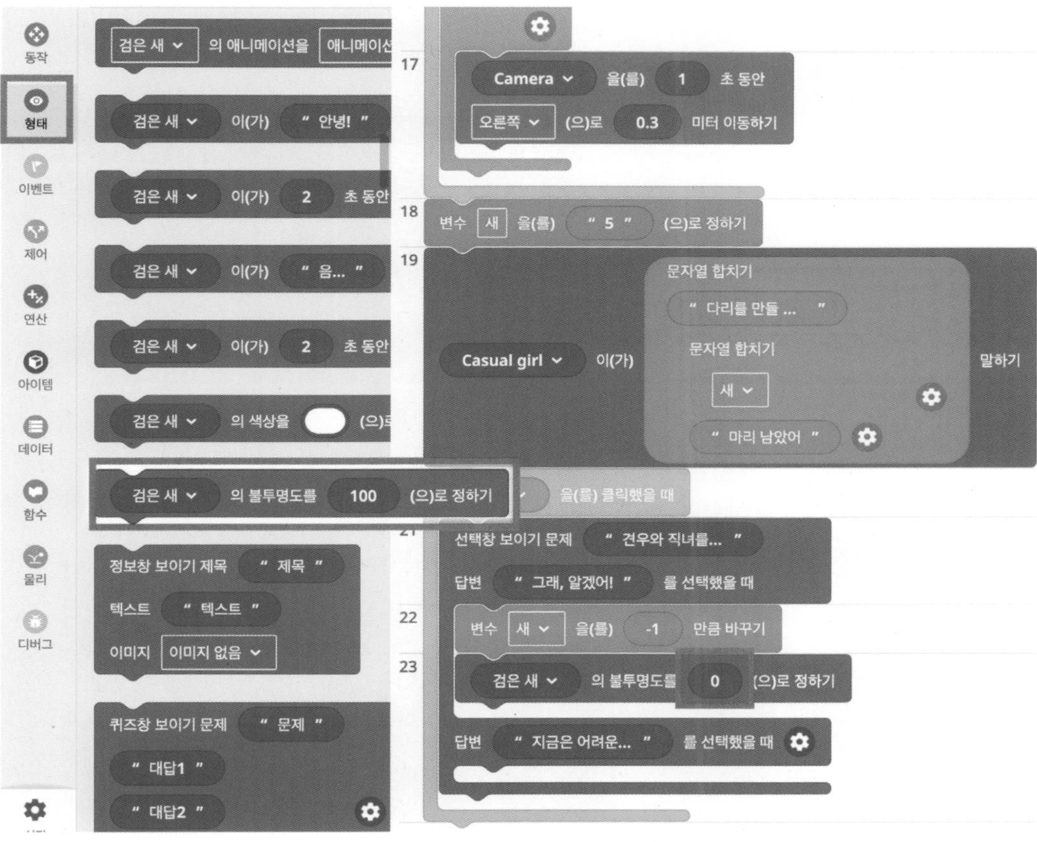

⑲ [플레이] 버튼을 눌러 확인하면 검은 새가 마우스로 클릭할 수 있도록 활성화되었다. 검은 새를 클릭해 선택창이 열리는지 확인해 보자. 긍정 답변을 클릭하면 검은 새가 화면에서 사라지는 효과가 구현되었지만, 캐릭터의 말풍선 변수 값은 바뀌지 않았다. 왜 이런 현상이 발생할까? 변수는 프로그램이 실행되는 동안 계속해서 값의 변화를 탐지해야 하는데, 현재 코드는 실시간으로 바뀌는 값을 감지하기 어렵기 때문이다.

⑳ 변숫값의 변화를 실시간으로 탐지하기 위해서는 제어 카테고리의 무한 반복하기 블록이 필요하다. 변수 새를 5로 정하기 이후 블록부터 무한 반복하기로 감싸 줘야 한다는 점이 중요하다. 앞으로 추가할 블록 역시 이 무한 반복문 안에 추가하자.

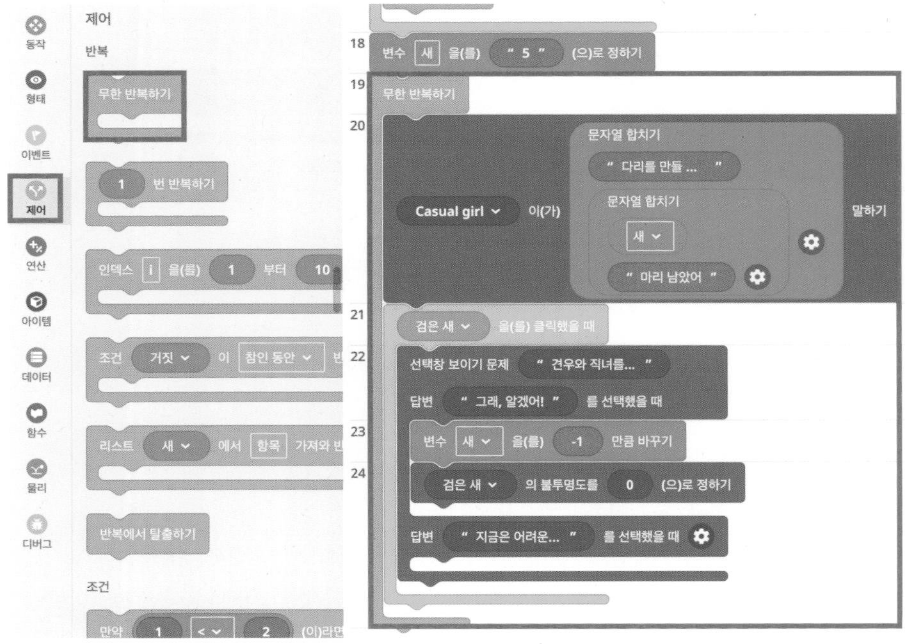

㉑ 이번에는 부정의 대답을 했을 경우를 코딩할 차례다. 부정의 답변을 했을 때는 다리를 만들 때 필요한 새의 숫자에 영향을 주지 않으므로 변수를 바꾸는 블록을 넣을 필요가 없다. 검은 새가 도와주지 못해 미안하다고 말하는 블록을 추가해 보자. 말하기 블록 이외에도 다른 애니메이션을 하도록 코딩하거나 사운드가 재생되는 등 자신의 상상력을 발휘하여 코딩해도 좋다.

㉒ 방금 완성한 검은 새 코드를 복제하여 오브젝트의 이름과 대사를 변경해 준다. 모든 검은 새 오브젝트에게 똑같이 적용해 주자. 오브젝트의 이름에서 숫자에 유의하여 코딩을 해야 한다.

㉓ 이제 검은 새 5마리를 모두 모으면 견우와 직녀가 만나는 장면2로 이동하도록 코딩해 보자. 이때 제어 카테고리의 만약 블록이 필요하다. 코딩이 실행되는 내내 이 조건을 판단해야 하므로 무한 반복하기 블록 안에 이어서 넣어 준다.

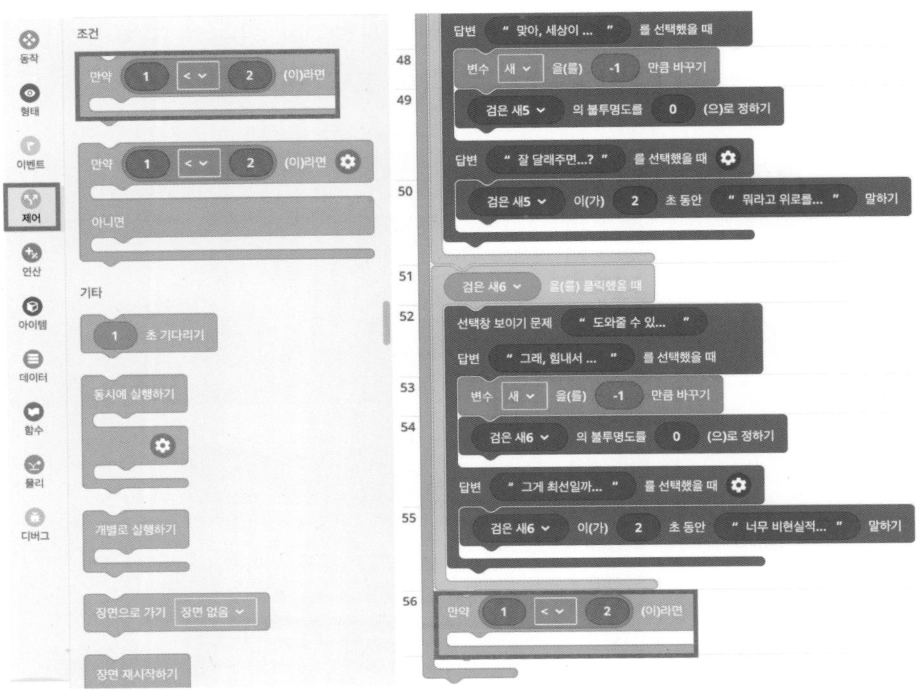

㉔ 다음으로 데이터 카테고리의 변수 새 블록을 조건문의 왼쪽 칸에 넣어 주자.

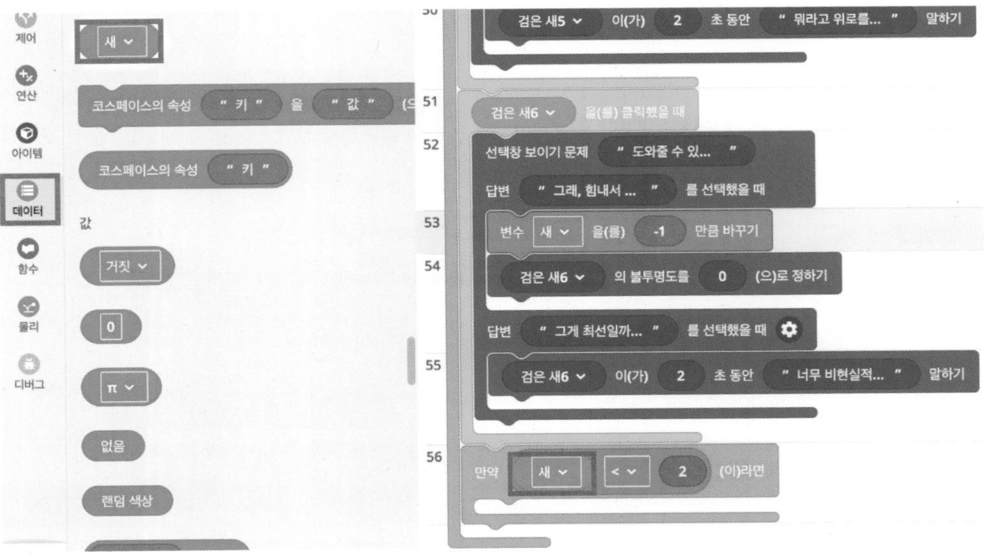

㉕ 변수 '새'는 코딩이 처음 시작했을 때는 5로 설정이 되어 있고, 검은 새와 대화하며 긍정의 대답을 얻을 경우 1씩 작아진다. 5마리를 모두 모아 변수 새의 값이 0이 되면 장면2로 넘어가도록 조건 값을 등호(=)로, 오른쪽 칸에는 0을 입력한다.

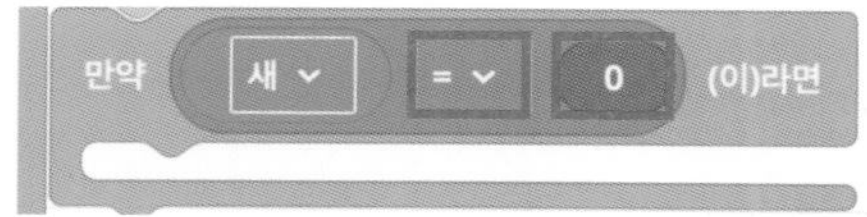

㉖ 마지막으로 제어 카테고리의 장면으로 가기 블록을 만약 블록 안에 넣고 장면2로 지정해 주면 된다.

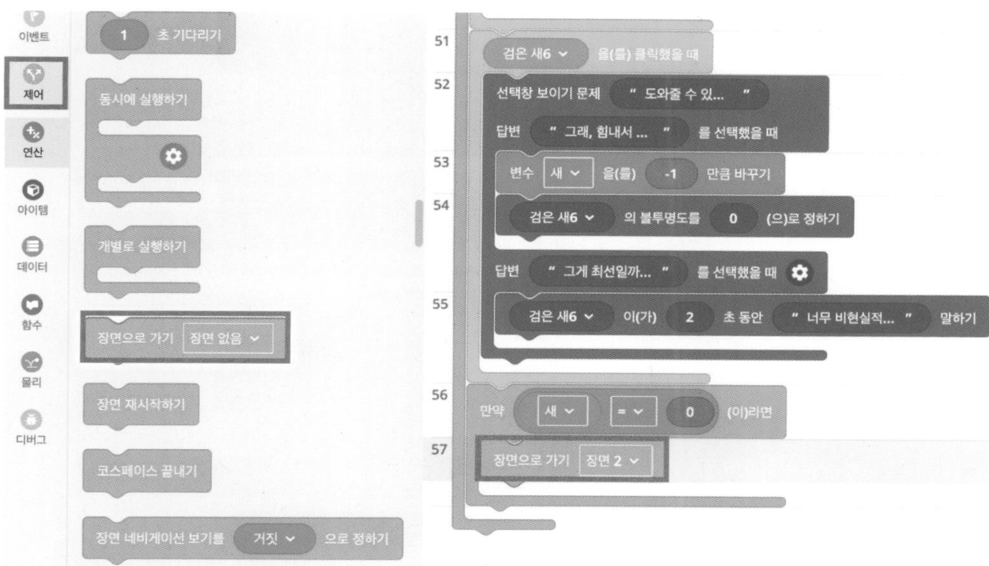

㉗ [플레이]를 눌러 지금까지 한 코딩을 실행시켜 보자. 장면1에서는 방향키를 눌러 캐릭터를 움직일 수 있고, 검은 새를 클릭하여 말을 건넬 수 있다. 장면1에서 검은 새 5마리를 모으면 장면2로 이동하여 견우와 직녀가 만나는 모습을 확인할 수 있다.

4. 최종 코드

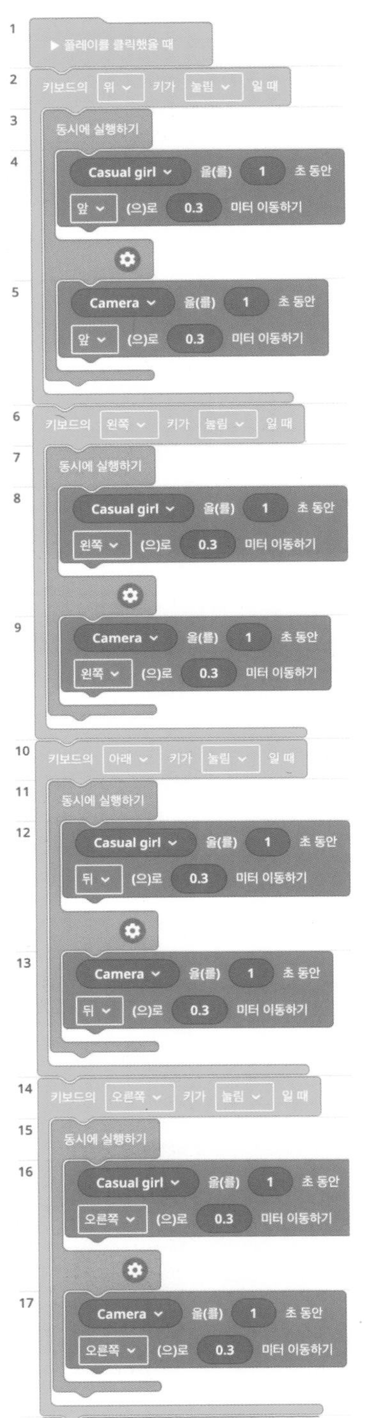

▶ 플레이를 클릭했을 때
키보드의 위 키가 눌림 일 때
동시에 실행하기
Casual girl 을(를) 1 초 동안 앞 (으)로 0.3 미터 이동하기
Camera 을(를) 1 초 동안 앞 (으)로 0.3 미터 이동하기
키보드의 왼쪽 키가 눌림 일 때
동시에 실행하기
Casual girl 을(를) 1 초 동안 왼쪽 (으)로 0.3 미터 이동하기
Camera 을(를) 1 초 동안 왼쪽 (으)로 0.3 미터 이동하기
키보드의 아래 키가 눌림 일 때
동시에 실행하기
Casual girl 을(를) 1 초 동안 뒤 (으)로 0.3 미터 이동하기
Camera 을(를) 1 초 동안 뒤 (으)로 0.3 미터 이동하기
키보드의 오른쪽 키가 눌림 일 때
동시에 실행하기
Casual girl 을(를) 1 초 동안 오른쪽 (으)로 0.3 미터 이동하기
Camera 을(를) 1 초 동안 오른쪽 (으)로 0.3 미터 이동하기


```
변수 새 을(를) " 5 " (으)로 정하기
무한 반복하기
    Casual girl 이(가) 문자열 합치기 " 다리를 만들 ... " 문자열 합치기 새 " 마리 남았어 " 말하기
검은 새 을(를) 클릭했을 때
    선택창 보이기 문제 " 견우와 직녀를... "
    답변 " 그래, 알겠어! " 를 선택했을 때
        변수 새 을(를) -1 만큼 바꾸기
        검은 새 의 불투명도를 0 (으)로 정하기
    답변 " 지금은 어려운... " 를 선택했을 때
        검은 새 이(가) 2 초 동안 " 정말 미안해! " 말하기
검은 새1 을(를) 클릭했을 때
    선택창 보이기 문제 " 다리를 만드는... "
    답변 " 당연하지~ " 를 선택했을 때
        변수 새 을(를) -1 만큼 바꾸기
        검은 새1 의 불투명도를 0 (으)로 정하기
    답변 " 날개가 좀 아... " 를 선택했을 때
        검은 새1 이(가) 2 초 동안 " 병원 다녀올게... " 말하기
검은 새2 을(를) 클릭했을 때
    선택창 보이기 문제 " 네 힘이 필요해! "
    답변 " 그럼 가볼까? " 를 선택했을 때
        변수 새 을(를) -1 만큼 바꾸기
        검은 새2 의 불투명도를 0 (으)로 정하기
    답변 " 내가 과연 할 ... " 를 선택했을 때
        검은 새2 이(가) 2 초 동안 " 마음의 준비가... " 말하기
```

```
검은 새3 ∨ 을(를) 클릭했을 때
  선택창 보이기 문제 " 우리 다리 만... "
  답변 " 재밌겠다! " 를 선택했을 때
    변수 새 ∨ 을(를) -1 만큼 바꾸기
    검은 새3 ∨ 의 불투명도를 0 (으)로 정하기
  답변 " 힘들 것 같은... " 를 선택했을 때
    검은 새3 ∨ 이(가) 2 초 동안 " 물 좀 마시고 ... " 말하기
검은 새4 ∨ 을(를) 클릭했을 때
  선택창 보이기 문제 " 견우가 너무 ... "
  답변 " 그래, 그러자! " 를 선택했을 때
    변수 새 ∨ 을(를) -1 만큼 바꾸기
    검은 새4 ∨ 의 불투명도를 0 (으)로 정하기
  답변 " 다른 방법이 ... " 를 선택했을 때
    검은 새4 ∨ 이(가) 2 초 동안 " 다리는 좀... " 말하기
검은 새5 ∨ 을(를) 클릭했을 때
  선택창 보이기 문제 " 직녀가 그만 ... "
  답변 " 맞아, 세상이 ... " 를 선택했을 때
    변수 새 ∨ 을(를) -1 만큼 바꾸기
    검은 새5 ∨ 의 불투명도를 0 (으)로 정하기
  답변 " 잘 달래주면...? " 를 선택했을 때
    검은 새5 ∨ 이(가) 2 초 동안 " 뭐라고 위로를... " 말하기
검은 새6 ∨ 을(를) 클릭했을 때
  선택창 보이기 문제 " 도와줄 수 있... "
  답변 " 그래, 힘내서 ... " 를 선택했을 때
    변수 새 ∨ 을(를) -1 만큼 바꾸기
    검은 새6 ∨ 의 불투명도를 0 (으)로 정하기
  답변 " 그게 최선일까... " 를 선택했을 때
    검은 새6 ∨ 이(가) 2 초 동안 " 너무 비현실적... " 말하기
만약 새 ∨ = ∨ 0 (이)라면
  장면으로 가기 장면 2 ∨
```

1장

2장

3장

VR 이야기 톡톡

정답 262쪽

Q. 어떻게 새의 남은 수를 감지할 수 있도록 했나요?

(   )를 만들어 새의 수를 판단하였다.

Q. 다시 만난 견우와 직녀는 어떤 대화를 나누었을까요?

인공지능 AI로 완성하는 다채로운 이야기

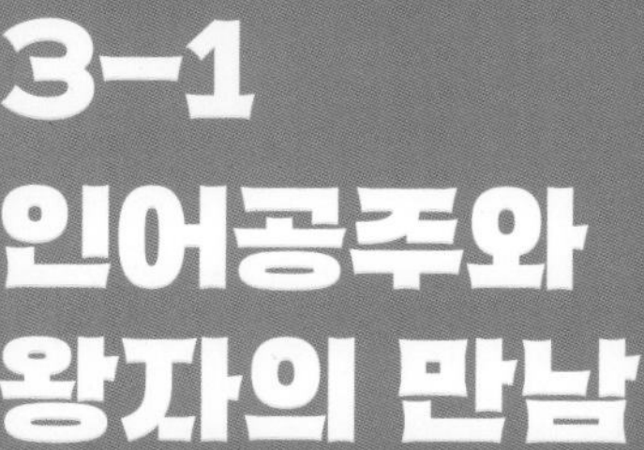

3-1 인어공주와 왕자의 만남

1. 이야기 속으로

깊은 바다에 사는 인어공주는 늘 땅 위 세계에 대한 호기심으로 가득 차 있다. 어느 날, 폭풍으로 배가 난파되어 바다에 빠진 왕자를 구하게 되고, 그를 사랑하게 된다. 인어공주는 인간이 되고 싶은 마음에 마녀에게 자신의 목소리를 바친다.

인어공주는 인간 세상으로 나가 왕자와 가까워지지만, 목소리가 나오지 않아 이야기를 할 수 없는데……

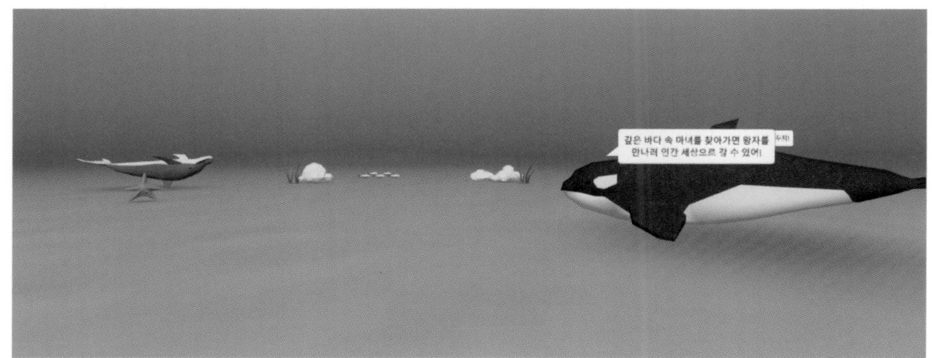

깊은 바다 속 마녀를 찾아가면 왕자를 만나러 인간 세상으로 갈 수 있어!

Q. 인어공주가 왕자를 만난다면 어떤 이야기를 나누고 싶을까요?

학습 목표

- ★ 바닷속 세계를 꾸며 봐요.
- ★ 인간 세상에서 왕자를 만났을 때 사랑의 메시지를 전달해요.

2. 가상현실 디자인하기

① 카메라 오브젝트를 사용자 쪽으로 드래그한다. 본 프로젝트에서는 카메라의 시점이 인어공주가 바라보는 관점이라고 생각할 것이다.

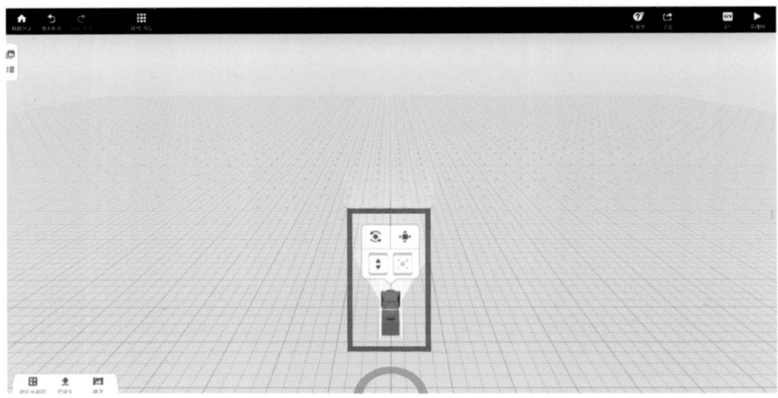

② 인어공주의 이야기를 위해 바닷속 세상과 인간 세상으로 나누어 장면을 구성할 것이다. ⓐ장면 목록 - ⓑ(+ 새 장면) 추가 - ⓒ장면 이름 수정 순으로 진행한다.

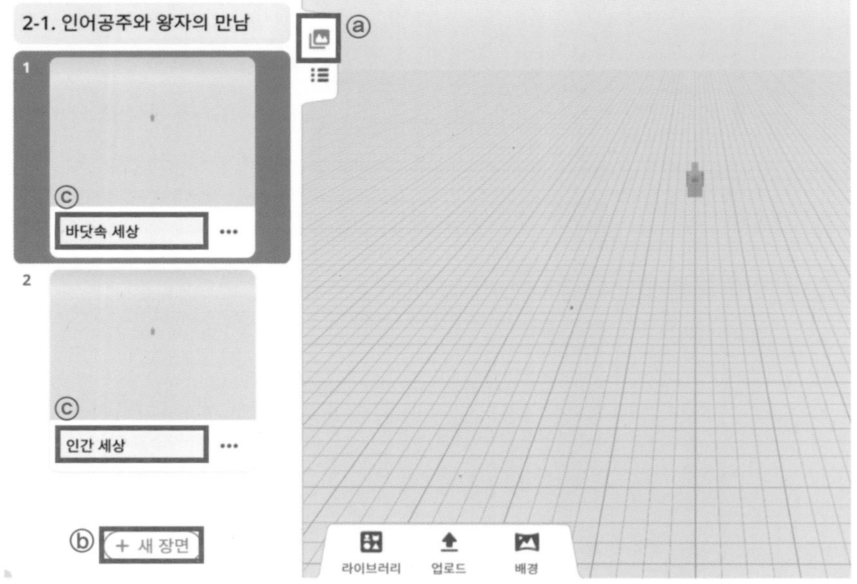

③ 첫 번째 장면에서는 바닷속 배경으로, 두 번째 장면에서는 바다 위로 가정하고 배경을 설정한다. 카메라 종류는 바닷속에서는 [비행], 바다 위에서는 [걸음]으로 설정하면 이야기에 더욱 걸맞다.

④ 첫 번째 바닷속 세상 장면에 어울리는 오브젝트들을 배치할 차례이다. [라이브러리]-[동물], [자연] 등에서 원하는 오브젝트를 자유롭게 활용하자. 고래(Orca), 불가사리(Starfish), 돌고래(Dolphin) 등의 오브젝트들을 배치하였다.

⑤ 이때 오브젝트에 [애니메이션]이나 [대화] 설정을 해 주면 더욱 흥미로울 것이다.

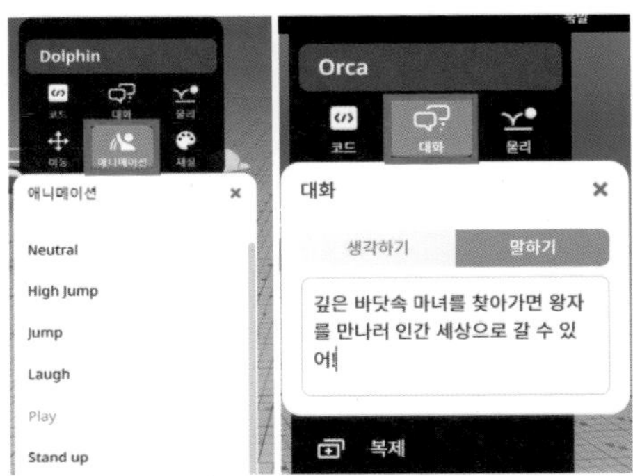

⑥ 이제 두 번째 장면으로 넘어가기 위한 매개체이자, 인어공주에게서 목소리를 빼앗는 마녀(Witch) 오브젝트를 삽입한다.

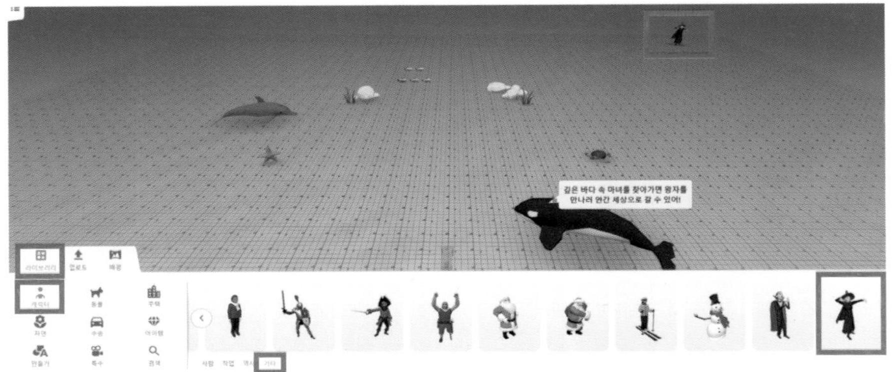

⑦ 이번에는 인간 세상을 꾸며 보자. 바다 위 섬에서 왕자를 만나는 스토리를 만들기 위해 섬(Pirate island) 오브젝트를 배치했다. 왕자 오브젝트(Roman man)를 선택 후 A 키를 눌러 섬 위에 붙이면 된다.

3. 가상현실 코딩하기

① 이제 코딩을 통해 첫 번째 장면에서 두 번째 장면으로 이동과 인어공주와 왕자의 만남을 구현해 보자. 이때 코딩을 하려는 오브젝트는 마우스 우클릭하여 [코드]-[코블록스에서 사용]을 활성화해 주어야 한다. 첫 번째 장면에서는 마녀 오브젝트, 두 번째 장면에서는 카메라 오브젝트, 왕자 오브젝트에 코딩이 필요하다.

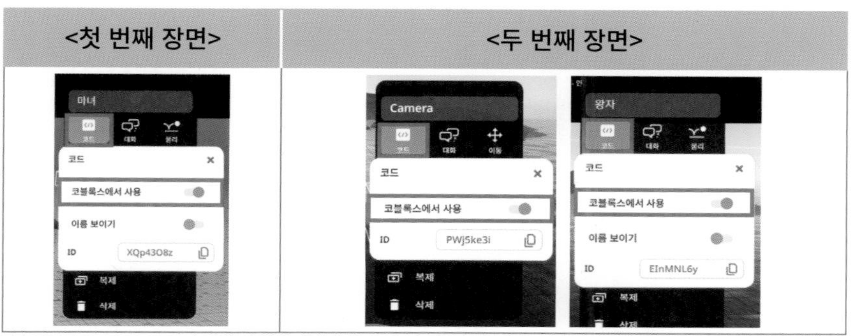

② 첫 번째 장면에서 마녀 오브젝트가 상황을 설명해 주도록 한다. 예시 프로젝트에서는 "날 클릭하면 인간 세상으로 보내 주지!"라고 말하게 하였다.

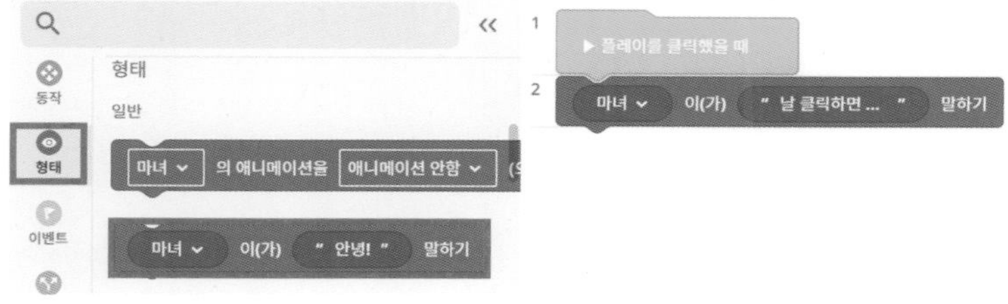

③ 마녀를 클릭하였을 때 다음 장면으로 넘어갈 수 있도록 선택 구조를 프로그래밍한다. 이벤트 카테고리에서 마녀 오브젝트를 클릭했을 경우를 선택적으로 명령할 수 있는 블록을 가져올 수 있다.

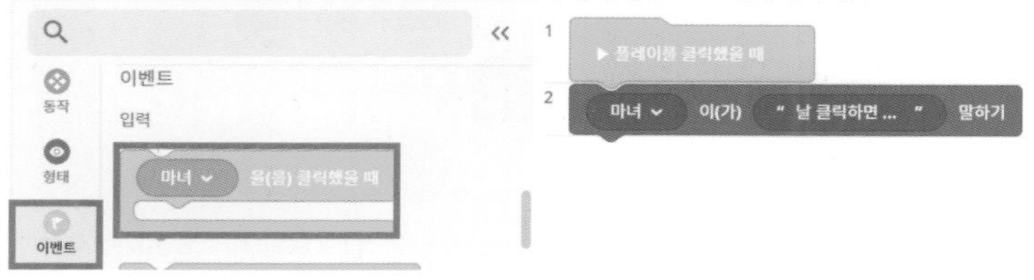

④ 이제 마녀 오브젝트를 클릭하면 왕자 오브젝트가 있는 두 번째 장면으로 넘어갈 수 있도록 해 보자. 제어 카테고리에서 다음 장면으로 가는 명령을 내릴 수 있다.

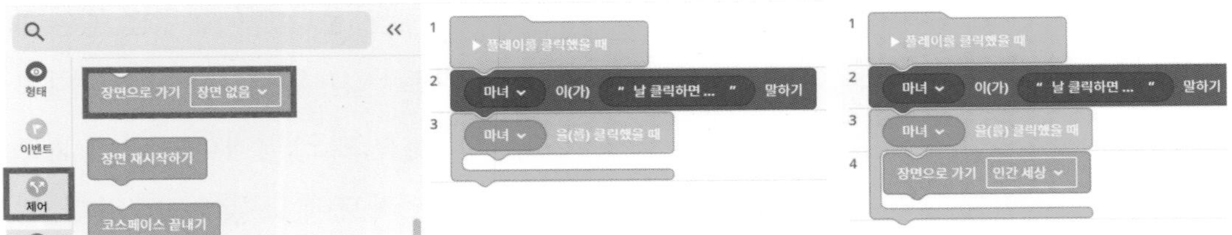

⑤ 두 번째 장면의 왕자 오브젝트에게 코딩을 할 차례다. 우리는 카메라의 시점을 인어공주가 바라보는 관점으로 프로젝트를 제작 중이므로 카메라 오브젝트와 왕자 오브젝트가 만날 경우를 프로그래밍하면 된다. 이벤트 카테고리의 충돌 블록을 사용하여 카메라 오브젝트와 왕자 오브젝트가 만나는 효과를 내보자.

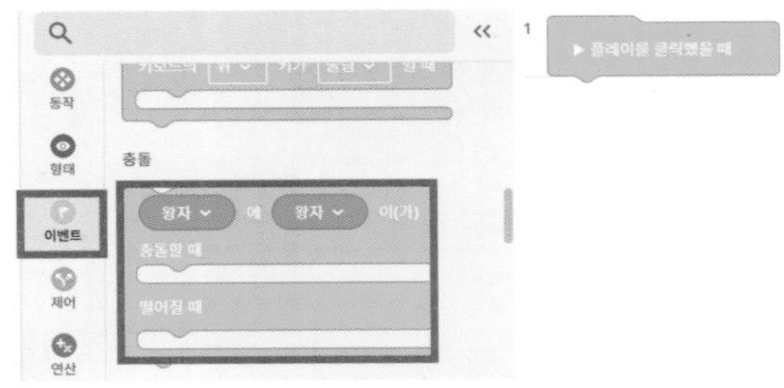

⑥ 이때 오브젝트 선택을 명확하게 해 주어야 한다는 것에 유의하자.

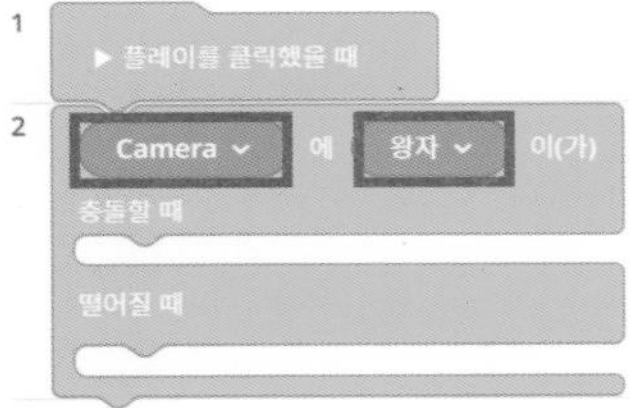

⑦ 인어공주는 목소리를 잃어 말을 할 수 없다. 형태 카테고리의 소리 재생하기 블록을 이용하여 인어공주가 하고 싶은 말을 전달해 볼 것이다. 충돌한 후 오브젝트끼리 떨어지는 경우에도 같은 블록을 넣어서 두 가지의 이야기를 왕자에게 전해 보자.

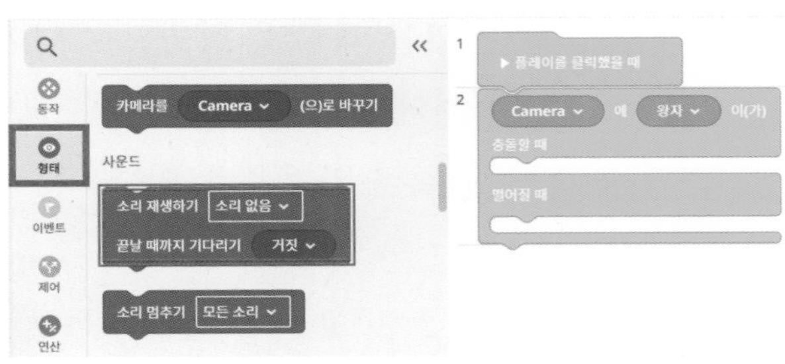

생성형 AI 활용

클로바 더빙(CLOVA Dubbing)은 네이버의 AI 기반 음성 합성 서비스로 텍스트를 자연스러운 음성으로 변환해 주는 서비스이다. 네이버 기반 서비스로, 네이버 회원 가입이 되어 있어야 한다. 출처 표기만 하면 누구나 무료로 사용할 수 있으나 월 사용량과 글자 수가 정해져 있다.

사용 연령이 제한되어 있지는 않으나 청소년에게 부적합한 유해물이나 폭력적인 콘텐츠를 묘사하는 것은 금지하고 있다. 또한, 교육용 자료에 클로바 더빙 서비스를 활용한 컨텐츠를 게시하는 것은 비영리적 목적으로 취급하여 무상 이용이 가능하다.

❶ [내 프로젝트] 메뉴에서 [+ 새 프로젝트]를 클릭한다.

❷ [새 프로젝트 만들기] 팝업창이 뜨면 [오디오]를 선택하고 [생성] 버튼을 누른다. 제목은 자유롭게 작성해도 무방하다.

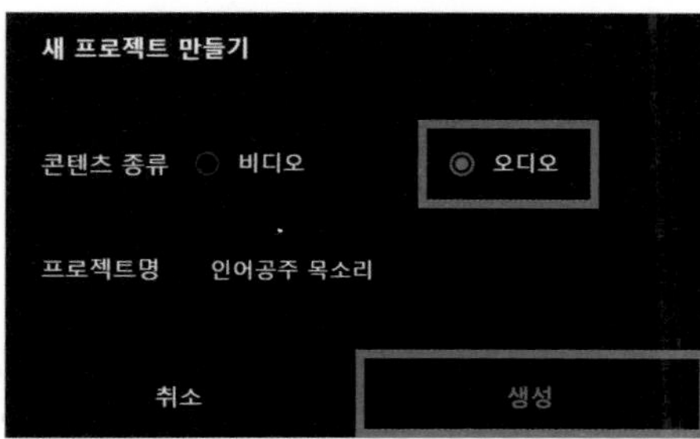

❸ ⓐ원하는 대사 작성 후 ⓑ목소리 설정이 가능하다. ⓒ보이스 옵션 영역에서 세부 조정도 가능하니 자유롭게 설정해 보자.

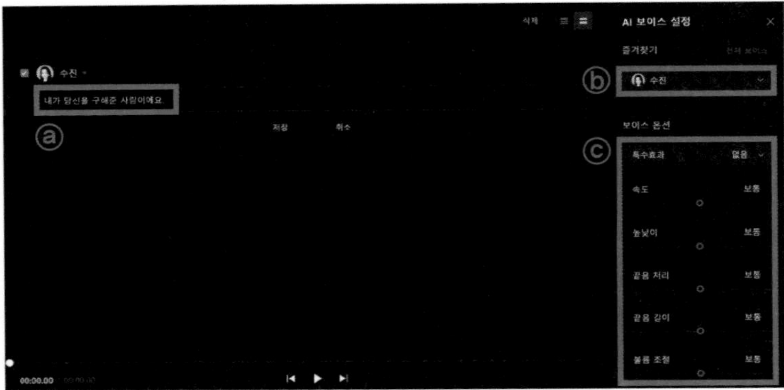

❹ [미리듣기]로 목소리, 속도, 높낮이 등을 확인할 수 있으며, [적용하기]를 눌러서 음성을 생성하면 된다.

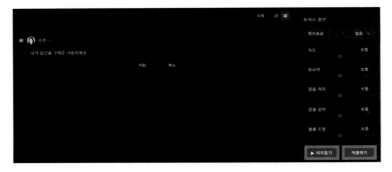

❺ 생성된 음성은 다운로드 가능하다. 왕자를 만난 인어공주가 하고 싶은 말을 AI 보이스로 생성해 보자.

⑧ 이제 인어공주의 목소리가 되어 줄 AI 보이스를 업로드해 보자. [업로드]-[소리]를 선택하면 녹음과 업로드 메뉴가 보일 것이다. 우리는 mp3 파일을 업로드하면 된다. 물론 내 목소리를 녹음하여 가상현실을 디자인하는 것도 가능하다.

⑨ mp3 파일이 업로드가 되었다면 재생하기 블록에서 소리 파일을 선택할 수 있다.

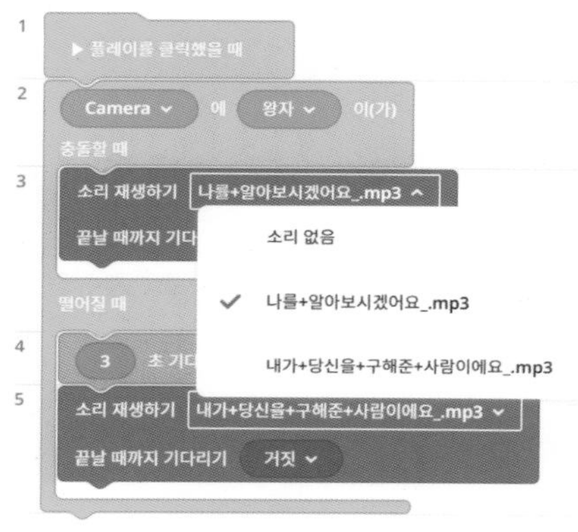

⑩ 이렇게 오브젝트 사이의 충돌을 구현한 경우 몇 가지 유의할 점이 있다. 먼저 충돌하게 되는 두 오브젝트의 [물리]를 활성화해 주어야 한다는 것이다. 본 프로젝트에서는 카메라 오브젝트와 왕자 오브젝트가 충돌하는데, 카메라 오브젝트의 경우 [카메라] 메뉴에서 충돌을 활성화해 줄 수 있다.

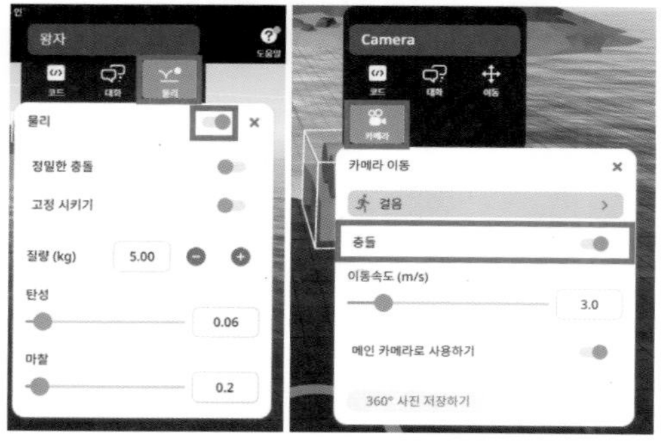

이 물리와 충돌을 활성화해 주지 않으면, 오브젝트끼리의 만남이 마치 투명인간을 통과하는 것처럼 구현된다는 점을 기억하자. 스토리텔링의 맥락에 맞게 왕자 오브젝트와 만났다가, 다시 떨어졌을 때 이야기를 할 수 있도록 해 주는 것이 자연스럽겠다.

⑪ 또 한 가지 유의할 점은 본 프로젝트와 같이, 물리 기능이 활성화된 오브젝트가 다른 오브젝트 위에 붙여진 경우이다. 우리는 A 키를 이용하여 왕자 오브젝트를 섬 오브젝트 위에 부착했다. 이때 왕자 오브젝트만 무게를 가지게 되면, 섬 오브젝트 아래로 파묻히듯이 꺼지는 모습이 구현된다.

따라서 이 경우에는 섬 오브젝트의 물리 기능도 활성화하여 질량을 유효하게 해 주어야 한다.

⑫ 혹시 두 음성이 서로 맞물려서 동시에 재생되는 경우에는 기다리기 블록을 활용할 것을 추천한다. 왕자의 품에 안겼다가, 다시 떨어지는 시간을 고려하여 3초 정도의 여유를 주자.

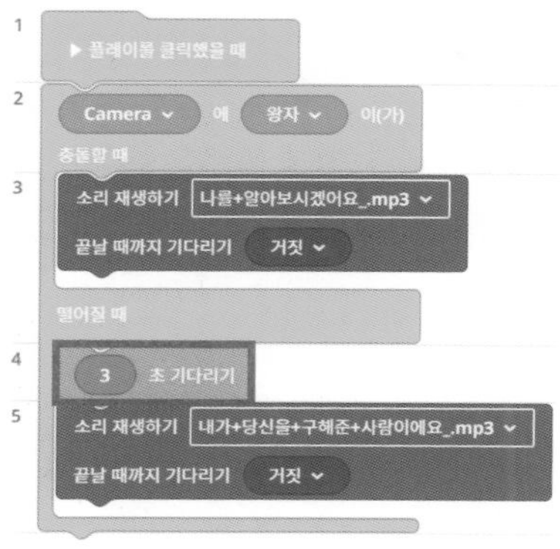

⑬ 또는 형태 카테고리의 애니메이션 정하기나, 말하기 블록을 이용하여 왕자의 다양한 반응을 설정해 주는 것도 재미있을 것이다.

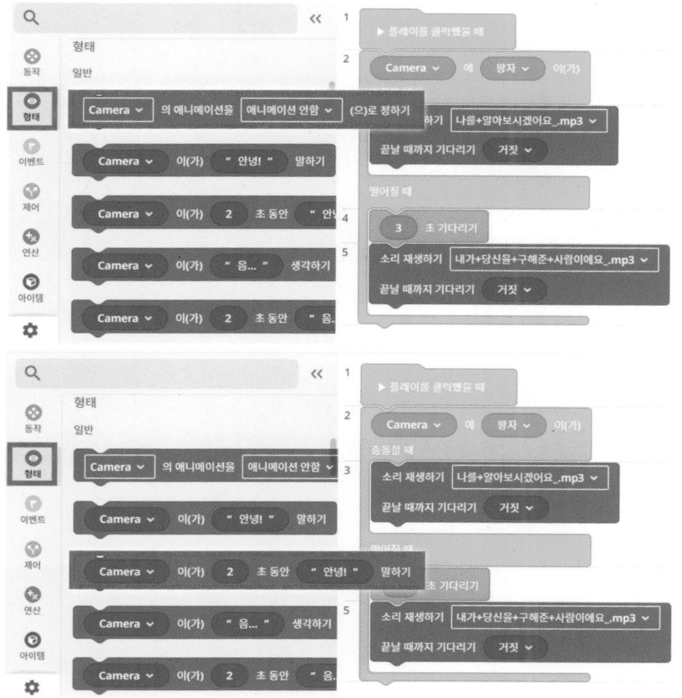

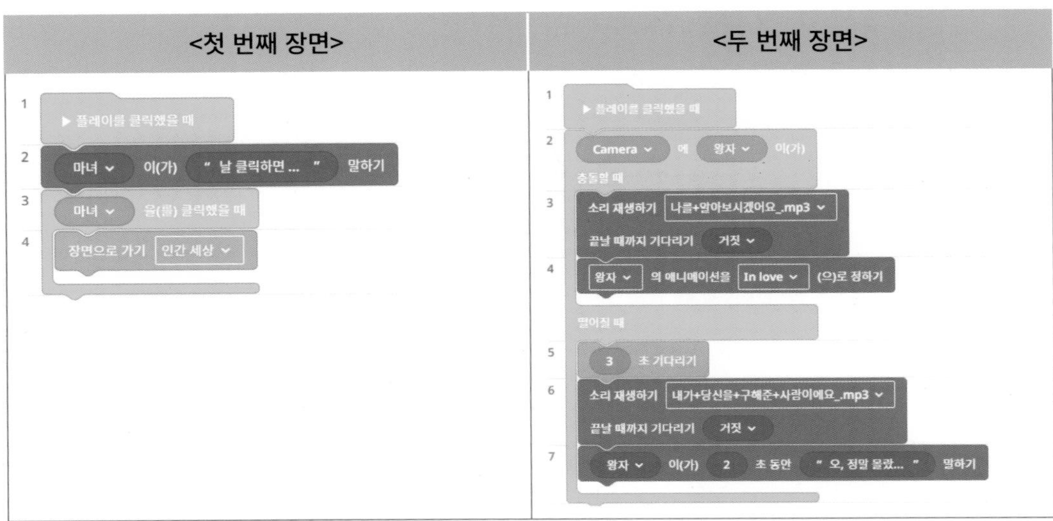

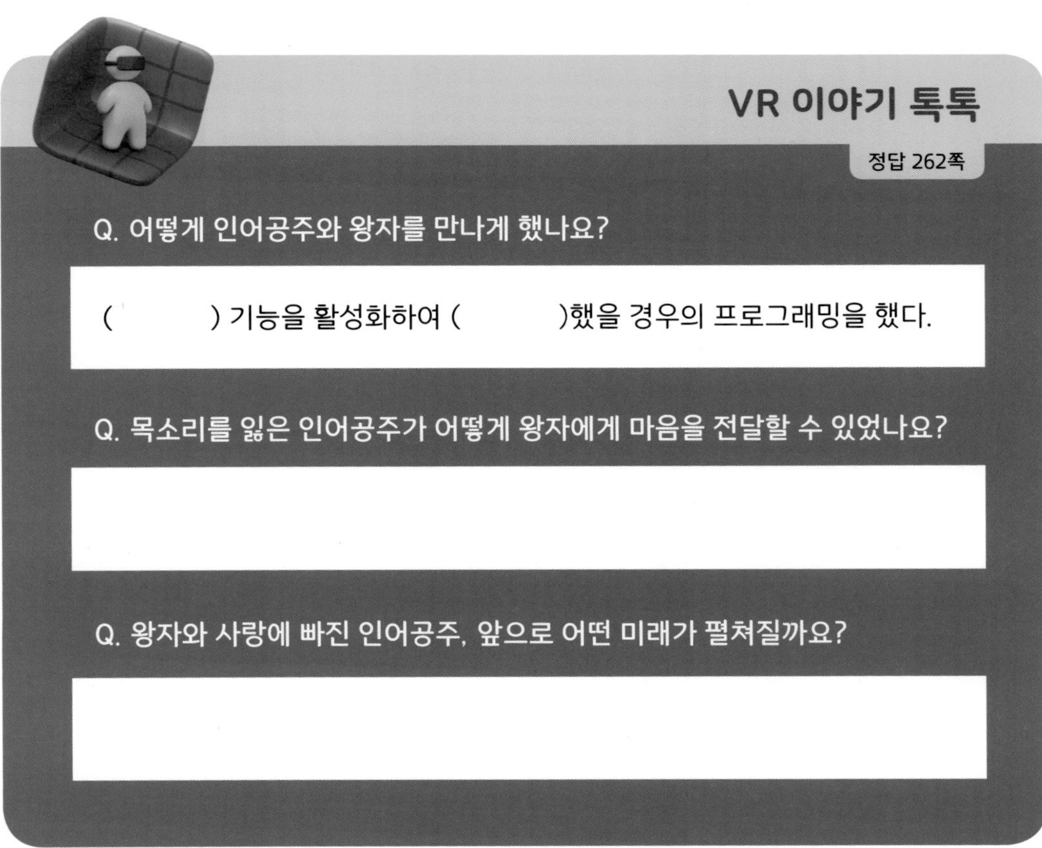

VR 이야기 톡톡

정답 262쪽

Q. 어떻게 인어공주와 왕자를 만나게 했나요?

( ) 기능을 활성화하여 ( )했을 경우의 프로그래밍을 했다.

Q. 목소리를 잃은 인어공주가 어떻게 왕자에게 마음을 전달할 수 있었나요?

Q. 왕자와 사랑에 빠진 인어공주, 앞으로 어떤 미래가 펼쳐질까요?

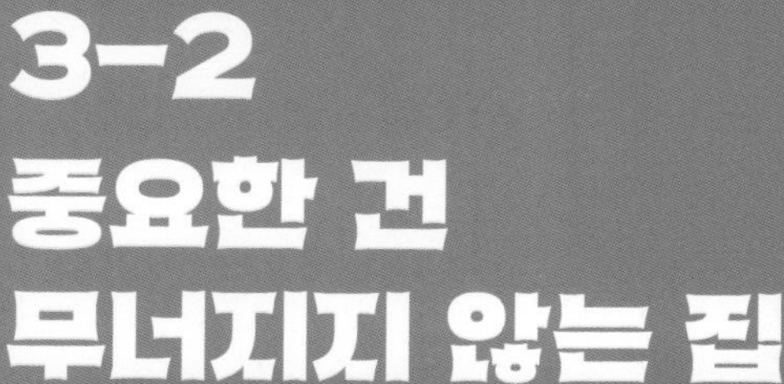

3-2 중요한 건 무너지지 않는 집

1. 이야기 속으로

옛날 옛적 사이좋은 아기 돼지 삼 형제가 살고 있었다. 형제들은 어른이 되면 각자 자신만의 멋진 집을 짓고 살기로 하였다.
첫째 돼지는 얼른 집을 완성하고 놀고 싶어서 가벼운 지푸라기로 빠르게 집을 지은 후 놀기 시작했다. 둘째 돼지는 안전한 집을 지어야겠다고 생각했지만, 빨리 끝내고 놀고 싶은 마음이 앞서 나무를 이용해 집을 지었다. 셋째 돼지는 안전이 제일 중요하다고 생각해 시간이 걸리더라도 벽돌을 하나하나 쌓아가며 튼튼한 집을 지었다.
삼 형제가 각자 집을 지은 후 살고 있는 와중, 어느 날 무서운 늑대가 숲속에 나타나는데…….

Q. 여러분은 어떤 재료로 집을 만들고 싶나요?

학습 목표

★ 생성형 AI를 활용해 아기 돼지 삼 형제의 집을 만들어요.
★ 늑대가 바람을 불자 집이 날아가는 모습을 코딩해요.

2. 가상현실 디자인하기

① 카메라 오브젝트를 사용자 쪽으로 드래그한다. 본 프로젝트에서는 카메라의 시점이 늑대가 바라보는 관점이라고 생각할 것이다.

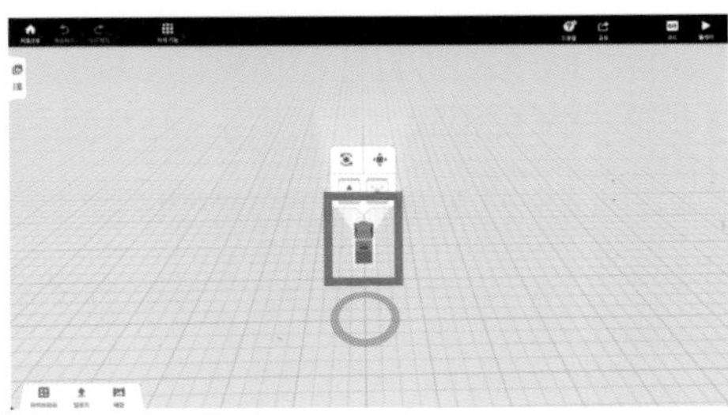

② 카메라의 시점을 늑대로 설정하고 아기 돼지들을 만날 것이기 때문에 마우스 우클릭하여 카메라 오브젝트의 이름을 늑대로 바꿔 주고, [카메라]를 [걸음] 모드로 설정한다.

③ 아기 돼지 삼 형제가 살고 있는 공간을 만들기 위해 어울리는 [배경]을 설정해 준다. 본 프로젝트에서는 들판 배경을 선택하였으나 다른 배경을 선택해도 된다.

생성형 AI 활용

메쉬(Meshy)는 3D 모델을 간편하게 처리하고 편집할 수 있는 웹 기반 플랫폼이다. 텍스트 기반 3D 모델을 생성하거나 이미지를 3D 모델로 변환하는 등의 기능을 제공한다. 메쉬 홈페이지에서 회원 가입하거나 구글, 디스코드 계정으로도 로그인 가능하다.

메쉬에서 생성하거나 편집된 3D 모델의 저작권은 무료 플랜 기준 저작자 표시 4.0을 따른다. 저작자 표시 4.0은 저작물의 저작자를 반드시 명시하되, 그 외에는 사용자가 자유롭게 저작물을 복제, 배포, 전송, 공개하고 나아가 상업적으로 이용할 수 있음을 뜻한다.

메쉬 무료 플랜 기준으로 한 달에 200 크레딧을 제공하는데, 3D 모델을 한 번 제작할 때 15 크레딧이 사용되고, 생성된 3D 모델의 텍스처를 입힐 때 10 크레딧이 소모된다.

정책상 사용 연령이 제한되어 있지는 않으나, 메쉬 커뮤니티에 작품을 올릴 때 청소년에게 부적합한 유해물이나 폭력적인 내용이 포함된 콘텐츠인 경우에 '연령 제한 콘텐츠' 옵션을 활성화하도록 권고하고 있다. 이를 지키지 않는 경우 관리자가 작품을 삭제하고 해당 메쉬 계정이 정지, 검토 또는 해지될 수 있다.

❶ 메쉬 홈페이지에서 [작업 공간]-[텍스트로 모델 생성]을 클릭하거나 홈페이지 가운데에 있는 [텍스트로 모델 생성]을 눌러 3D 모델 제작 화면에 접속한다.

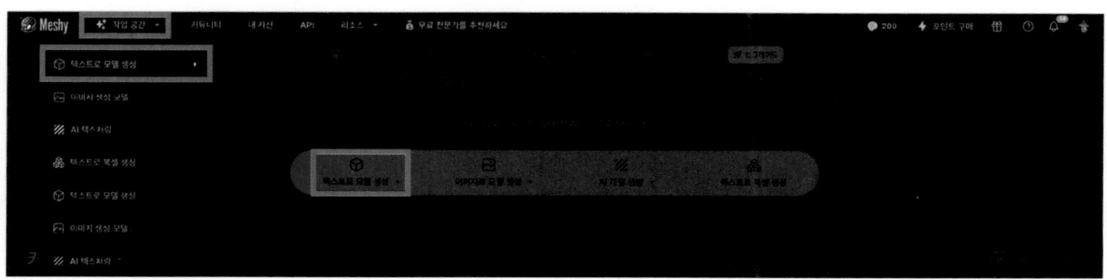

❷ 제작 화면에 접속하면 ⓐ프롬프트 칸에 제작하길 원하는 3D 모델을 입력 후 ⓑ[생성하다] 버튼을 누른다. 프롬프트는 영어뿐만 아니라 한국어 명령도 입력 가능하다.

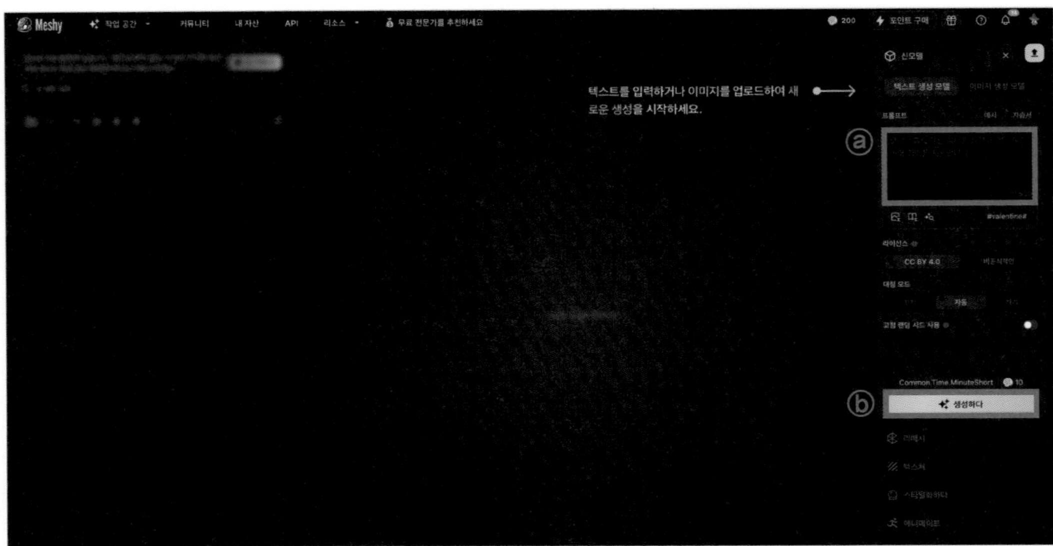

❸ '지푸라기로 만들어진 작은 집'이라는 프롬프트를 입력하여 3D 모델을 생성해 보았다. 3D 모델은 4가지로 생성되는데, 돋보기를 눌러 마우스로 크게 확대하거나 360도로 돌려가며 확인할 수 있다. 현재 생성된 3D 모델은 하얀색이므로 외부 텍스처를 생성하여 입혀 줄 것이다. 원하는 3D 모델을 선택하고 [확인하다] 버튼을 눌러 보자.

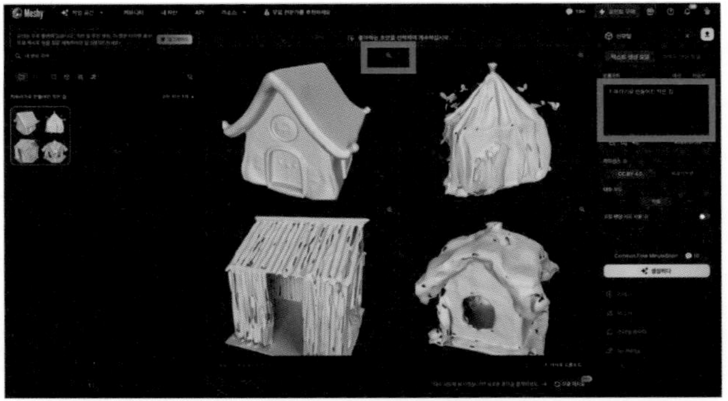

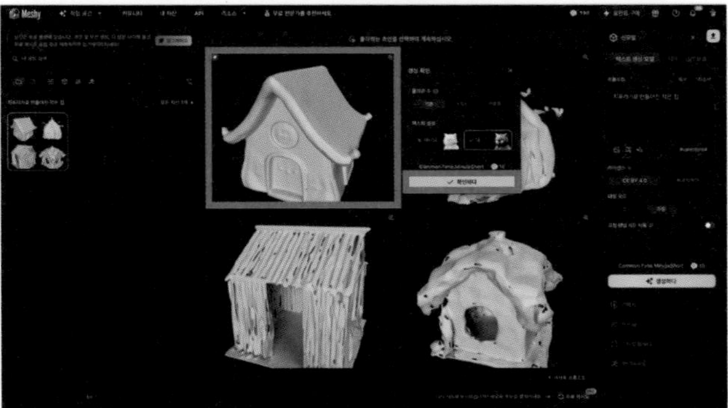

❹ 기본으로 제공된 텍스처가 입혀진 모습을 확인할 수 있다. 오른쪽 화면의 이미지를 클릭하여 드래그하면 360도 돌려가며 살펴볼 수 있다. 사용자가 따로 텍스처를 선택할 수 없음을 참고하자.

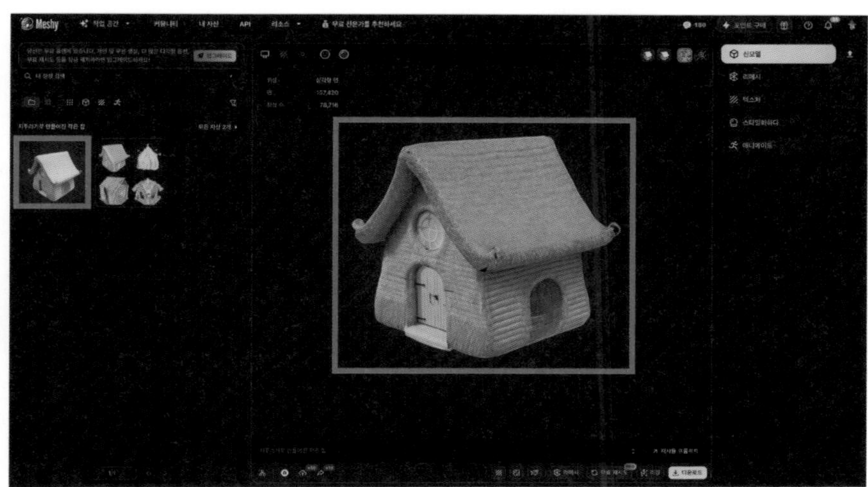

❺ 생성된 3D 모델은 다운로드할 수 있다. ⓐ하단의 다운로드 버튼을 눌러 다운로드 설정 창을 열어 보자. ⓑ확장자는 obj를 선택하였는지 확인한 후에 ⓒ[다운로드] 버튼을 눌러 모델을 저장한다. 생성된 3D 모델이 압축 파일 형태로 저장된다는 점을 참고하자.

④ 본 프로젝트에서는 아기 돼지들의 집 3D 모델을 다음과 같이 제작하였다. 사용한 프롬프트는 다음 표의 내용을 참고하자. 물론 다른 프롬프트를 사용해 3D 모델을 자유롭게 생성할 수 있다.

첫째 돼지	둘째 돼지	셋째 돼지
지푸라기로 만들어진 작은 집	나무로 만들어진 작은 집	벽돌로 만들어진 작은 집

⑤ 이제 생성한 3D 모델을 가상현실에 배치할 차례다. 앞에서 다운로드 받은 파일의 압축을 풀어 주고 업로드해 보자. ⓐ[업로드]-ⓑ[3D 모델]-ⓒ[업로드]를 눌러 다운로드한 3D 모델 파일을 선택한다. 커스텀 모델 업로드 팝업창의 [알겠습니다]를 눌러 완료하자.

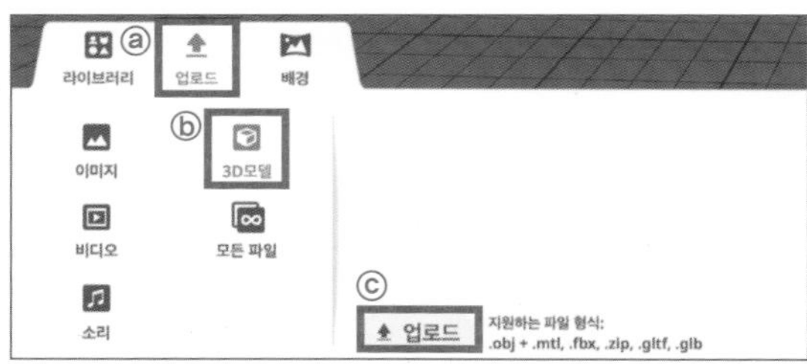

⑥ 인공지능으로 제작한 3D 모델이 업로드된 것을 확인할 수 있다. 모델을 선택한 후 가상현실로 드래그하여 삽입할 수 있다. 집의 크기를 조절하여 원하는 크기로 설정해 보자.

⑦ 이어서 둘째 돼지의 나무로 만든 집과 셋째 돼지의 벽돌로 만든 집도 업로드하여 가상현실에 배치해 보자. 본 프로젝트에서는 집의 크기가 점점 커지도록 설정하였으나 이는 자유롭게 지정해도 좋다.

⑧ 늑대가 돼지들의 집을 공격했을 때 집이 날아가도록 코딩할 것이기 때문에 돼지들의 집을 마우스 우클릭하여 [물리] 기능을 활성화해 주어야 한다. 그리고 프로그래밍을 위해 오브젝트의 이름을 지푸라기, 나무, 벽돌로 간단하게 변경해 주었다.

⑨ [라이브러리]-[동물]에서 돼지(Pig) 오브젝트를 집 옆에 각자 배치해 주었다.

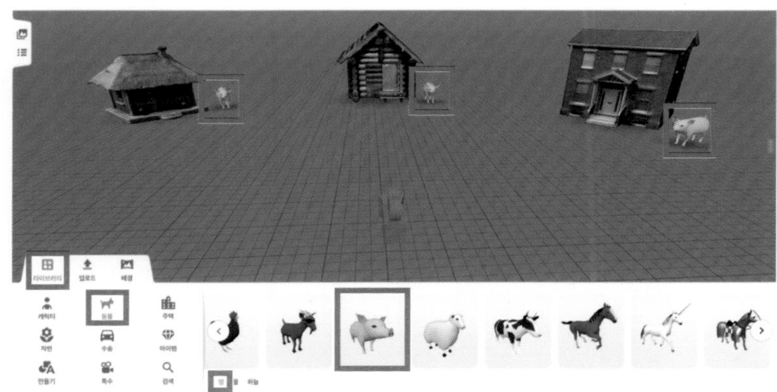

⑩ 아기 돼지 삼 형제의 성격에 맞게 [애니메이션]과 [대화]를 상상해서 설정해 주자. 본 프로젝트에서는 첫째 돼지는 Rolling, 둘째 돼지는 Snuffling, 셋째 돼지는 Walking으로 애니메이션을 설정하였다.

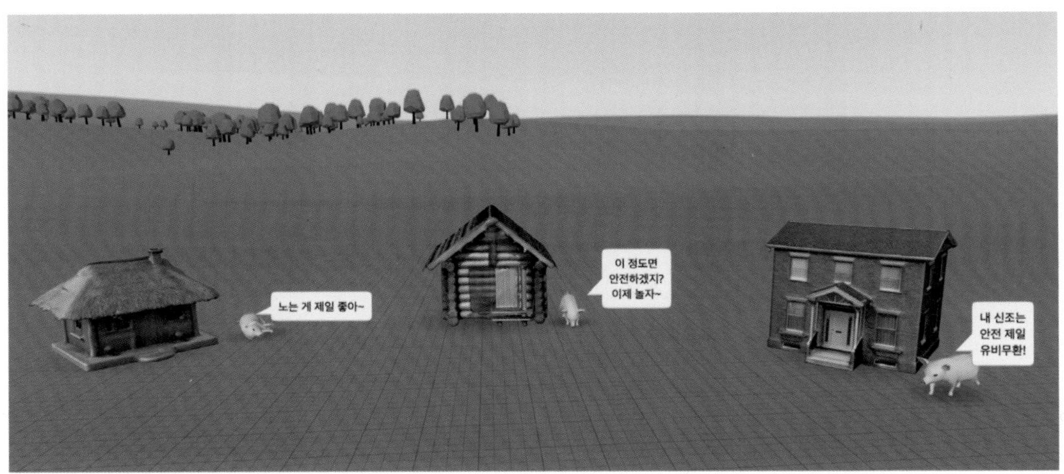

여기까지 아기 돼지 삼 형제와 각자의 집을 가상현실에 배치해 보았다. 이외에 추가로 배치하고 싶은 것이 있다면 원하는 대로 넣어도 재미있겠다.

3. 가상현실 코딩하기

① 이제 코딩을 통해 늑대가 아기 돼지들의 집을 공격하는 모습을 구현해 볼 차례다. 오른쪽 상단의 [코드]-[코블록스]를 선택하여 프로그래밍 준비를 하자.

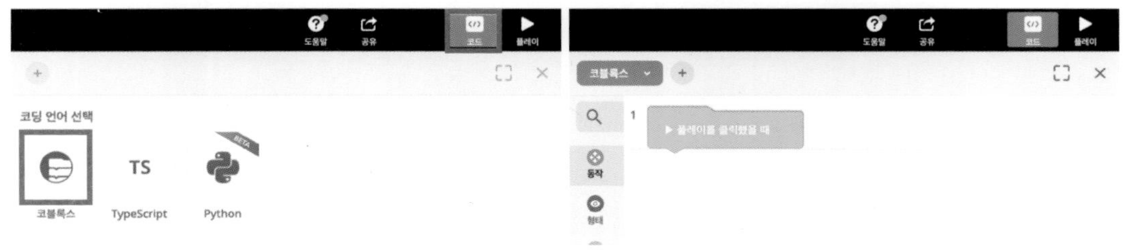

② 늑대가 아기 돼지의 집에 부딪히면 집이 날아가도록 코딩할 것이기 때문에 늑대와 돼지들의 집을 [코드]-[코블록스에서 사용]을 활성화해 준다. 또한, 늑대가 집을 공격하였을 때 돼지들의 행동과 적절한 대사를 설정할 수 있도록 아기 돼지 삼 형제 오브젝트를 마우스 우클릭하여 모두 [코블록스에서 사용]을 활성화해 주자. 본 프로젝트에서는 프로그래밍할 때 돼지들의 이름을 잘 알아볼 수 있도록 오브젝트의 이름을 첫째, 둘째, 셋째로 변경해 주었다.

③ 카메라가 늑대의 관점이라는 것을 앞에서 설명하였다. 늑대가 돼지들의 집을 공격하는 장면을 충돌로 구현할 것이기 때문에 이벤트 카테고리의 오브젝트에 다른 오브젝트가 충돌할 때 블록을 끌어와서 넣어 준다. 이때 충돌 블록은 총 3개가 필요하다. 넣어 준 후에는 '★집에 늑대가 충돌할 때' 형태가 되도록 차례대로 지푸라기, 나무, 벽돌로 바꿔 준다.

④ 늑대가 집에 부딪혔을 때 어떤 모습이 나오면 좋을까? 이야기 속에서 돼지들의 집은 늑대의 공격에 의해 날아가 버린다. 코딩을 통해 해당 장면을 구현해 보자. 집을 날아가게 하기 위해서는 물리 카테고리의 블록이 필요하다. 먼저 충돌할 때 부분에 물리 카테고리에서 지속 시간을 정하는 블록을 넣어 준다. 본 프로젝트에서는 시간을 2초로 바꿔 주었다.

⑤ 이제 충돌했을 경우에 뒤로 회전하며 날아갈 수 있도록 회전하기 블록을 넣어 준 후 지푸라기, 나무, 벽돌을 잘 맞춰 바꿔 준다. 집이 뒤쪽으로 날아갈 수 있도록 방향을 뒤로 모두 설정한다. 이때 지푸라기 집은 가장 약하므로 속도를 30, 나무 집은 지푸라기 집보다는 조금 더 튼튼하므로 10, 벽돌 집은 1로 속도를 지정해 주었다.

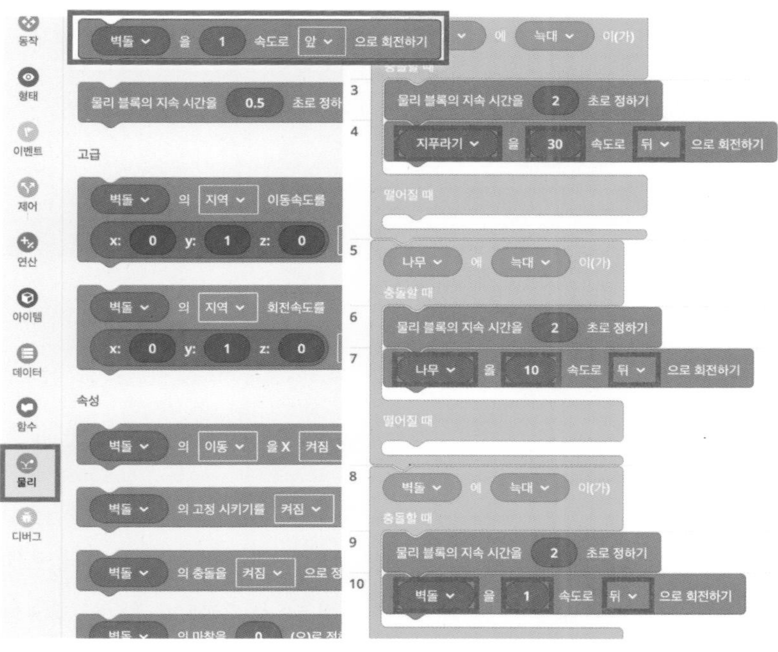

⑥ [플레이]를 눌러 코딩이 실행되는 모습을 보면 늑대(카메라)가 지푸라기 집과 나무 집에 충돌했을 때 집들이 뒤로 날아가는 모습을 확인할 수 있다.

⑦ 이야기 속에서 늑대는 돼지 삼 형제 중 첫째 돼지의 집을 가장 먼저 찾아간다. 그런데 현재 코드는 첫째 돼지의 지푸라기 집이 날아가지 않고도 둘째 돼지의 나무 집이 날아가는 모습을 확인할 수 있다. 이야기의 흐름에 맞게 구현하기 위해 [데이터] 카테고리에서 변수 정하기 블록을 활용하겠다. '단계'라는 변수를 1로 설정하는 블록을 지금까지 작성한 코드 최상단에 추가해 보자.

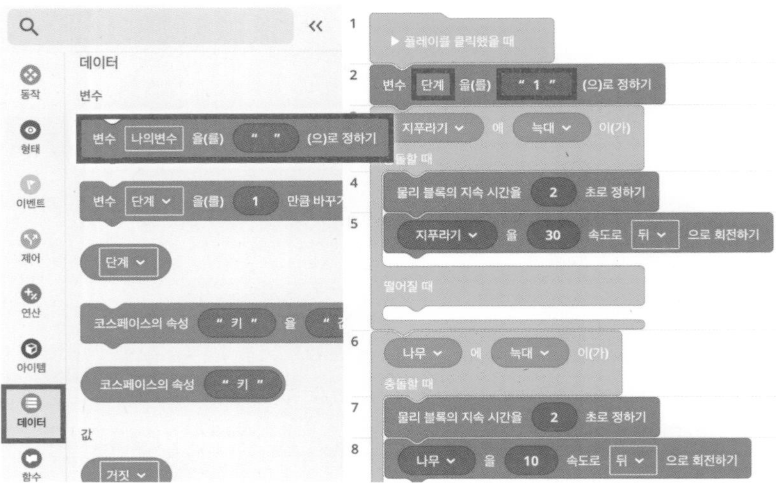

⑧ 1단계일 때 첫째 돼지의 집을 공격해야 하기 때문에 [제어] 카테고리의 조건 블록을 사용한다. 만약 블록을 ⑦에서 삽입한 변수 정하기 블록 다음에 넣는다.

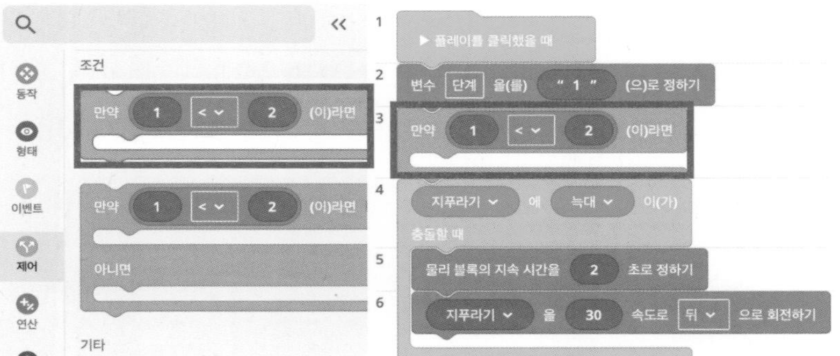

⑨ 만약 블록의 조건문을 완성할 것이다. 왼쪽 칸에는 데이터 카테고리의 '단계' 변수를 넣고 등호(=)와 1을 입력해 주자.

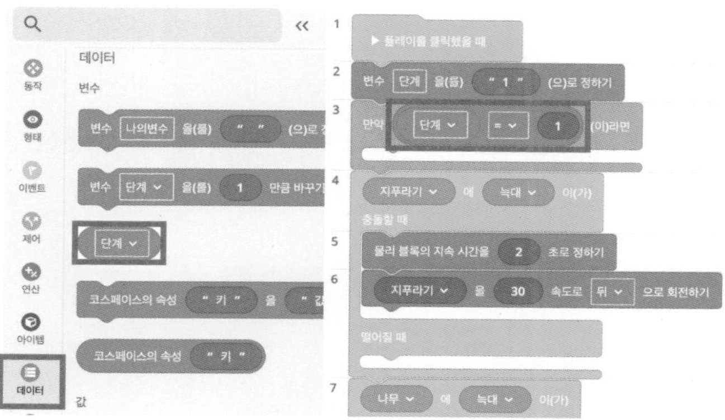

⑩ 1단계에 해당하는 지푸라기 집 블록을 ⑧에서 추가한 만약 블록 안으로 이동시켜 준다. 같은 방식으로 만약 블록을 복제하여 단계 숫자를 수정한 후 나무 집과 벽돌 집 블록을 만약 블록으로 감싸 주자.

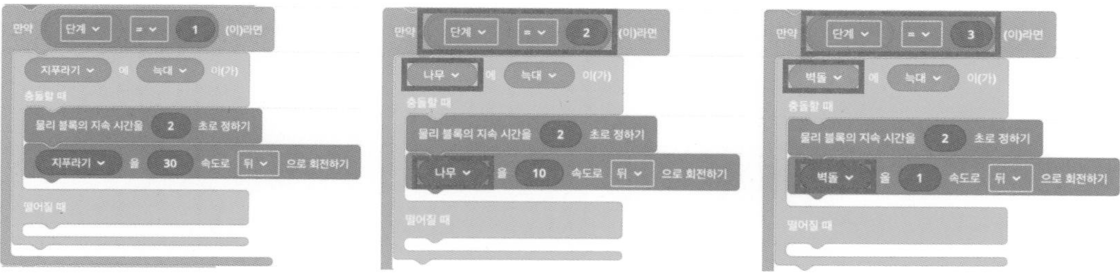

⑪ 첫째 돼지의 지푸라기 집이 날아간 후 다음 단계로 넘어가야 하므로 단계 변수를 1만큼 바꾸는 블록을 물리 블록 아래 추가해 준다. 2단계에서도 3단계로 넘어가기 위해 역시 똑같이 블록을 넣어 주자.

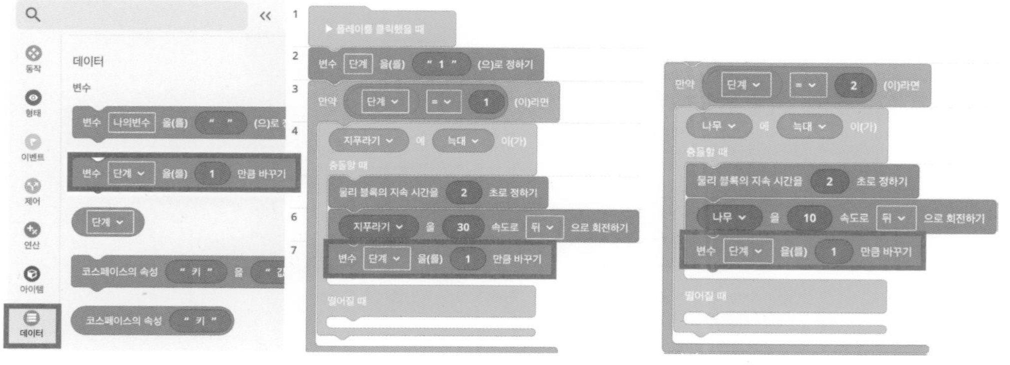

⑫ 이제 [플레이]를 눌러 실행하면 지푸라기집이 날아가기 전에는 나무 집이 날아가지 않는다는 것을 확인할 수 있다. 하지만 지푸라기 집이 날아간 이후에도 나무 집이 날아가지 않는 현상이 발생하였다. 이를 해결하기 위해서는 무한 반복하기 블록이 필요하다. 코드가 실행되는 내내 계속 현재 단계를 판단해야 하기 때문이다. 제어 카테고리의 무한 반복하기 블록을 추가하여 변수 정하기 이후 블록을 모두 감싸 주자.

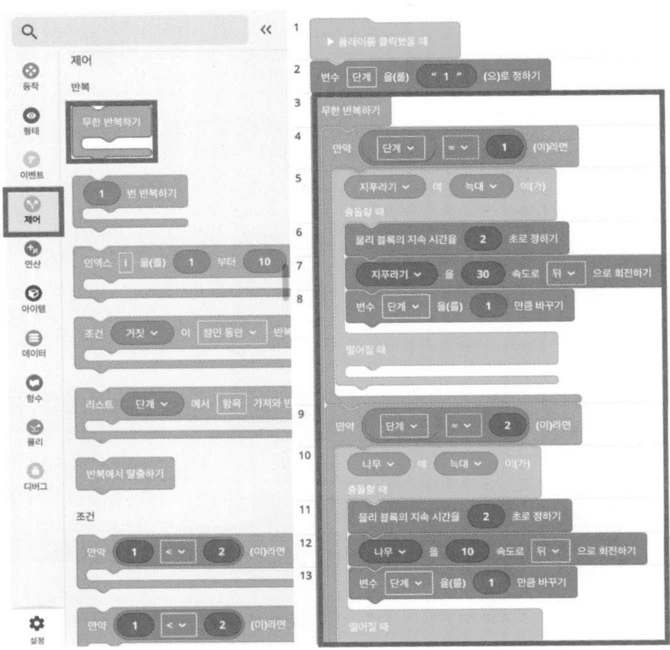

⑬ 이제 돼지들의 집에 설정한 물리 블록들이 정상적으로 작동하게 되었다. 이제 자신의 집이 날아간 상황을 겪은 첫째 돼지가 무슨 말을 할지 상상하여 대사를 넣어 보자. 형태 카테고리의 말하기 블록을 활용하면 된다.

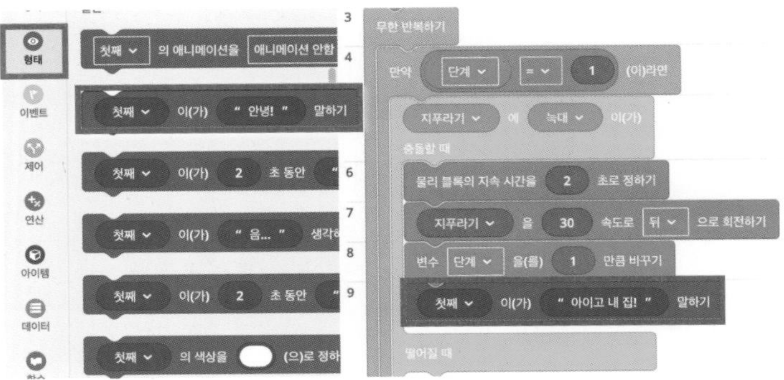

⑭ 그리고 늑대에게 잡아먹히지 않도록 빨리 둘째 돼지의 집으로 도망가야 한다. 첫째 돼지가 둘째 돼지의 집으로 도망갈 수 있도록 길을 만들어 볼까? [라이브러리]-[특수]에서 직선 경로를 선택하여 설치한다. 혹시 나무 집이 첫째 돼지의 이동 경로에 부딪힐 것 같다면 집을 살짝 뒤로 옮겨 경로를 가리지 않도록 해 주자.

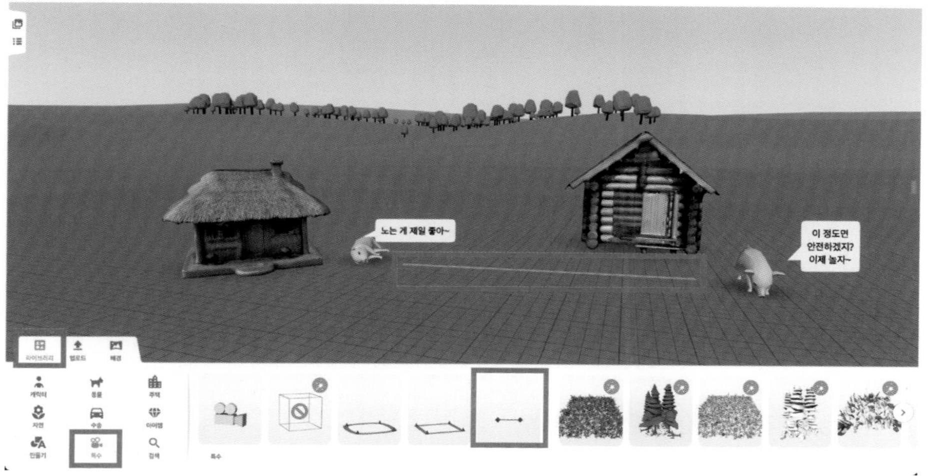

⑮ 첫째 돼지가 경로를 따라 걸어가는 자연스러운 움직임을 위해서는 현재 누워 있도록 설정된 애니메이션을 바꿔 주어야 한다. 첫째 돼지의 애니메이션을 Walking으로 설정해 주자.

⑯ 현재 첫째 돼지가 앞을 향하고 있는 상태이므로, 경로를 따라 둘째 돼지 쪽으로 걸어가는 모습이 자연스럽게 느껴질 수 있도록 둘째 돼지를 바라보도록 방향을 바꿔 주자. 해당 설정을 해주지 않으면 앞을 보면서 옆으로 걸어가는 어색한 움직임이 된다.

⑰ 이제 첫째 돼지가 설정한 경로를 따라 둘째 돼지 쪽으로 이동할 수 있는 코딩을 넣어 줄 차례다. 동작 카테고리에서 경로를 따라 이동하는 블록을 추가하자.

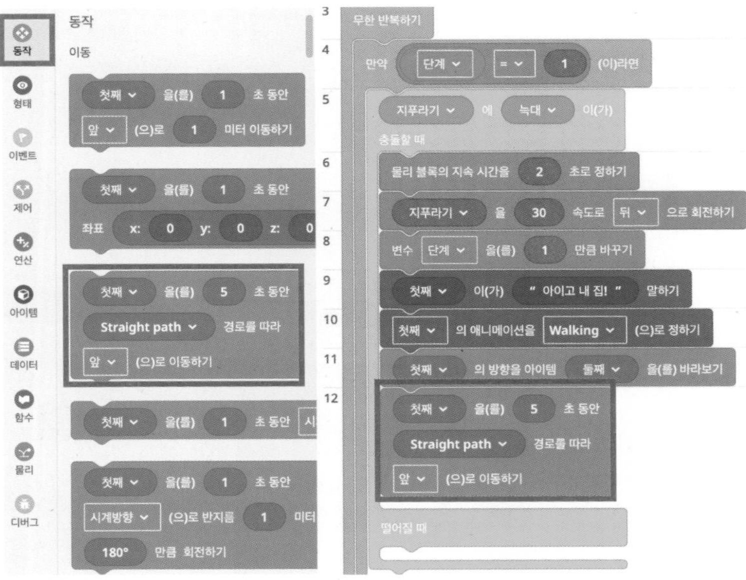

⑱ 둘째 돼지네 집에 도착하면 첫째 돼지가 다시 마음을 푹 놓았다는 모습을 프로그래밍한다. 형태 카테고리에서 첫째 돼지의 대사와 애니메이션을 자유롭게 상상하여 설정해 주자.

⑲ 늑대가 둘째 돼지네 집을 공격한 후에는 첫째 돼지와 둘째 돼지 모두 셋째 돼지네 집으로 도망가야 하는 상황이다. 이를 위해 돼지들이 도망갈 수 있도록 [라이브러리]-[특수]에서 경로를 설치해 주자. 단, 경로는 첫째 돼지와 둘째 돼지를 각각 만들어 주는 것이 좋다. 경로를 한 개만 설치할 경우 돼지의 모습이 겹쳐서 한 마리인 것처럼 보이는 현상이 발생하기 때문이다.

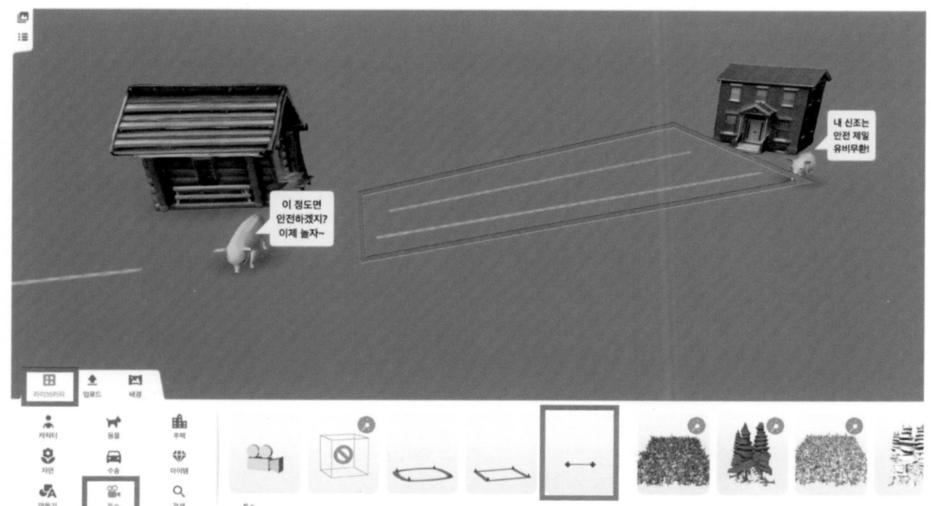

⑳ ⑲와 관련한 코딩을 하기 위해서 제어 카테고리의 동시에 실행하기 블록을 사용해 보자. 이 블록은 위 칸과 아래 칸의 코드를 동시에 실행시키는 효과가 있다.

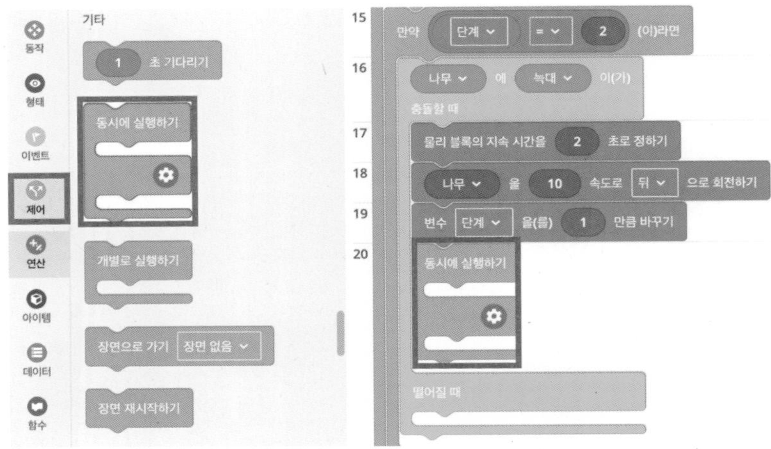

㉑ 이제 나무 집이 늑대에게 공격당한 후의 두 돼지의 반응을 코딩할 차례이다. 지푸라기 집이 공격당했을 때 첫째 돼지의 코드를 복제하여 활용하면 된다. 아래와 같이 여러 코드를 선택하여 복제한 후 동시에 실행하기 블록에 넣어 보자.

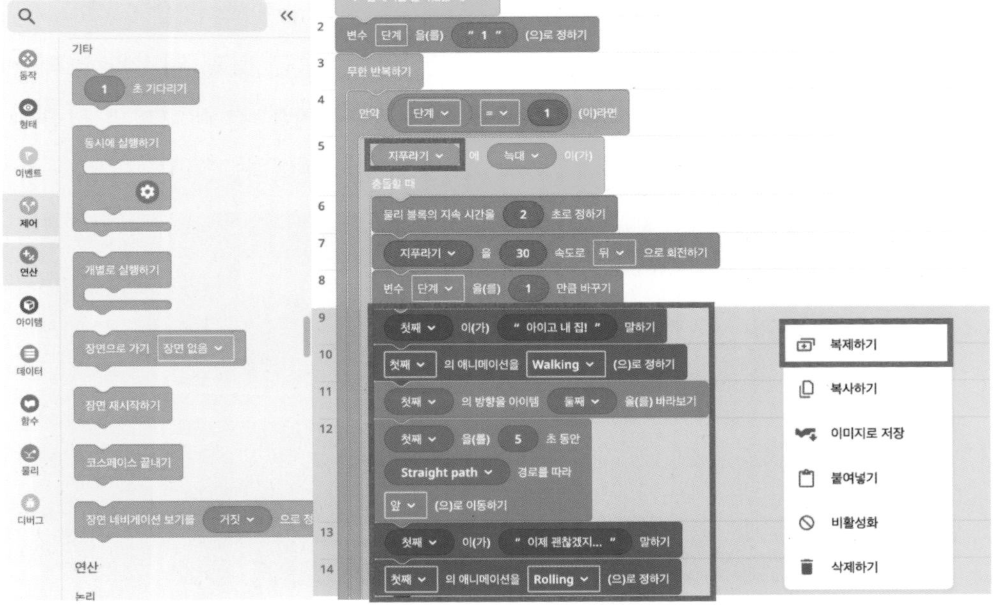

㉒ 복제한 코드를 첫째 돼지와 둘째 돼지에 맞게 수정해 볼까? 지금은 셋째 돼지를 바라봐야 한다는 것에 주의하며, 설정한 경로 이름을 잘 확인한 후 바꿔 준다. 두 돼지들이 셋째 돼지의 집으로 이동한 후의 모습을 자유롭게 애니메이션과 대화로 나타내어 보자.

동시에 실행하기
첫째 이(가) " 나무 집은 괜... " 말하기
첫째 의 애니메이션을 Walking (으)로 정하기
첫째 의 방향을 아이템 셋째 을(를) 바라보기
첫째 을(를) 3 초 동안
Straight path2 경로를 따라
앞 (으)로 이동하기
첫째 이(가) " 셋째만 믿는다... " 말하기
첫째 의 애니메이션을 Rolling (으)로 정하기

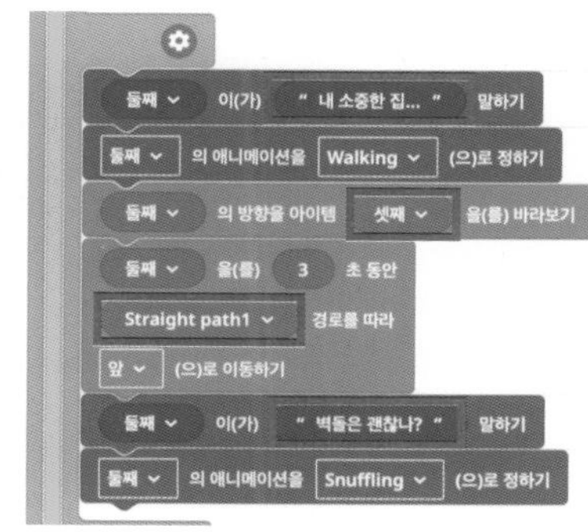
둘째 이(가) " 내 소중한 집... " 말하기
둘째 의 애니메이션을 Walking (으)로 정하기
둘째 의 방향을 아이템 셋째 을(를) 바라보기
둘째 을(를) 3 초 동안
Straight path1 경로를 따라
앞 (으)로 이동하기
둘째 이(가) " 벽돌은 괜찮나? " 말하기
둘째 의 애니메이션을 Snuffling (으)로 정하기

참고로 이벤트 카테고리의 충돌 블록에는 충돌할 때와 별개로 떨어질 때 상황을 위한 공간이 있다. 현재 우리가 프로그래밍한 코드는 충돌하면 집이 바로 날아가기 때문에 바로 떨어지는 상황이 된다. 원할 경우 떨어질 때 코드 삽입 부분에 자유롭게 코드 블록을 추가해 보자.

㉓ 벽돌 집은 튼튼하기 때문에 공격해도 약간의 흔들림만 있을 뿐 날아가지는 않는다. 벽돌 집을 공격한 후에는 돼지 삼 형제가 안심했다는 대사를 설정한다.

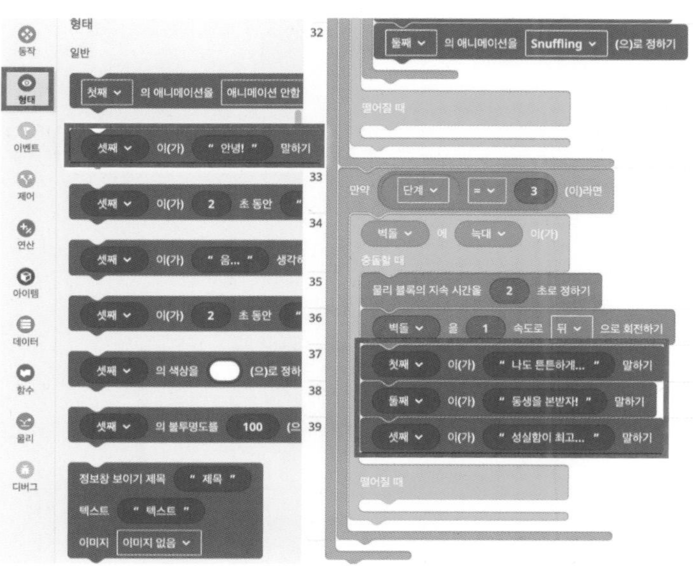
동작
형태
이벤트
제어
연산
아이템
데이터
함수
물리
디버그
형태
일반
첫째 의 애니메이션을 애니메이션 안함
셋째 이(가) " 안녕! " 말하기
셋째 이(가) 2 초 동안
셋째 이(가) " 음... " 생각하
셋째 이(가) 2 초 동안
셋째 의 색상을 (으)로 정하
셋째 의 불투명도를 100
정보창 보이기 제목 " 제목 "
텍스트 " 텍스트 "
이미지 이미지 없음
둘째 의 애니메이션을 Snuffling (으)로 정하기
떨어질 때
만약 단계 = 3 (이)라면
벽돌 에 늑대 이(가)
충돌할 때
물리 블록의 지속 시간을 2 초로 정하기
벽돌 을 1 속도로 뒤 으로 회전하기
첫째 이(가) " 나도 튼튼하게... " 말하기
둘째 이(가) " 동생을 본받자! " 말하기
셋째 이(가) " 성실함이 최고... " 말하기
떨어질 때

㉔ 이제 [플레이]를 눌러 프로그래밍한 것을 확인해 보자. 지푸라기 집에 충돌하면 첫째 돼지가 둘째 돼지 옆으로 이동하고, 나무 집에 충돌하면 첫째 돼지와 둘째 돼지가 셋째 돼지 옆으로 잘 이동한 것을 볼 수 있다.

㉕ 이제 프로그램에 관한 정보를 제공할 차례다. 프로그램이 실행되었을 때 사용자들이 어떻게 플레이해야 하는지 모를 수 있기 때문이다. 사용자들에게 상황을 설명해 주기 위해 [형태] 카테고리의 정보창 보이기 블록을 최상단에 배치해 보자. 우리가 만든 가상현실 상황에 대해 적절한 제목과 설명을 기입해 주면 된다.

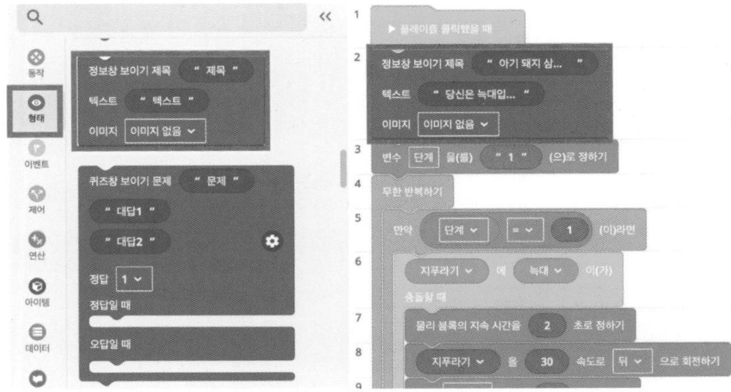

㉖ [플레이]를 눌러 프로그램이 실행되면, 다음 화면과 같이 우리가 만든 가상현실의 상황을 설명해 주는 정보창이 나타나게 된다.

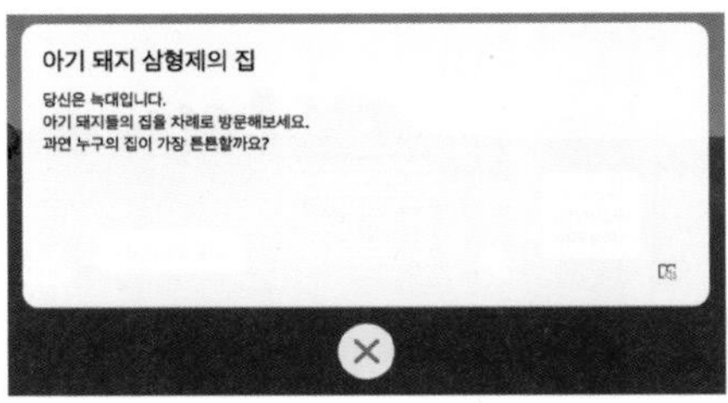

4. 최종 코드

```
▶ 플레이를 클릭했을 때
정보창 보이기 제목 " 아기 돼지 삼... "
텍스트 " 당신은 늑대입... "
이미지 이미지 없음
변수 단계 을(를) " 1 " (으)로 정하기
무한 반복하기
  만약 단계 = 1 (이)라면
    지푸라기 에 늑대 이(가) 충돌할 때
      물리 블록의 지속 시간을 2 초로 정하기
      지푸라기 을 30 속도로 뒤 으로 회전하기
      변수 단계 을(를) 1 만큼 바꾸기
      첫째 이(가) " 아이고 내 집! " 말하기
      첫째 의 애니메이션을 Walking (으)로 정하기
      첫째 의 방향을 아이템 둘째 을(를) 바라보기
      첫째 을(를) 3 초 동안
      Straight path 경로를 따라
      앞 (으)로 이동하기
      첫째 이(가) " 이제 괜찮겠지... " 말하기
      첫째 의 애니메이션을 Rolling (으)로 정하기
    떨어질 때
  만약 단계 = 2 (이)라면
    나무 에 늑대 이(가) 충돌할 때
      나무 을 10 속도로 뒤 으로 회전하기
      물리 블록의 지속 시간을 2 초로 정하기
      변수 단계 을(를) 1 만큼 바꾸기
      동시에 실행하기
        첫째 이(가) " 나무 집은 괜... " 말하기
        첫째 의 애니메이션을 Walking (으)로 정하기
```

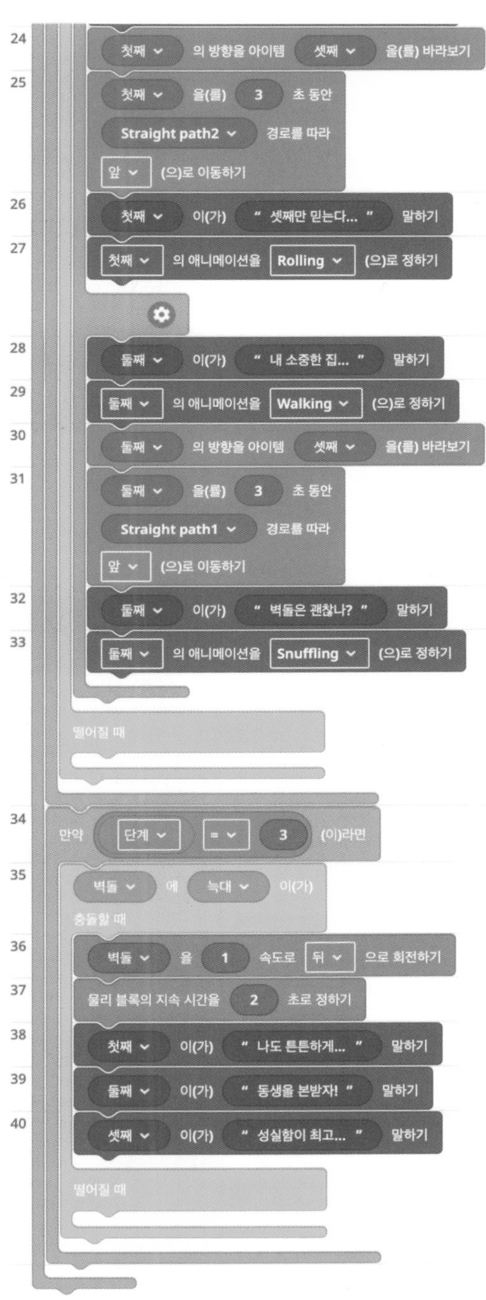

24 첫째 의 방향을 아이템 셋째 을(를) 바라보기
25 첫째 을(를) 3 초 동안 Straight path2 경로를 따라 앞 (으)로 이동하기
26 첫째 이(가) " 셋째만 믿는다... " 말하기
27 첫째 의 애니메이션을 Rolling (으)로 정하기
28 둘째 이(가) " 내 소중한 집... " 말하기
29 둘째 의 애니메이션을 Walking (으)로 정하기
30 둘째 의 방향을 아이템 셋째 을(를) 바라보기
31 둘째 을(를) 3 초 동안 Straight path1 경로를 따라 앞 (으)로 이동하기
32 둘째 이(가) " 벽돌은 괜찮나? " 말하기
33 둘째 의 애니메이션을 Snuffling (으)로 정하기
떨어질 때
34 만약 단계 = 3 (이)라면
35 벽돌 에 늑대 이(가) 충돌할 때
36 벽돌 을 1 속도로 뒤 으로 회전하기
37 물리 블록의 지속 시간을 2 초로 정하기
38 첫째 이(가) " 나도 튼튼하게... " 말하기
39 둘째 이(가) " 동생을 본받자! " 말하기
40 셋째 이(가) " 성실함이 최고... " 말하기
떨어질 때

VR 이야기 톡톡

정답 262쪽

Q. 어떻게 집이 날아가게 코딩하였나요?

( ) 기능을 활성화하여 충돌했을 때 ( )하는 ( )를 조절하여 프로그래밍을 했다.

Q. 어떤 프롬프트를 사용해 아기 돼지 삼 형제의 집을 제작하였나요?

Q. 늑대의 위협에서 벗어난 첫째 돼지와 둘째 돼지는 앞으로 어떻게 살게 될까요?

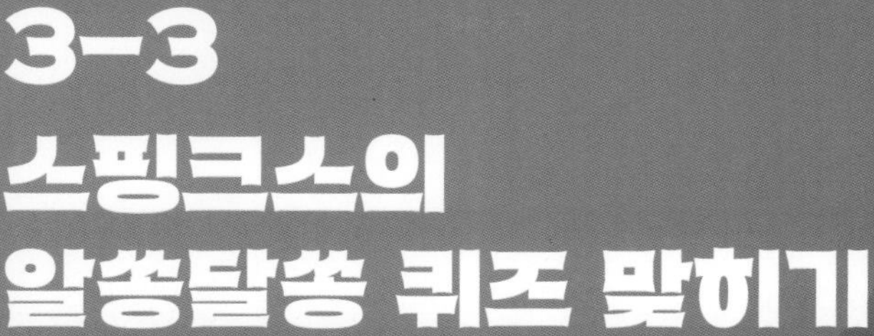

3-3 스핑크스의 알쏭달쏭 퀴즈 맞히기

1. 이야기 속으로

테베라는 나라에 스핑크스라는 무시무시한 괴물이 나타났다. 스핑크스는 테베를 지나는 사람들에게 수수께끼를 내며 정답을 맞히지 못하는 사람들을 죽였다. 테베 사람들은 정답을 알지 못해 고통에 빠졌고, 왕비는 스핑크스를 물리치는 사람에게 왕위를 주겠다고 약속한다.
어느 날 테베를 지나던 오이디푸스라는 청년이 스핑크스를 만나게 되는데, 오이디푸스는 스핑크스의 퀴즈를 맞힐 수 있을까?

Q. 스핑크스는 오이디푸스에게 어떤 퀴즈를 낼까요?

학습 목표

- ★ 스핑크스의 퀴즈를 풀어 보아요.
- ★ 스핑크스를 물리치고 테베의 왕이 되어요.

2. 가상현실 디자인하기

① 카메라 오브젝트를 오이디푸스 시점이라고 생각하고 가운데 위치시킨다. 오이디푸스의 움직임에 따라 화면을 비출 수 있도록 카메라 종류를 [걸음]으로 설정해 보자.

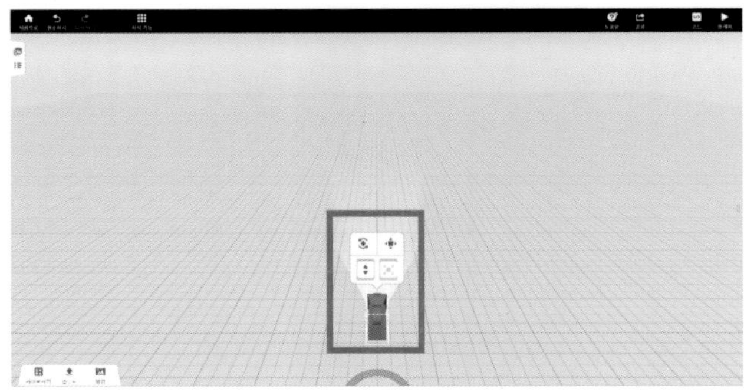

② 오이디푸스가 스핑크스를 만난 장면과 스핑크스의 퀴즈를 맞히고 난 이후의 장면으로 나누어 구성해 보자. ⓐ장면 목록에서 ⓑ(+ 새 장면) 버튼을 눌러 장면을 추가하고 ⓒ장면 이름을 '스핑크스 퀴즈'와 '테베의 왕'으로 수정한다.

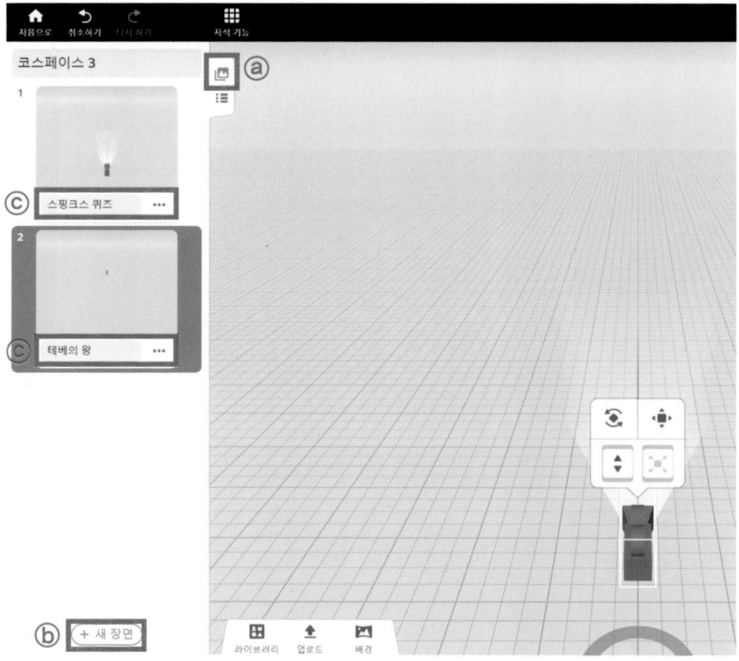

③ 두 장면 모두 스핑크스가 있는 사막을 배경으로 설정한다.

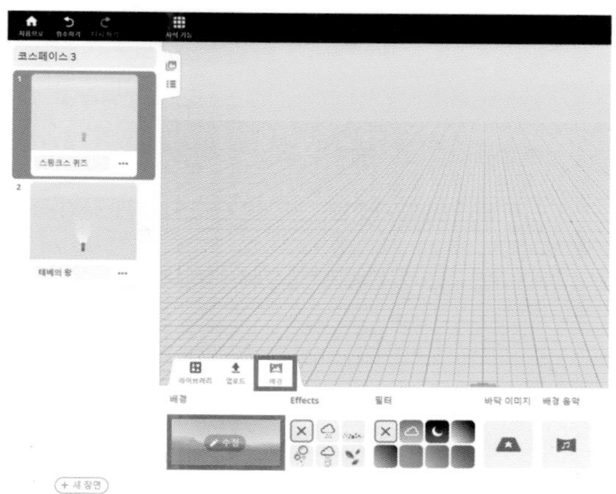

④ 첫 번째 스핑크스를 만나 퀴즈를 푸는 장면에 어울리는 오브젝트들을 배치해 보자. [라이브러리]-[캐릭터], [자연], [주택] 등에서 원하는 오브젝트를 자유롭게 선택한다. 스핑크스(Sphinx) 오브젝트와 그에 대한 이야기를 전해 줄 행인(Roman man toga) 오브젝트를 추가해 보았다.

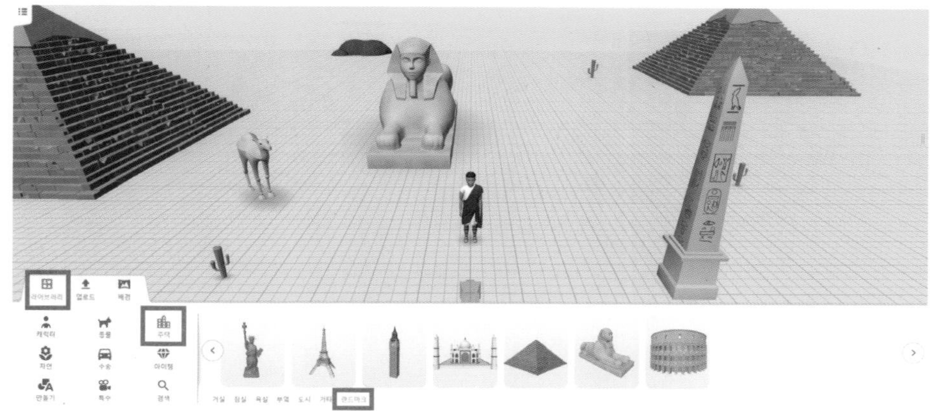

⑤ 행인 남자는 스핑크스 퀴즈에 대해 소개하고 안내하는 역할을 한다. 이때 행인이나 낙타(Camel)에게 적절한 [애니메이션]과 [대화]를 설정하면 훨씬 생동감 있고 재미있는 장면이 탄생한다.

⑥ 다음으로는 스핑크스의 퀴즈를 맞힌 오이디푸스가 테베에 도착하여 백성들에게 환대를 받고 왕이 되는 장면이다. 오이디푸스를 바라보며 손뼉을 치거나 만세를 부르는 등 다양한 [애니메이션]과 [대화]를 사용하는 백성들(Roman woman 등)을 배치해 보자.

⑦ 보다 손쉽게 인파를 만들기 위해 4~5명 정도를 배치한다. Shift 키를 누른 상태로 그룹으로 묶고 싶은 오브젝트들을 클릭해 보자. 그 후 키보드 Alt 키를 누르면서 원하는 위치로 마우스를 드래그하면 손쉽게 군중을 복제할 수 있다.

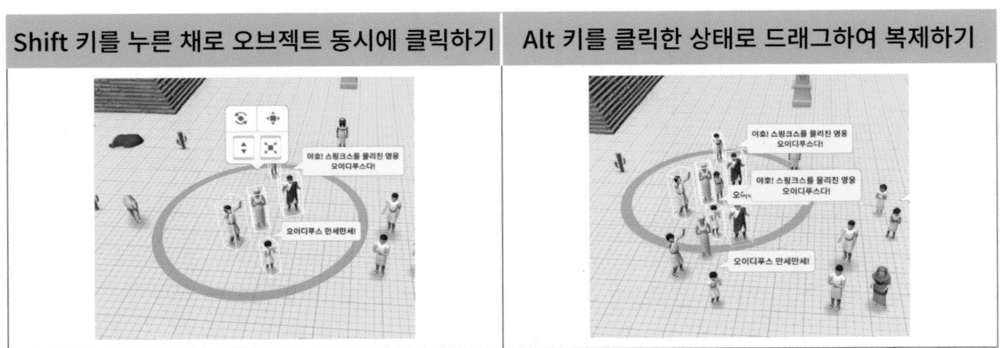

Shift 키를 누른 채로 오브젝트 동시에 클릭하기
Alt 키를 클릭한 상태로 드래그하여 복제하기
야호! 스핑크스를 물리친 영웅 오이디푸스다!
오이디푸스 만세만세!

⑧ 똑같은 사람들이 같은 애니메이션과 대사를 이야기하면 어색하므로 복제 후에는 개별 오브젝트의 방향이나 [애니메이션], [대화] 등을 바꾸어 주자. 인파를 가르고 앞으로 끝까지 가면 오이디푸스에게 왕관을 줄 테베의 왕비가 기다리도록 왕비(Egyptian royal woman) 오브젝트와 왕관(Crown) 오브젝트, 책상(Bistro table) 오브젝트를 추가한다.

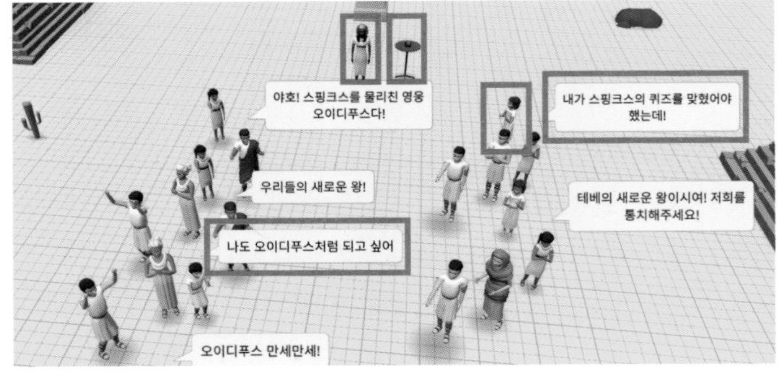

⑨ 이때 왕관이 책상 위에 놓여 있게 하려면 왕관 오브젝트를 클릭하여 [붙이기]를 선택하거나 키보드 A 키를 누른 후 왕관을 붙이고자 하는 책상 위의 파란 점을 선택하면 된다.

⑩ 오이디푸스가 진정한 테베의 왕이 되기 위해서는 한 가지 미션을 더 해결해야 한다. 바로 숨겨진 파라오의 관을 3개 찾는 것이다. [라이브러리]-[아이템]에서 파라오의 관(Sarcophagus)을 찾아보자.

⑪ 파라오의 관 크기를 작게 줄이고 Alt 키를 누른 채 오브젝트를 옆으로 드래그하여 복제한다. 파라오의 관을 3개 만들었다면 파라오 오브젝트를 더블클릭하여 이름을 파라오1, 파라오2, 파라오3으로 바꾸어 보자.

⑫ 이제 화면 곳곳에 파라오를 숨겨 보자.

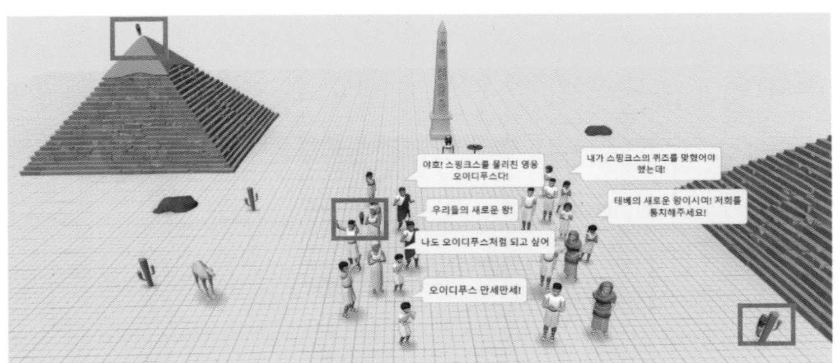

3. 가상현실 코딩하기

① 배경과 오브젝트 선택을 통해 가상현실을 디자인했다면 코딩을 통해 생동감을 더해 보자. 첫 번째 장면에서는 스핑크스가 퀴즈를 내고 정답을 맞히는 것을, 두 번째 장면에서는 오이디푸스가 테베의 왕이 되는 것을 만들어 볼 것이다. 첫 번째 장면의 스핑크스 오브젝트와 두 번째 장면의 카메라 오브젝트, 파라오관 오브젝트 3개, 테베 왕비 오브젝트, 왕관 오브젝트의 [코드] - [코블록스에서 사용]을 눌러 코딩을 활성화한다.

② 플레이를 클릭하면 카메라 앞에 위치한 행인이 스핑크스의 퀴즈를 풀기 위해서는 스핑크스를 클릭해야 한다는 것을 알려 준다. 스핑크스를 클릭했을 때 퀴즈가 나타나야 하므로 이벤트 카테고리에서 스핑크스를 클릭했을 때 블록을 가져온다.

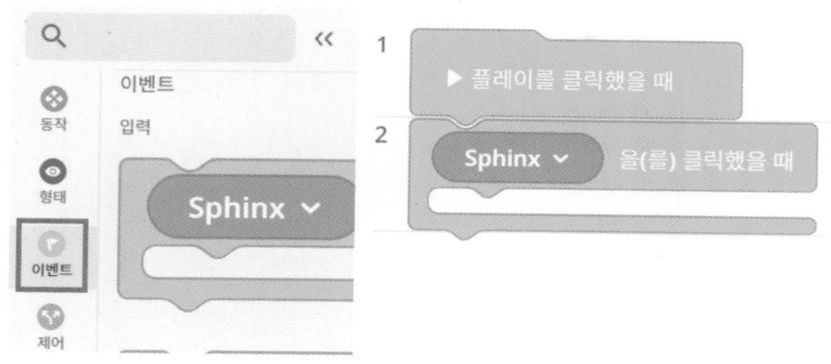

③ 스핑크스 오브젝트를 클릭하면 퀴즈창이 보이도록 형태 카테고리에서 퀴즈창 보이기 블록을 가져온다. 퀴즈창 블록에서는 여러 개의 보기 중에서 하나의 정답을 선택하는 객관식 문제를 출제할 수 있다. ⓐ“문제”란에 퀴즈의 문제를 적는다. ⓑ문제의 정답이 될 수 있는 보기들을 “대답”란에 넣어 준다. ⓒ톱니바퀴를 눌러 보기를 추가하거나 제거할 수 있다. ⓓ정답에서 숫자의 의미는 몇 번째 항목이 정답이라는 뜻이다.

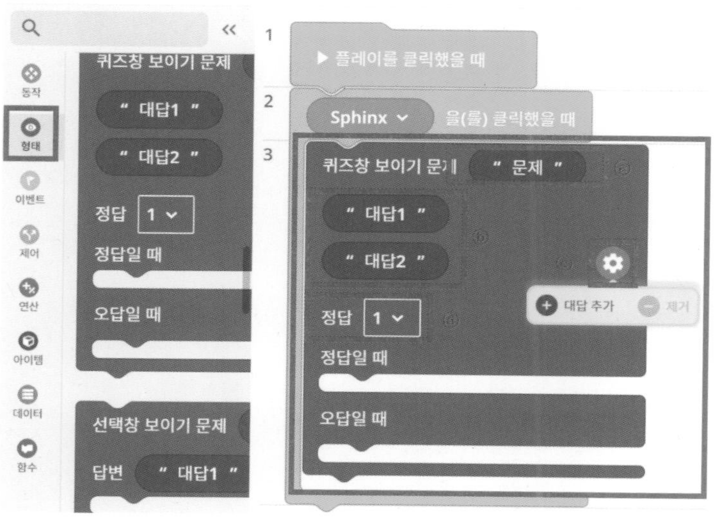

④ 스핑크스가 퀴즈를 여러 번 내도록 하고 싶다면 정답일 때 퀴즈창 보이기가 한 번 더 나오도록 블록을 삽입할 수 있다. 예시 프로젝트에서는 퀴즈를 두 번 낼 것이다.

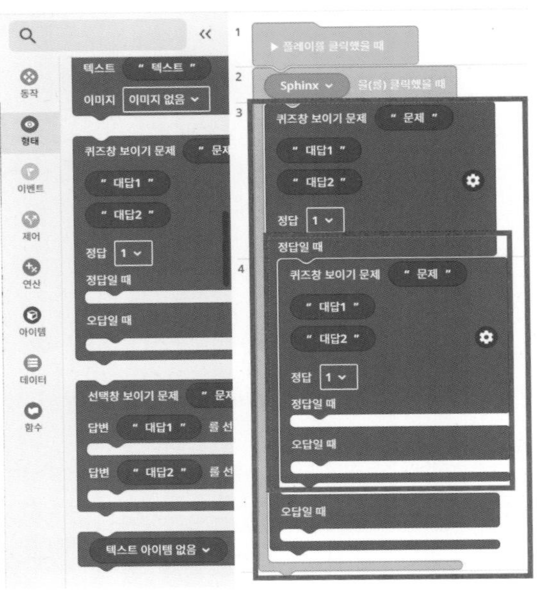

⑤ 오답을 선택한 경우에 “하하하 가소롭군. 네 목숨은 내 것이다!”라고 3초 동안 말하도록 해 보자. 형태 카테고리에서 ~초 동안 말하기 블록을 가져와서 오답일 때에 붙여준 후 대사를 적는다.

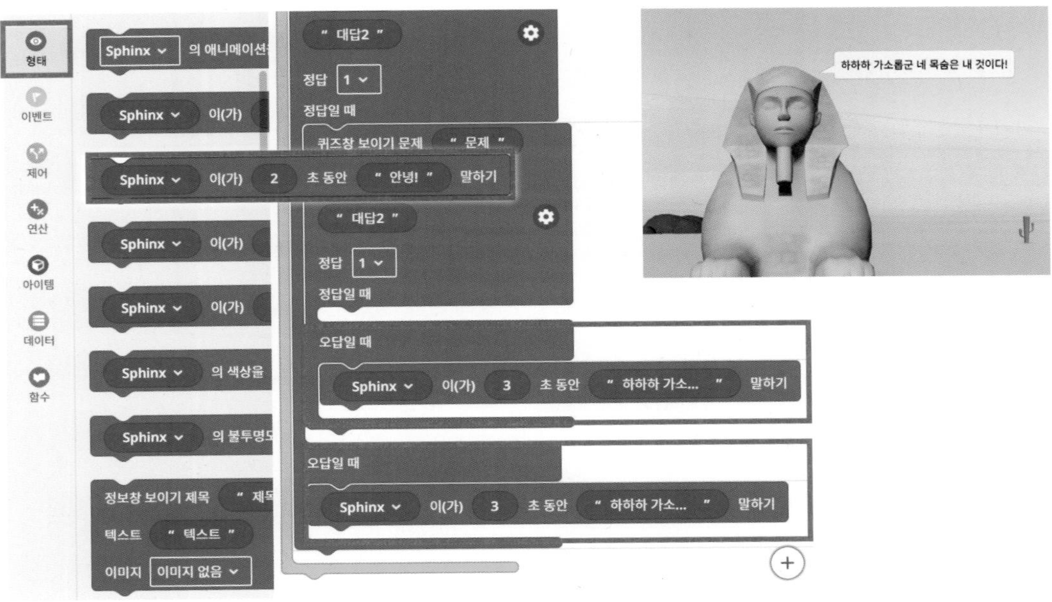

⑥ 두 번째 퀴즈의 정답까지 맞힌다면 "으악 내 퀴즈를 풀다니 내가 졌다!"를 3초 동안 말하도록 블록을 넣어 준다. 다음으로는 두 번째 장면인 테베의 왕으로 넘어가도록 제어 카테고리에서 장면으로 가기 블록을 삽입한다.

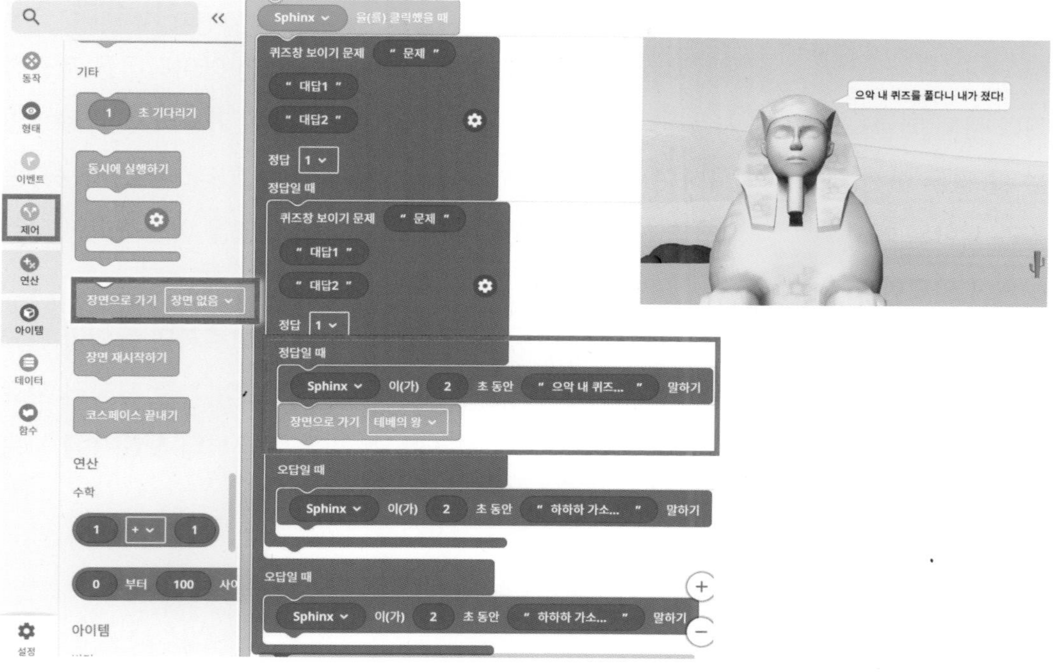

생성형 AI 활용

ChatGPT

챗GPT는 OpenAI에서 개발한 언어 모델로, 다양한 주제에 대해 대화하고 질문에 답변하는 인공지능이다. 주로 텍스트 기반의 대화를 통해 창의적인 아이디어를 제공하거나 문제 해결을 돕는 데 사용된다. 챗GPT는 로그인 없이도 사용이 가능하지만, 로그인을 할 경우 이전 대화를 기록하여 개인 맞춤형 대답을 제공받을 수 있다. 무료 사용자는 월간 제한된 메시지 수 내에서 챗GPT를 사용할 수 있으며, 고급 모델을 이용하려면 유료 구독이 필요하다.

챗GPT의 사용 연령 제한은 13세 이상이며, 13세 미만의 아동은 보호자의 동의가 필요하다. 챗GPT에서 생성한 콘텐츠에 대한 저작권은 사용자에게 있으며 기존 저작권 자료를 그대로 복사한 경우가 아니라면 상업적으로 사용할 수 있다. 지금부터 챗GPT를 사용해서 흥미로운 스핑크스 퀴즈를 만들어 보자.

❶ 챗GPT에 로그인을 하면 질문을 할 수 있는 메시지 창이 뜬다.

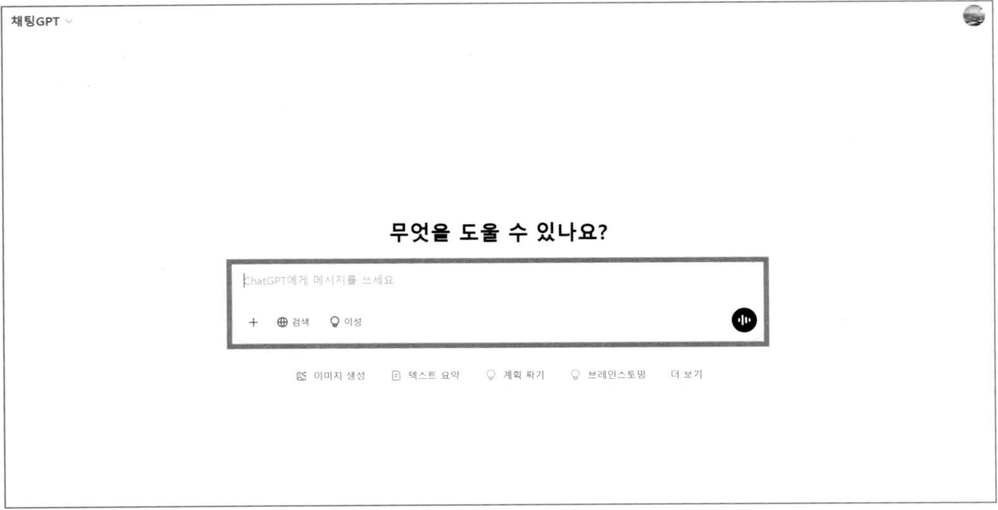

❷ 스핑크스 이야기와 함께 이야기 속에서 스핑크스가 냈던 퀴즈와 정답에 대해 질문한다.

스핑크스 이야기 속의 퀴즈와 정답을 알려줘

스핑크스의 이야기에서 가장 유명한 퀴즈는 고대 그리스 신화 속 오이디푸스 이야기에 등장합니다. 스핑크스는 테베 성문 앞에 앉아 지나가는 사람들에게 퀴즈를 내며, 정답을 맞히지 못하면 그들을 죽였습니다. 스핑크스가 낸 퀴즈는 다음과 같습니다.

퀴즈:
"아침에는 네 발로 걷고, 낮에는 두 발로 걷고, 저녁에는 세 발로 걷는 것은 무엇인가?"

정답:
정답은 "인간"입니다.

- 아침은 인생의 어린 시절을 상징하며, 갓난아이는 네 발로 기어 다닙니다.
- 낮은 성인 시절을 상징하며, 사람은 두 발로 걷습니다.
- 저녁은 노년을 상징하며, 노인이 되면 지팡이를 짚고 세 발로 걷는 것처럼 보입니다.

오이디푸스가 이 퀴즈의 정답을 맞혔고, 스핑크스는 이에 절망하여 스스로 절벽에서 뛰어내려 죽었다는 이야기가 이어집니다.

❸ 챗GPT는 역할극을 좋아한다. 챗GPT에 역할을 부여하는 프롬프트를 사용하면 챗GPT의 대화 능력이 특정 상황과 배경에 맞게 조정되어 더 구체적인 답변이 가능하다. 여기에서는 스핑크스라는 역할을 부여하고, 스핑크스 이야기 속 퀴즈와 비슷한 난센스 퀴즈와 정답을 요청해 보았다.

너는 사람들에게 알쏭달쏭한 퀴즈를 내는 스핑크스야 스핑크스 이야기에 나오는 퀴즈와 비슷한 넌센스 퀴즈와 정답을 5가지 알려줘

스핑크스로서 알쏭달쏭한 넌센스 퀴즈를 내보겠습니다! 스핑크스 이야기에 나오는 퀴즈와 비슷한 느낌을 주는 넌센스 퀴즈 5가지를 소개할게요.

1. **퀴즈:**
   나는 땅 위에서 더 작아지고, 하늘 위로 올라가면 더 커진다. 나는 무엇일까?

   정답: 연 (하늘로 올라갈수록 멀어져서 커 보이지만 실제로는 작다)
2. **퀴즈:**
   네 발로 걸어 다니지만 말을 하지 못하고, 날아갈 수는 있지만 하늘을 나는 법을 모른다. 나는 무엇일까?

   정답: 의자 (네 다리가 있지만 움직이지 못하고, "날개" 의자처럼 이름만 날 수 있다)
3. **퀴즈:**
   나를 물 위에 놓으면 뜨지만, 물 아래로 넣으면 사라진다. 나는 무엇일까?

   정답: 얼음 (물 위에서는 떠 있지만 물속에서는 녹아서 사라진다)

❹ 코스페이시스 에듀에서는 객관식 문제만 출제할 수 있으므로 원하는 보기의 개수와 함께 객관식 형태의 퀴즈를 요청한다. 그러면 매력적인 보기를 생각해야 하는 번거로움을 줄일 수 있다.

4개의 보기가 있는 객관식 문제로 제출해줘

스핑크스가 내는 알쏭달쏭한 넌센스 퀴즈를 객관식 문제로 바꾸어 드릴게요. 각 퀴즈마다 4개의 보기를 포함했습니다.

1. **퀴즈:**
   나는 땅 위에서 더 작아지고, 하늘 위로 올라가면 더 커진다. 나는 무엇일까요?

   A) 해
   B) 연
   C) 구름
   D) 나무

   정답: B) 연

2. **퀴즈:**
   네 발로 걸어 다니지만 말을 하지 못하고, 날아갈 수 있지만 하늘을 나는 법을 모른다. 나는 무엇일까요?

   A) 새
   B) 의자
   C) 고양이
   D) 연필

   정답: B) 의자

⑦ 챗GPT를 사용해 만든 스핑크스의 퀴즈를 직접 퀴즈창에 입력해 보자. 첫 번째 퀴즈는 실제 스핑크스의 퀴즈를, 두 번째 퀴즈에서는 챗GPT가 만들어 낸 퀴즈 중의 하나를 선택하여 출제해 보았다. 첫 번째 퀴즈에서 정답 [2]가 의미하는 것은 두 번째 보기인 '사람'이 정답이라는 뜻이다. 마찬가지로 두 번째 퀴즈에서는 3번째 보기인 '그림자'가 정답이 된다.

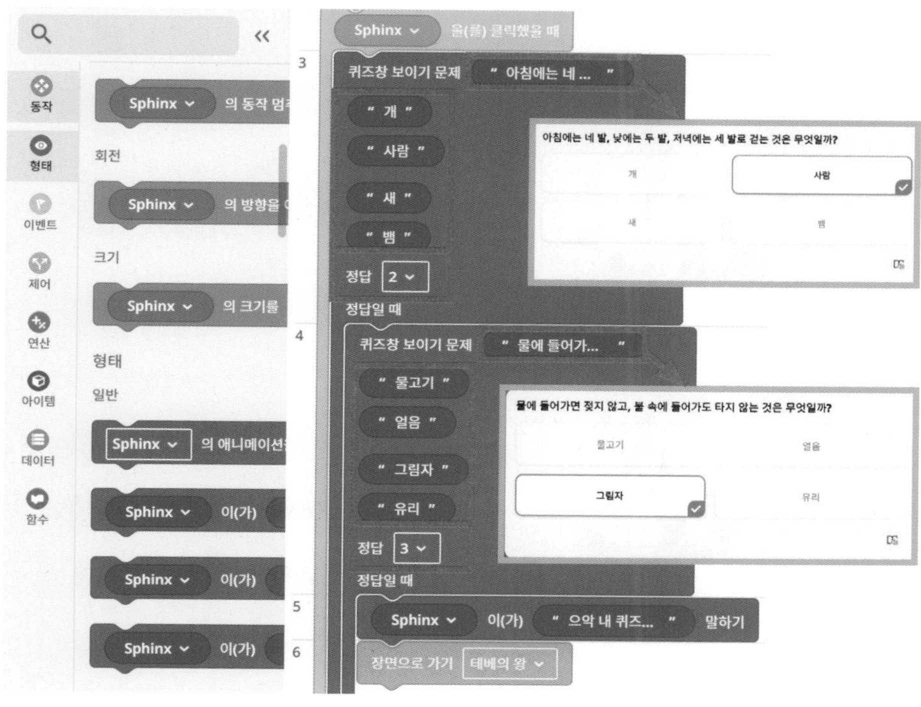

⑧ 스핑크스의 퀴즈를 모두 풀고 다음 장면으로 넘어간 상황을 코딩해 볼 것이다. 오이디푸스가 왕비를 만났을 때 왕관을 보이게 할 것이므로 플레이를 클릭했을 때 처음에는 왕관의 불투명도를 0으로 정한다.

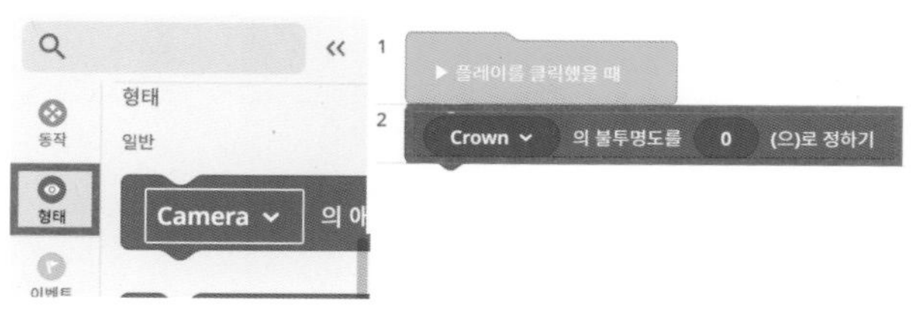

⑨ 다음으로는 오이디푸스에게 파라오의 관 3개를 찾아야 하는 미션을 알려 주는 정보창을 만들 것이다. 정보창 보이기 블록을 클릭하여 이야기에 어울리는 말투로 오이디푸스의 미션을 자유롭게 적어 보자.

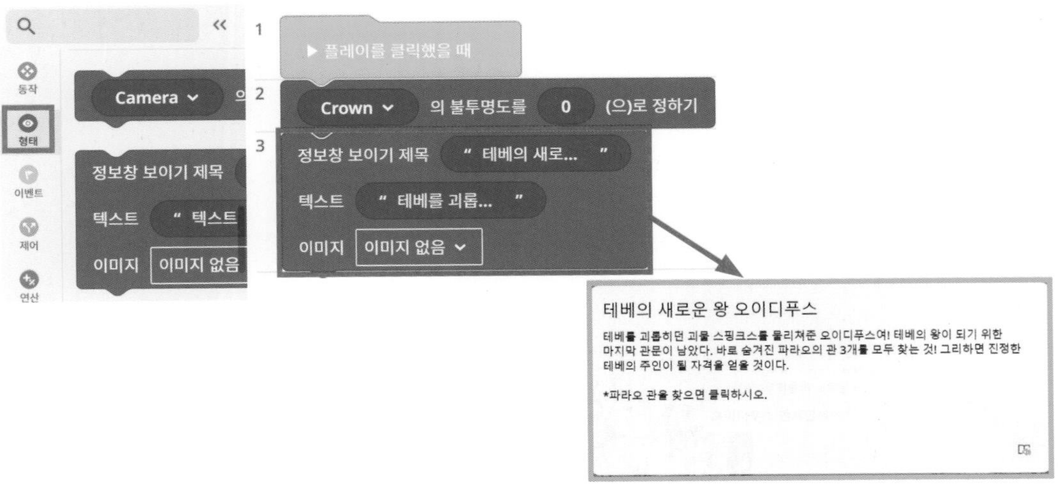

⑩ 파라오관을 찾을 때마다 찾은 개수를 알려 주기 위해 변수를 만들어 보자. 데이터 카테고리에서 변수 정하기 블록을 추가한다. 여기서 변수는 '찾은 파라오관 개수'로 수정할 것이다. 찾은 파라오관 개수의 초깃값은 0이므로 큰따옴표 사이에 0을 적는다.

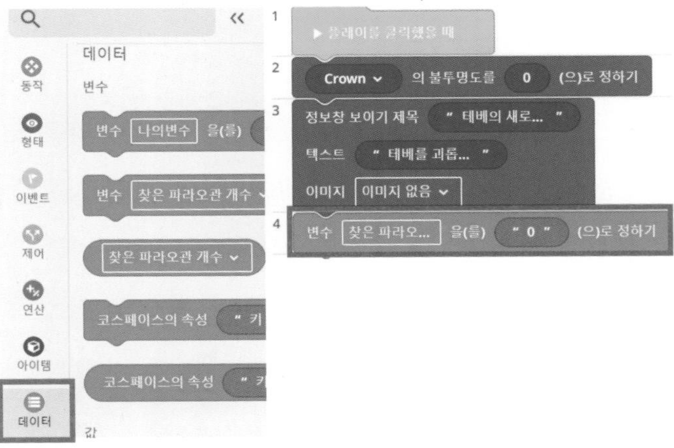

⑪ 이제 파라오의 관을 찾아 클릭했을 때 찾은 파라오관의 개수를 알려 주는 정보창을 만들어 볼 것이다. 오이디푸스가 파라오1 오브젝트를 찾아 클릭한 경우에 변수가 1만큼 커지고 정보창이 나오도록 블록을 추가해 보자.

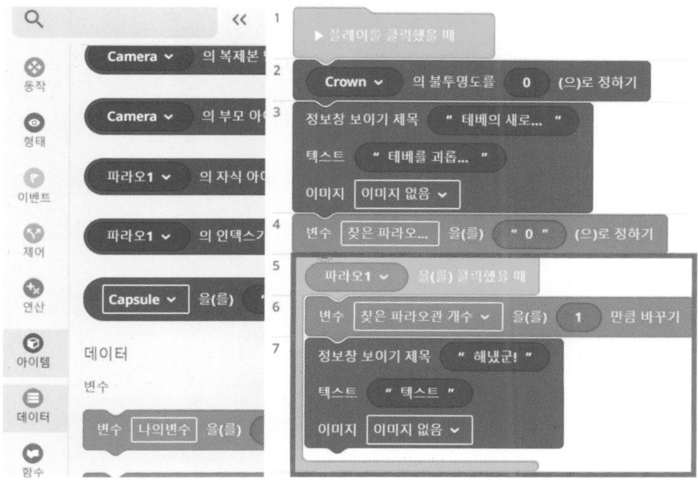

⑫ 다음으로는 정보창 안에 들어갈 내용을 채워 줄 것이다. 파라오관을 찾을 개수를 알려 주는 정보창이기 때문에 '찾은 파라오관 개수' 변수를 텍스트 부분에 넣어 줄 것이다. 파라오1을 클릭한 경우 찾은 파라오관 개수인 1이 정보창에 뜨게 된다.

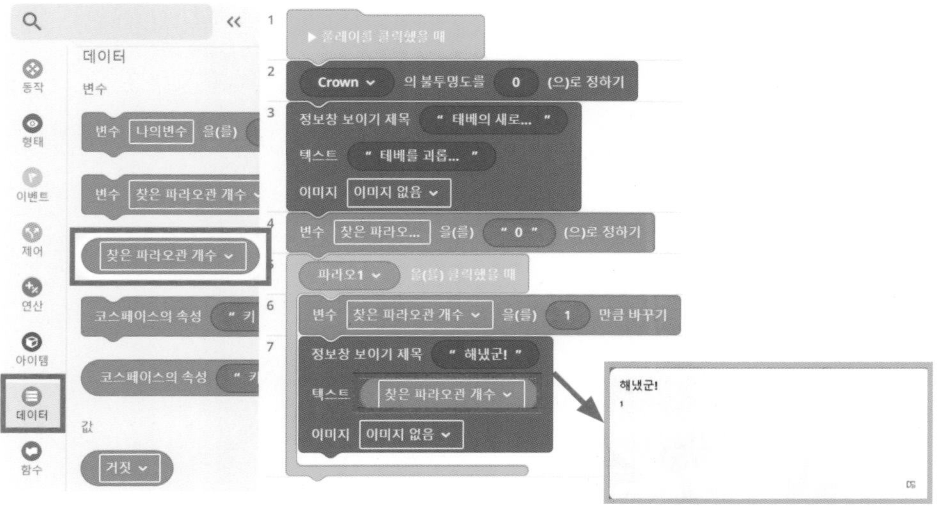

⑬ 정보창에 숫자만 뜨는 것은 어색하므로 앞뒤에 문자열을 추가해서 자연스러운 문장으로 나타낼 것이다. 데이터 카테고리에서 문자열 합치기 블록을 가져온다. '찾은 파라오관 개수' 변수 앞뒤가 자연스럽게 이어지도록 문장을 추가해 보자. 문자열 합치기 블록의 톱니바퀴 버튼을 누르면 문자열을 추가할 수 있다. 예시 프로젝트에서는 "파라오의 관을 찾다니 대단하군! 현재까지 찾은 파라오의 관은 "과 "개야"를 변수 앞뒤에 추가했다. 문자열이 합쳐졌을 때 자연스러운 띄어쓰기가 되기 위해서 첫 번째 문장 "현재까지 찾은 파라오의 관은"의 가장 뒤인 "관은" 뒤에는 한 번 띄어 썼다.

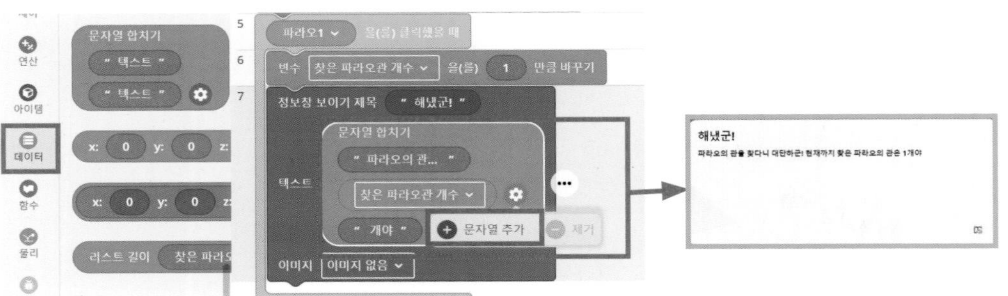

⑭ 한 번 찾은 파라오는 다시 클릭할 수 없도록 아이템 카테고리에서 삭제하기 블록을 가져와 파라오1 블록을 삭제한다.

⑮ 만약 찾은 파라오관의 개수가 3개가 되었다면 오이디푸스가 다음으로 해야 할 일을 안내하는 정보창을 띄울 것이다. 변수인 '찾은 파라오관 개수'가 3인 경우에 정보창이 떠야 하므로 제어 카테고리에서 만약 ~라면 블록을 가져와 아래와 같이 빈칸을 채워 보았다.

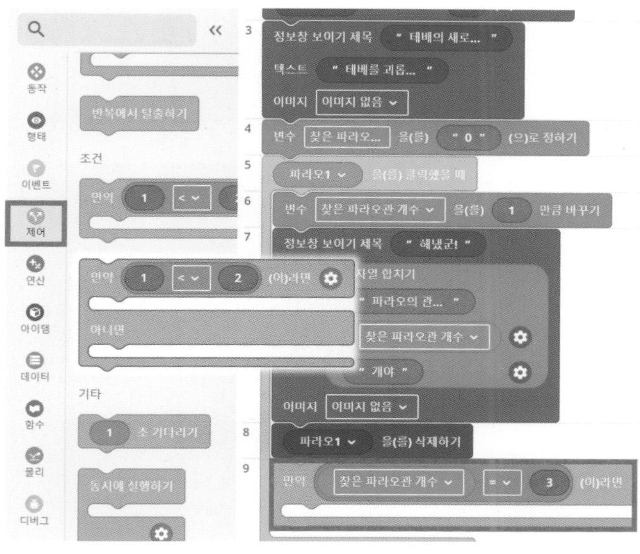

⑯ 파라오의 관을 모두 찾으면 정보창이 뜨도록 블록을 추가한다. 오이디푸스의 미션 성공을 축하하는 내용과 함께 테베의 왕비에게 가서 선물을 받으라는 내용을 자유롭게 적어 보자.

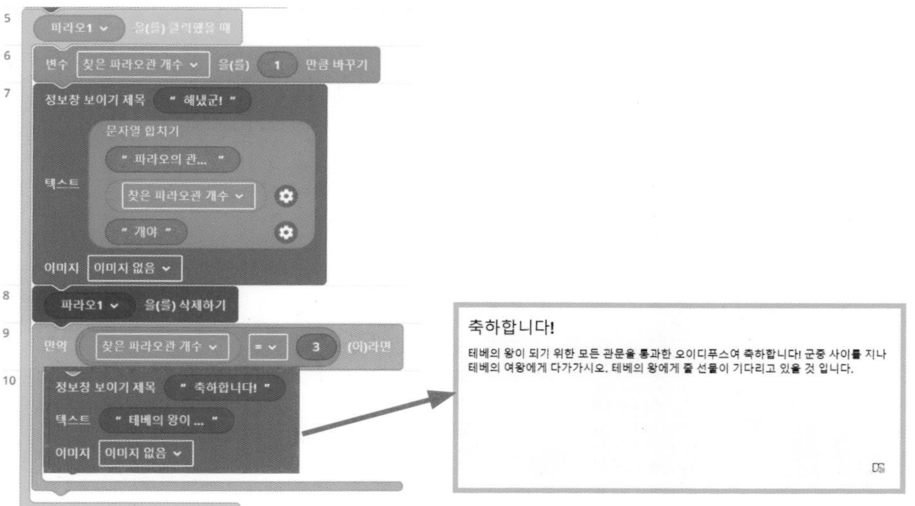

⑰ 같은 방법으로 파라오2와 파라오3을 클릭했을 때도 정보창이 나타나며 변수가 수정되도록 코드를 복제해 보자. 파라오1을 클릭했을 때 블록 위에 마우스를 올리고 우클릭하여 [복제하기] 버튼을 누른다.

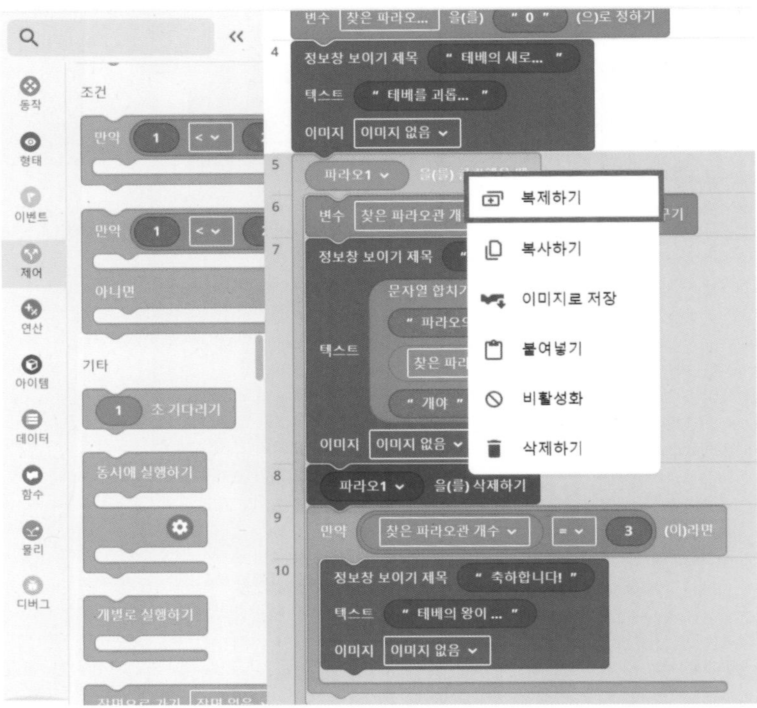

⑱ 복제된 블록에서 파라오1 부분을 파라오2와 파라오3으로 변경한다.

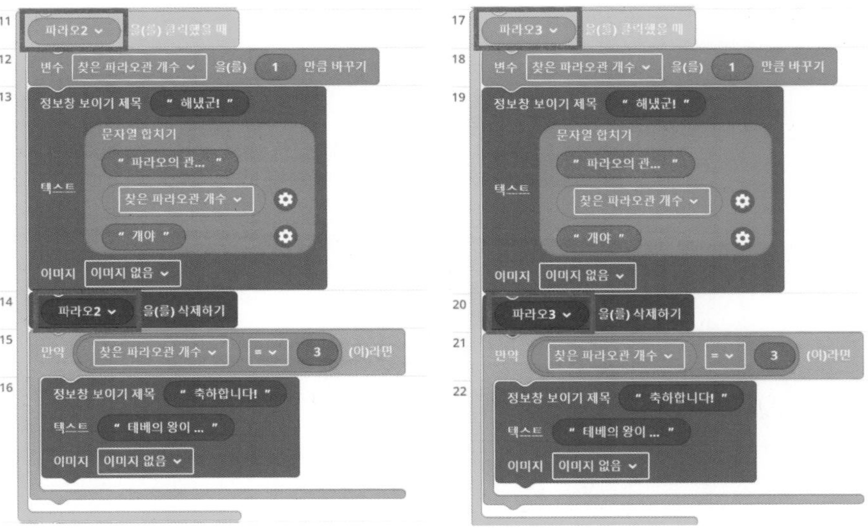

⑲ 다음으로는 오이디푸스의 시점인 카메라가 왕비에게 충돌하면 왕비가 말하고, 떨어지면 왕관이 나타나도록 만들어 보자. 카메라와 왕비가 충돌해야 하므로 카메라 오브젝트의 [충돌]과 왕비 오브젝트의 [물리]를 활성화한다.

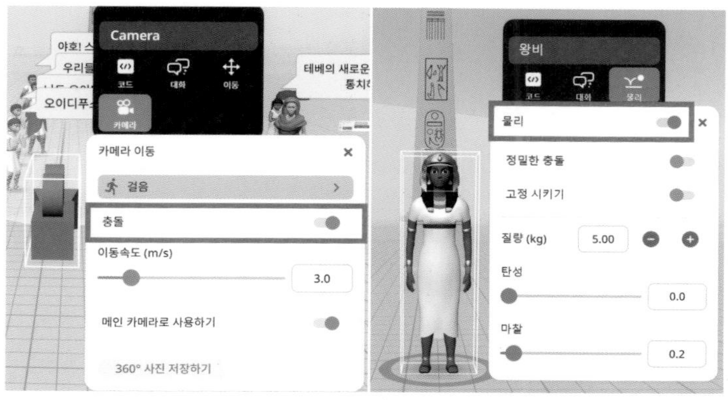

⑳ 카메라가 왕비에게 충돌하면 2초 동안 오이디푸스를 왕으로 맞이하는 말을 하도록 자유롭게 적어 본다. 충돌 블록은 3-1부와 3-2부의 설명을 참고한다. 본 프로젝트에서는 "위대한 오이디푸스 이 왕관을 쓰고 테베의 왕이 되어 주세요!"라고 말한다. 왕비에게서 떨어진 경우는 왕관의 불투명도를 100으로 정하여서 숨겨져 있던 왕관 오브젝트가 보이도록 한다.

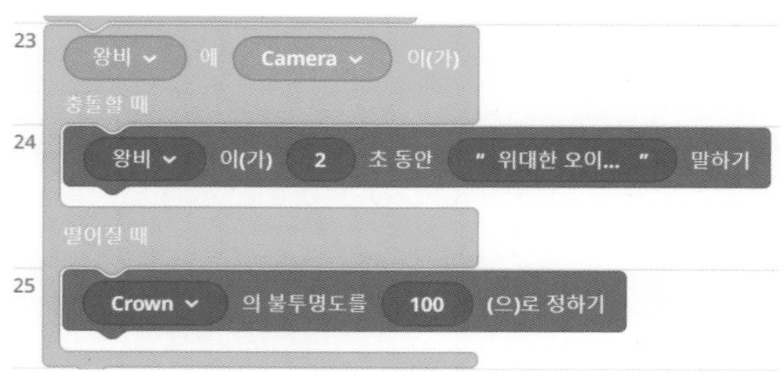

㉑ 왕비가 무릎을 꿇으며 이야기하는 것으로 애니메이션을 추가해 보는 것도 더 생동감 있는 장면을 만드는 데 기여할 것이다.

4. 최종 코드

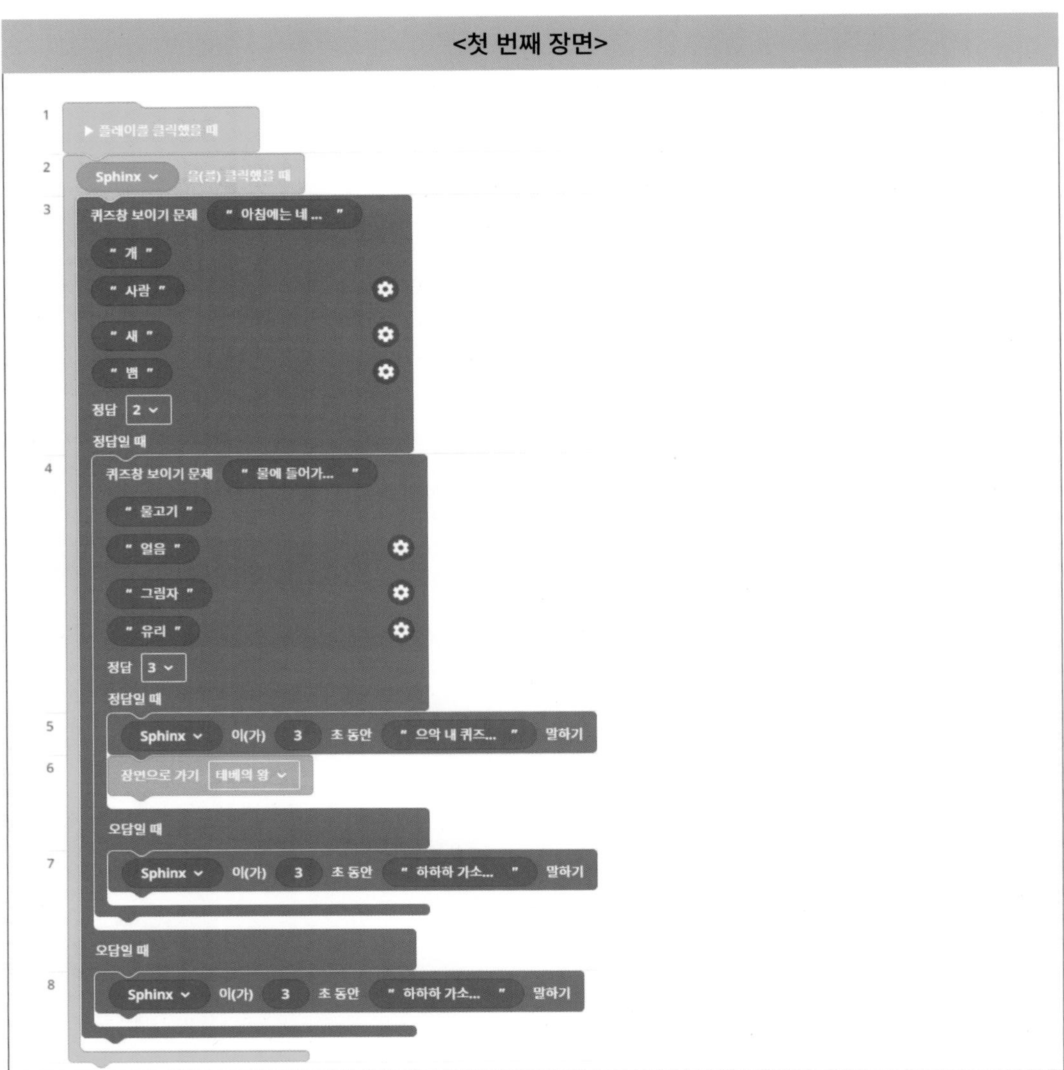
<첫 번째 장면>
▶ 플레이를 클릭했을 때
Sphinx 을(를) 클릭했을 때
퀴즈창 보이기 문제 " 아침에는 네 ... "
" 개 "
" 사람 "
" 새 "
" 뱀 "
정답 2
정답일 때
퀴즈창 보이기 문제 " 물에 들어가... "
" 물고기 "
" 얼음 "
" 그림자 "
" 유리 "
정답 3
정답일 때
Sphinx 이(가) 3 초 동안 " 으악 내 퀴즈... " 말하기
장면으로 가기 테베의 왕
오답일 때
Sphinx 이(가) 3 초 동안 " 하하하 가소... " 말하기
오답일 때
Sphinx 이(가) 3 초 동안 " 하하하 가소... " 말하기

<두 번째 장면>

```
▶ 플레이를 클릭했을 때
Crown ⌄ 의 불투명도를 0 (으)로 정하기
변수 찾은 파라오... 을(를) " 0 " (으)로 정하기
정보창 보이기 제목 " 테베의 새로... "
    텍스트 " 테베를 괴롭... "
    이미지 이미지 없음 ⌄
파라오1 ⌄ 을(를) 클릭했을 때
    변수 찾은 파라오관 개수 ⌄ 을(를) 1 만큼 바꾸기
    정보창 보이기 제목 " 해냈군! "
        텍스트 문자열 합치기
            " 파라오의 관... "
            찾은 파라오관 개수 ⌄
            " 개야 "
        이미지 이미지 없음 ⌄
    파라오1 ⌄ 을(를) 삭제하기
    만약 찾은 파라오관 개수 ⌄ = ⌄ 3 (이)라면
        정보창 보이기 제목 " 축하합니다! "
            텍스트 " 테베의 왕이 ... "
            이미지 이미지 없음 ⌄
파라오2 ⌄ 을(를) 클릭했을 때
    변수 찾은 파라오관 개수 ⌄ 을(를) 1 만큼 바꾸기
    정보창 보이기 제목 " 해냈군! "
        텍스트 문자열 합치기
            " 파라오의 ... "
            찾은 파라오관 개수 ⌄
            " 개야 "
        이미지 이미지 없음 ⌄
    파라오2 ⌄ 을(를) 삭제하기
```

만약 찾은 파라오관 개수 = 3 (이)라면
정보창 보이기 제목 " 축하합니다! "
텍스트 " 테베의 왕이 ... "
이미지 이미지 없음
파라오3 을(를) 클릭했을 때
변수 찾은 파라오관 개수 을(를) 1 만큼 바꾸기
정보창 보이기 제목 " 해냈군! "
문자열 합치기
" 파라오의 관... "
텍스트
찾은 파라오관 개수
" 개야 "
이미지 이미지 없음
파라오3 을(를) 삭제하기
만약 찾은 파라오관 개수 = 3 (이)라면
정보창 보이기 제목 " 축하합니다! "
텍스트 " 테베의 왕이 ... "
이미지 이미지 없음
왕비 에 Camera 이(가)
충돌할 때
왕비 이(가) 2 초 동안 " 위대한 오이... " 말하기
떨어질 때
Crown 의 불투명도를 100 (으)로 정하기
왕비 의 애니메이션을 Kneel and talk (으)로 정하기

VR 이야기 톡톡

정답 262쪽

Q. 만약 찾은 파라오관의 개수가 5개인 경우에 정보창이 뜨게 하려면 아래 빈칸에 무엇을 써야 할까요?

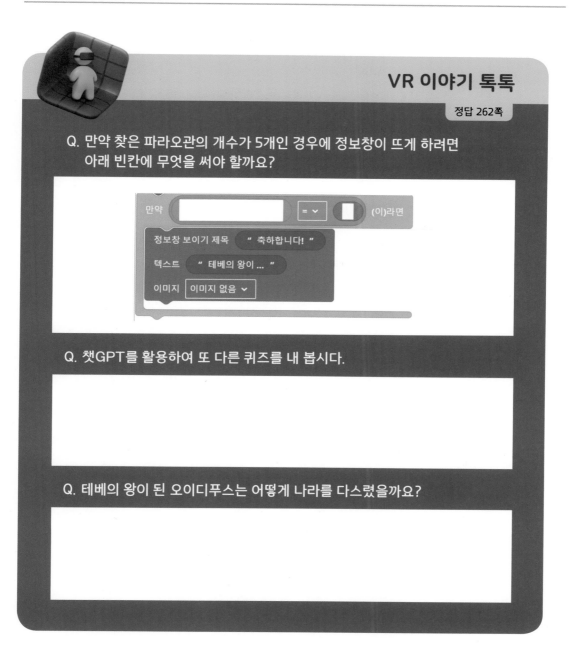

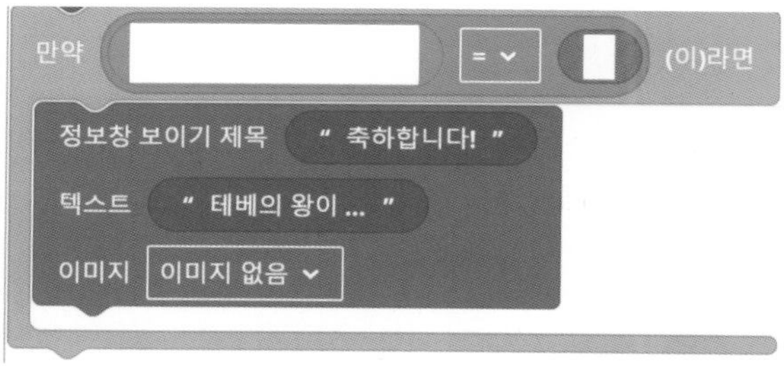

만약 [ ] = [ ] (이)라면
정보창 보이기 제목 " 축하합니다! "
텍스트 " 테베의 왕이 ... "
이미지 이미지 없음

Q. 챗GPT를 활용하여 또 다른 퀴즈를 내 봅시다.

Q. 테베의 왕이 된 오이디푸스는 어떻게 나라를 다스렸을까요?

3-4
마법 학교의 그림 문지기

1. 이야기 속으로

마법 학교는 각각 빨강, 노랑, 초록, 파랑을 상징으로 하는 4개의 기숙사가 있으며 해리는 빨강의 그리핀도르에 속해 있다. 벽에는 많은 그림이 전시되어 있는데, 그림 속 사람들은 서로 대화를 나누기도 하고 학생들에게 말을 건넨다. 유령들은 불쑥 놀라게 하거나 투덕거리며 싸우지만, 학생들은 익숙한지 무덤덤한 표정으로 귀를 막을 뿐이다. 해리는 마법 수업을 힘들게 마치고 기숙사에서 쉬려고 하는데 한 여인이 입구를 가로막았다. 여인의 정체는 커다란 초상화로, 입가엔 상냥한 미소를 띠고 있지만, 그녀의 질문에 답하지 못하면 기숙사에 들어갈 수 없다. 해리는 초상화 속 여인을 만족시켜 기숙사로 들어갈 수 있을까?

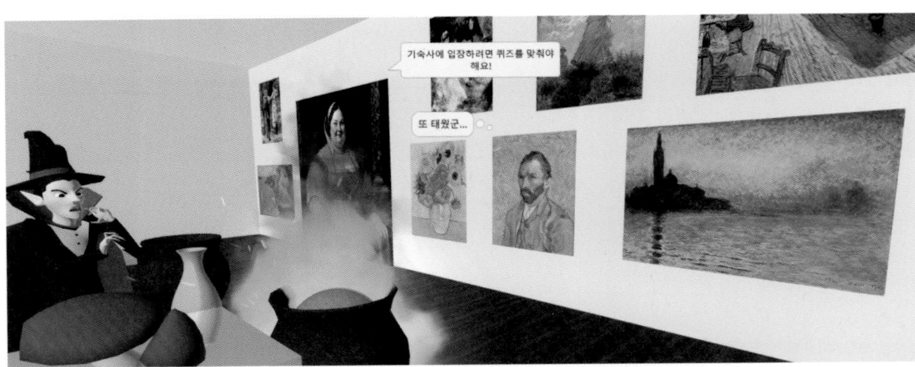

Q. 마법 학교의 교실은 어떤 모습일까요?

학습 목표

- ★ 마법의 물건이 가득한 교실과 기숙사를 꾸며 봐요.
- ★ 내가 만든 그림을 통과하여 장면을 순간이동 해요.

2. 가상현실 디자인하기

① 수업을 받을 수 있는 학교의 공간을 꾸미려고 한다. 학교는 실내이기 때문에 사방의 벽이 있는 [Large gallery]를 선택하여 불러오겠다.

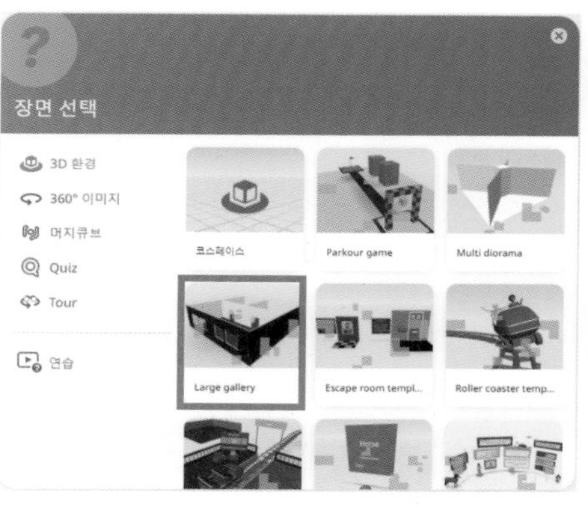

② 벽이 있는 장면이 추가되었다. 벽을 눌러 보면 크기와 위치 조정이 가능하며 마우스 오른쪽 버튼을 클릭하여 삭제할 수도 있다. 벽을 조정하며 교실을 만들어 보자. 중간의 벽을 다 삭제하여 하나의 큰 공간으로 만들었으나 여분의 방을 남겨 두어도 좋다. 원하는 대로 공간을 구성하였다면 남은 벽은 움직이지 않도록 전부 [잠금]을 설정한다.

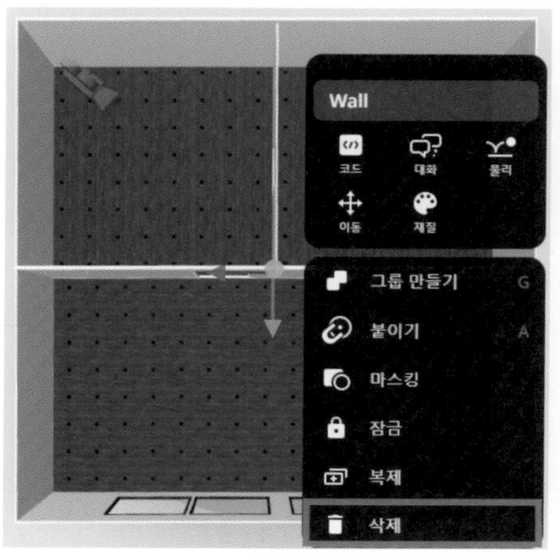

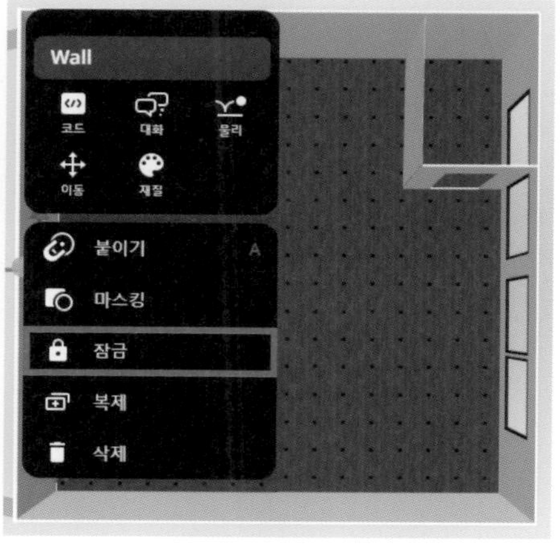

③ 마법 학교의 교실은 어떤 모습일까? 내가 상상하는 마법 학교의 교실 속 수업 장면을 꾸며 보자. 이번 프로젝트에서는 요리 재료(Toadstools, Vase), 요리 도구(Kitchen counter with sink, Kitchen counter, Cauldron) 등의 오브젝트를 배치하며 마법 약 수업 상황을 상상해 보았다. 마법을 부리는 것처럼 특수 효과(Sparkler, Smoke, Fire)를 추가하면 더욱 재미있는 장면이 연출될 것이다. 칠판(Blackboard)에 텍스트(Text)를 추가하여 만들고 싶은 마법 약 레시피도 자유롭게 적어 보았다.

④ 호그와트 마법 학교의 교복은 검은색이며 빨강, 초록, 파랑, 노랑의 액세서리를 착용하여 기숙사를 구분한다. 교복을 입고 있는 학생을 표현하기 위해 [라이브러리]-[캐릭터]의 마녀(Witch)와 뱀파이어(Vampire)를 활용할 수 있다. 하지만 다양한 모습을 표현하기 위해 겉옷을 입고 있는 캐릭터(Suit man, Suit woman, Doctor man)를 추가하여 [붙이기]로 마녀 모자(Witch hat)를 씌워 주었다. [재질]에서 색을 바꾸며 각각 다른 기숙사 소속의 학생을 나타내 보자.

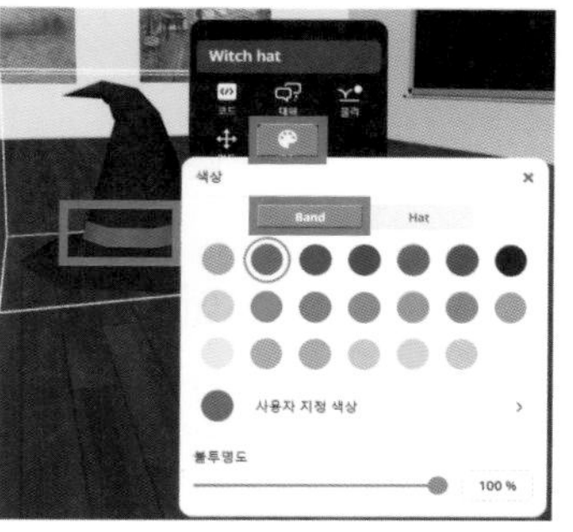

⑤ 교실에서 기숙사로 통하는 문을 만들어야 한다. 그런데 기숙사로 통하는 문은 여인이 그려진 초상화가 가로막고 있다. 생성형 AI를 이용해서 문을 지키고 있는 여인의 초상화를 만들어 보자.

생성형 AI 활용

Canva

캔바(Canva)는 다양한 템플릿과 도구를 제공하여 전문적인 디자인 기술이 없는 사람들도 쉽고 빠른 디자인 작업을 할 수 있도록 돕는 플랫폼이다. 학교에서 발급받은 이메일로 교육용 계정에 가입하면 다양한 프리미엄 기능을 무료로 이용 가능하다.

그중 AI 이미지 생성기는 원하는 내용을 텍스트로 입력했을 때 AI가 이미지를 생성해 주는 기능으로, 문장이 아닌 5개의 단어만으로 설명해도 되는 점이 간편하다. 1개의 이미지를 생성할 때마다 1크레딧이 소모되며, 교육용 계정은 500크레딧, 일반 사용자는 50크레딧이 지급된다. 캔바에서 제작한 디자인은 저작권으로부터 자유로우나 13세 이상부터 이미지 생성이 가능하며, 자극적인 콘텐츠 생성은 제한될 수 있다.

❶ + 디자인 만들기 를 누르면 나오는 팝업창에서 [소셜 미디어]를 선택하거나, 홈 화면에 보이는 [소셜 미디어]를 클릭한다. 이후 나오는 팝업창에서 [애니메이션 소셜 미디어(1080×1080px)]을 선택한다. 이 과정은 캔버스의 크기를 정하는 것이므로 다른 캔버스를 선택해도 무방하다.

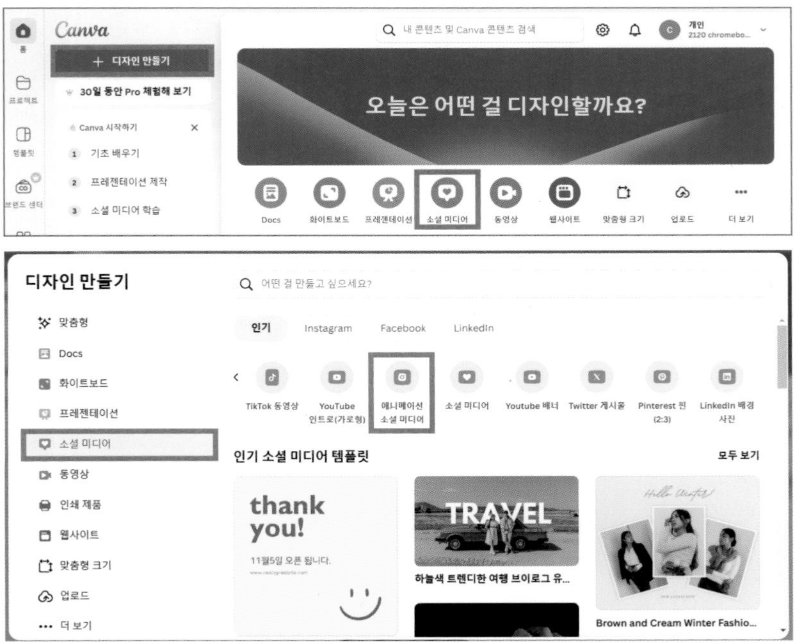

❷ ⓐ[요소]를 누르고 ⓑ스크롤을 내리면 ⓒ[AI 이미지 생성기] 항목이 보일 것이다. [+ 나만의 이미지 생성]을 눌러 보자.

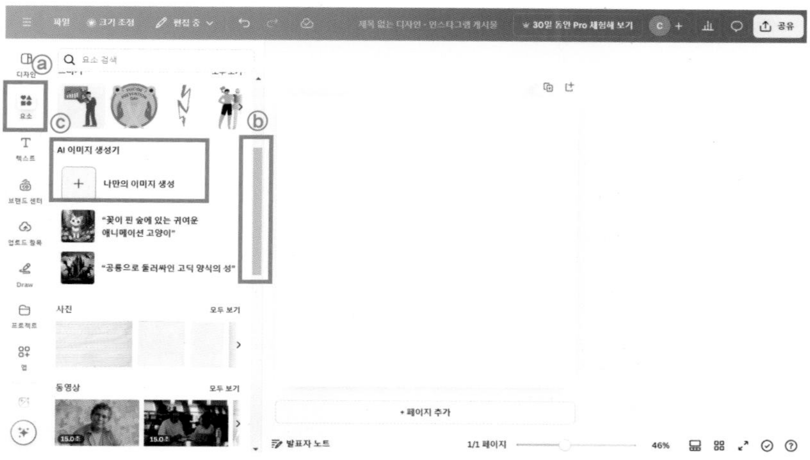

❸ ⓐ만들고 싶은 이미지를 설명하고 ⓑ이미지가 그려질 스타일을 고를 수 있다. ⓒ레이아웃도 선택 가능하다. 설정이 끝났다면 ⓓ 이미지 생성하기 버튼을 눌러 이미지를 생성해 보자. 잠시 기다리면 4개의 이미지가 생성되는데 그림을 클릭하면 캔버스에 나타난다. 마음에 드는 이미지가 없다면 ⓔ ••• - 비슷한 이미지 더 생성하기 또는 ⓕ 다시 생성하기 버튼을 클릭해 보자. 단, 한 번 지나간 이미지는 다시 만들기 어려우니 조금이라도 마음에 들었다면 일단 클릭해 둘 것을 권한다.

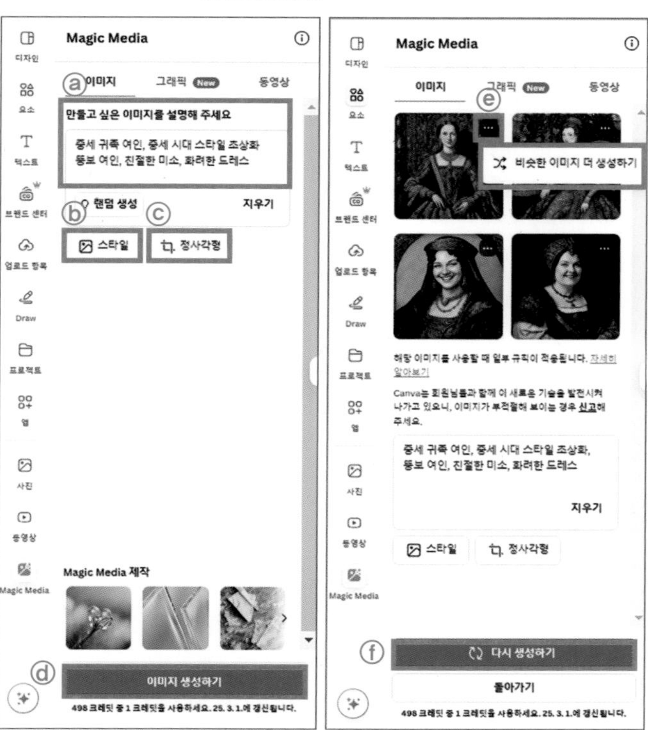

❹ 클릭한 그림은 캔버스에 생성된다. 그림에 커서를 두고 마우스 오른쪽 버튼을 클릭하여 [이미지를 배경으로 설정]을 선택해 보자. 그림을 캔버스 크기에 맞게 키울 수 있다.

❺ 캔버스는 오른쪽 상단의 [공유] - [다운로드]를 눌러 내려받을 수 있다. 파일 형식이 PNG 또는 JPG임을 확인하고 다운로드 버튼을 누른다.

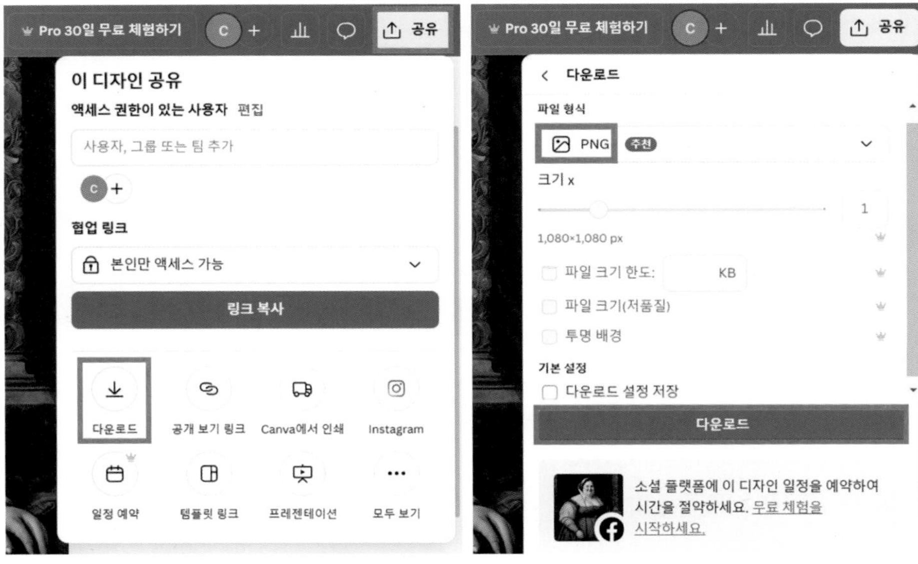

⑥ 기숙사로 통하는 통로가 될 원(Circle) 오브젝트를 벽에 배치한다. [재질]을 눌러 블랙홀처럼 빨려 들어갈 것 같은 검은색으로 변경하였다.

⑦ 통로를 가릴 여인의 초상화를 추가해 보겠다. ⓐ[업로드]-ⓑ[이미지]-ⓒ[업로드]를 누르면 팝업창이 뜰 것이다. 캔바에서 생성한 이미지를 선택하고 [열기]를 누르면 이미지 항목에 여인 그림이 추가된다.

⑧ 여인의 초상화 오브젝트를 장면에 추가했다면 크기와 위치를 조정하여 통로를 가려 보자.

⑨ 마법 학교의 벽면에는 오래된 그림이 가득 걸려 있으며 그림이 살아 움직인다고 한다. 본 프로젝트의 공간을 구성할 때 선택한 [Large Gallery] 템플릿은 다른 템플릿과 달리 명화들이 이미지 파일로 제공된다. [업로드]-[이미지]에 제공된 그림들로 벽면을 가득 채워 보자. [대화] 기능으로 그림이 말하는 것처럼 꾸밀 수도 있다.

⑩ 이제 기숙사 장면을 추가할 것이다. ⓐ장면 목록 - ⓑ (+ 새 장면)을 클릭하면 나타나는 [장면 선택] 팝업창에서 [코스페이스] 템플릿을 선택하였다. ⓒ장면의 이름을 각각 교실과 기숙사로 수정해 보자.

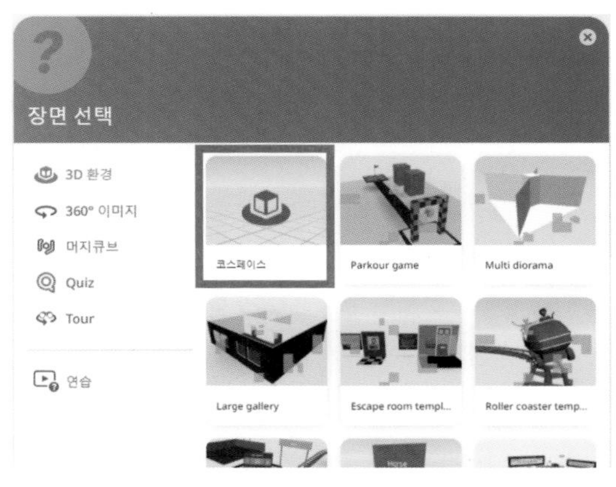

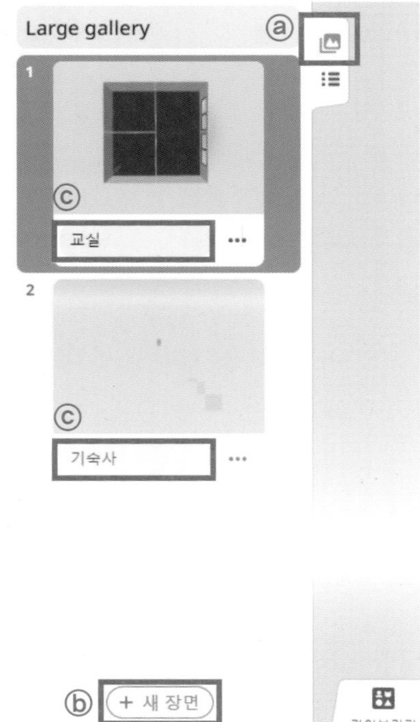

⑪ 두 번째 장면은 기숙사를 표현하기 위해 이미 꾸며져 있는 방을 배경으로 선택한다.

⑫ 마법 학교의 기숙사는 어떤 모습일까? 학생들은 반려동물과 함께 생활하는데 하늘을 날아 물건을 배달할 수 있는 올빼미가 가장 인기라고 한다. 옷장(Closet)과 침대(Double bed)로 쉴 수 있는 개인 공간을 꾸며 준 후 침대 옆에 올빼미(Owl)가 앉아서 쉴 수 있는 횃대를 표지판(Signpost left)으로 마련해 주었다. 표지판의 텍스트 기능을 활용하여 반려동물의 이름도 표현해 보자.

⑬ 마법 학교에서는 유령도 함께 생활하고 있다. [캐릭터]에서 원하는 오브젝트를 추가한 후 [재질]에서 불투명도를 조절해 보자. 오른쪽 그림에서는 유령들이 싸워도 무심하게 책을 읽고 있는 학생을 표현해 보았다.

⑭ 학생이 되어 학교를 둘러볼 수 있도록 두 장면 모두 [카메라]에서 [걸음] 모드로 설정한다. [플레이]를 눌러 내가 꾸민 마법 학교를 둘러보자.

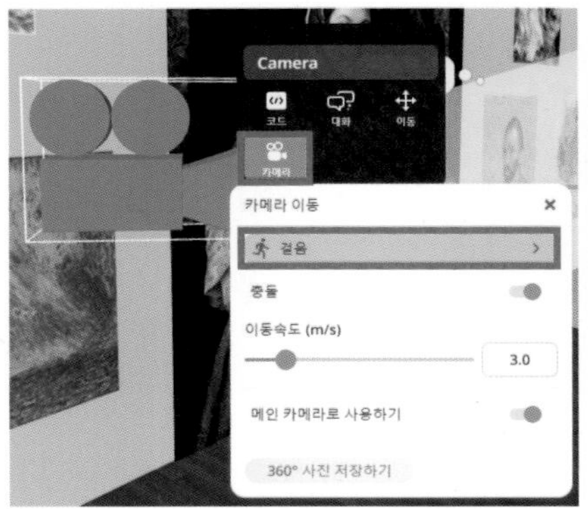

3. 가상현실 코딩하기

① 첫 번째 장면인 교실에서 두 번째 장면인 기숙사로 들어갈 수 있도록 코딩해 보겠다. 기숙사에 입장하기 위해서는 여인의 질문에 대답해야 하므로 첫 번째 장면의 여인 초상화 오브젝트, 원 오브젝트, 카메라 각각의 기능창에서 [코드]-[코블록스에서 사용]을 활성화해 준다. 원 오브젝트가 그림에 가려져서 선택이 어렵다면 그림을 옆으로 잠시 밀어 둔다.

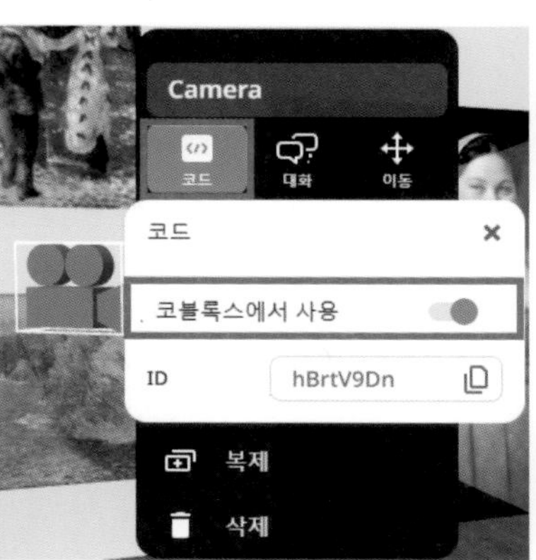

② 플레이를 클릭하면 여인 초상화 오브젝트가 상황을 설명해 주도록 한다. 형태 카테고리에서 말하기 블록을 추가하여 기숙사 입장 방법을 안내해 보자. 예시 프로젝트에서는 "기숙사에 입장하고 싶다면 내가 만족할 대답을 선택해 보세요."라고 말하게 하였다.

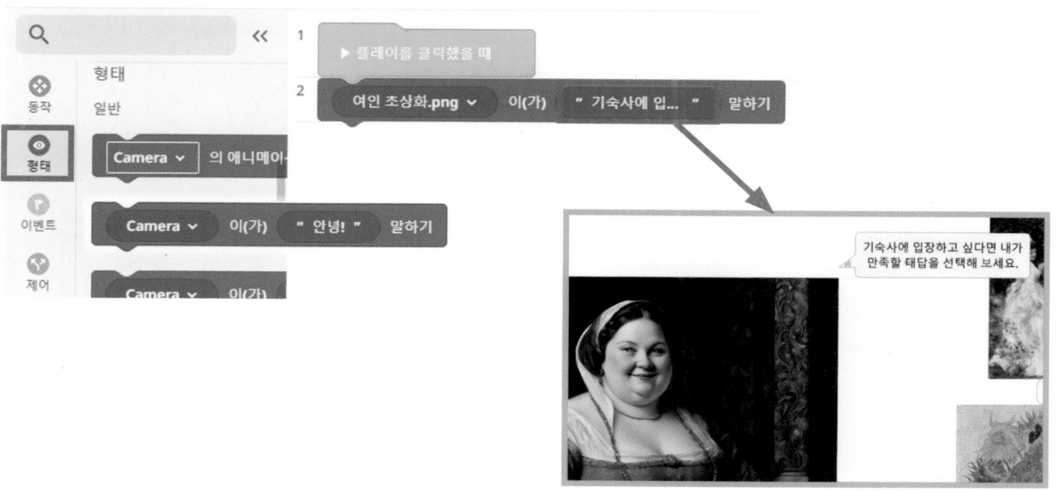

③ 여인의 초상화를 클릭하였을 때 기숙사 입장 퀴즈를 제시하도록 코딩해 보겠다. 이벤트 카테고리에서 오브젝트를 클릭했을 경우를 선택적으로 명령할 수 있는 블록과 형태 카테고리에서 선택창 보이기 블록을 가져온다. 극단적인 선택지 중 하나를 선택해야 하는 게임인 밸런스 퀴즈를 출제해 보자.

④ 문제를 내는 방법은 ⓐ에 문제를, ⓑ에는 선택지를 입력하는 것이다. 보기의 개수를 늘리거나 줄이고 싶다면 ⓒ를 눌러 조절할 수 있다. 예시에서는"어떤 붕어빵을 선호하나요?"라는 문제에 "슈크림 붕어빵, 팥 붕어빵, 피자 붕어빵"의 선택지를 제시하였다.

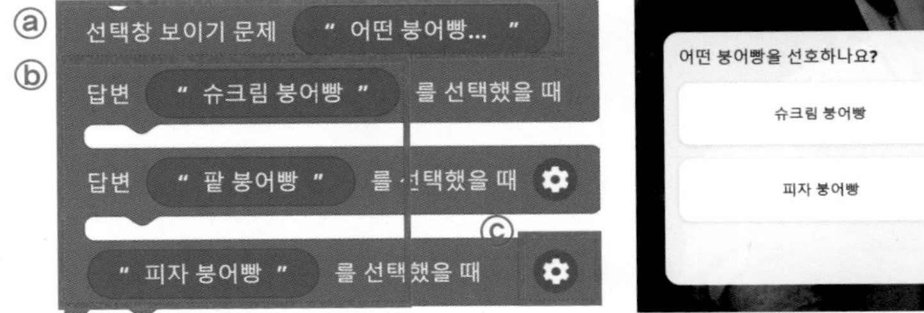

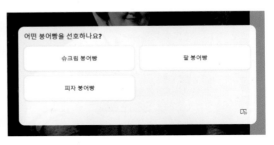

⑤ 사실 붕어빵 맛의 선호도는 사람마다 달라 정답이 정해져 있지 않다. 따라서 어떤 선택을 하든 기숙사로 입장할 수 있도록 제어 카테고리의 장면으로 가기 블록을 추가한다. 선택창 보이기 블록이 퀴즈창 보이기 블록과 다른 점은 정답과는 상관없이 선택지마다 다른 반응을 코딩할 수 있다는 것이다. 선택에 따라 다른 응답을 할 수 있도록 문구를 입력해 보자.

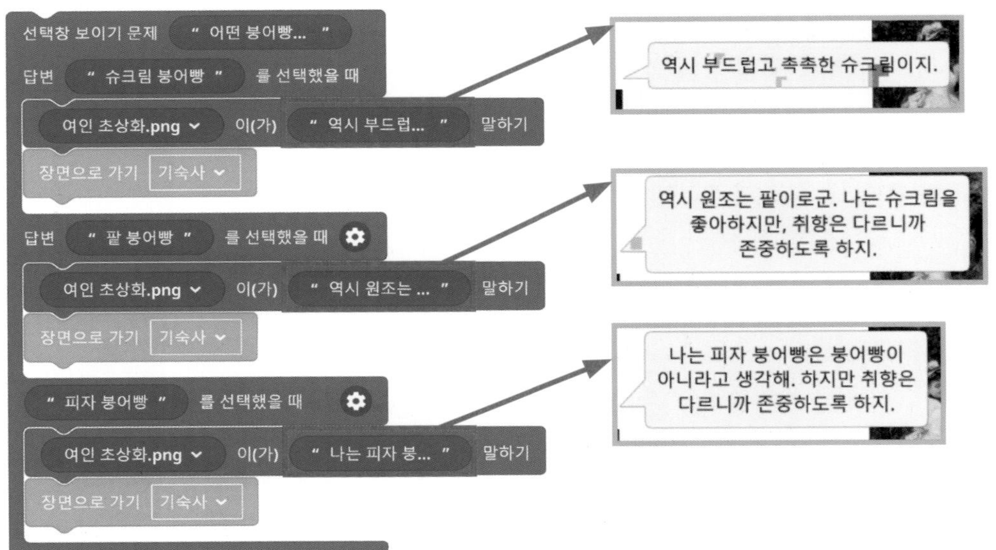

⑥ 하지만 이곳은 신비한 마법 세계가 아닌가? 마법처럼 초상화가 사라지며 입구가 드러나 그 입구로 빨려 들어가는 효과를 추가해 보자. 이 마법 효과는 말하기 블록과 장면으로 가기 블록 사이에 코딩되어야 한다. 초상화가 빙글빙글 회전하며 사라지도록 동작 카테고리의 블록을 사용했다. 3초 동안 회전하는 동시에 크기가 점차 0이 되도록 코딩한 것이다. 카메라의 시점과 나의 시점은 동일하므로 카메라가 4초 동안 입구로 이동하게 하면 내가 빨려 들어가는 것처럼 느껴질 것이다. 세 가지 효과를 한 번에 나타낼 수 있도록 제어 카테고리에 있는 동시에 실행하기 블록으로 묶어 주었다. 나만의 마법을 상상하여 다른 응답을 선택했을 때 새로운 마법 효과를 추가해 보자.

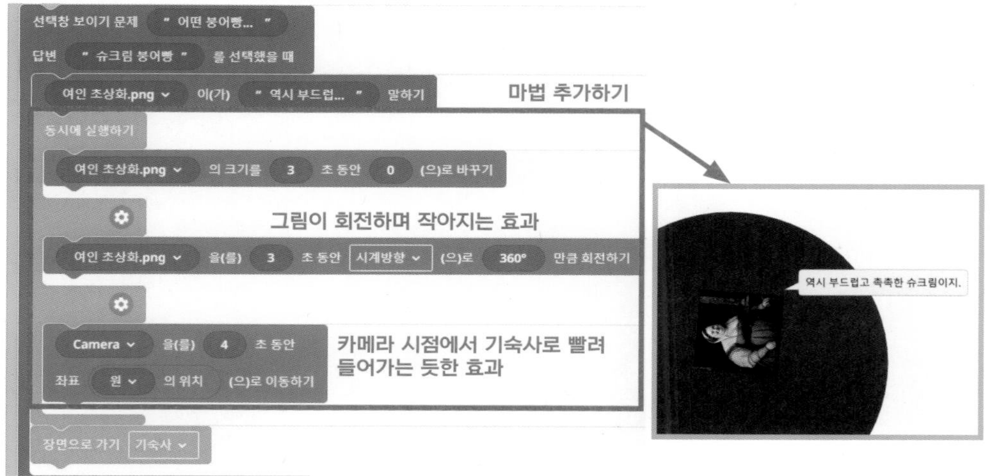

또 다른 효과로는 그림이 자동으로 열리는 것처럼 오른쪽으로 이동하기와 그림이 깜박이는 것처럼 불투명도를 조정해 주었다.

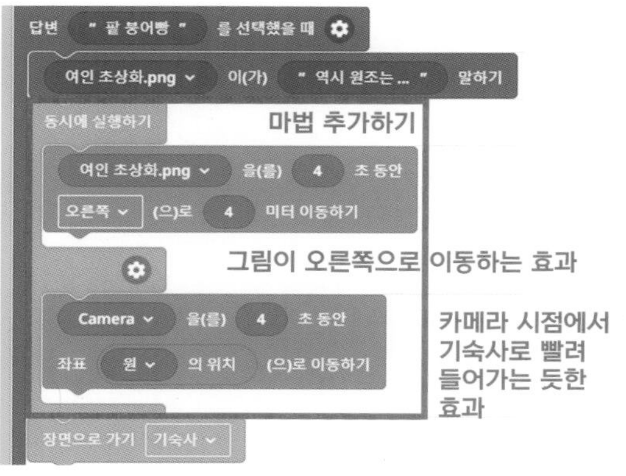

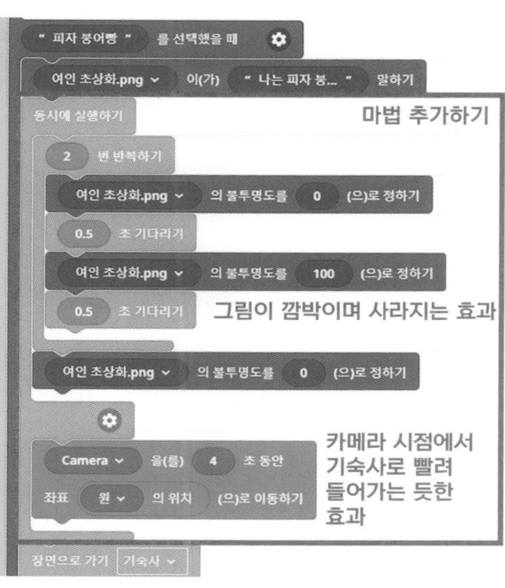

⑦ 입구를 통해 기숙사로 입장하며 장면을 변경할 수 있었다. 이제 기숙사에서 벌어질 일을 상상해 보자. 올빼미가 방 안을 날다가 횃대에 닿으면 다시 잠을 자는 모습을 상상해 보았다. 나의 마법의 방에서는 또 어떤 일이 생길까? 최종 코드의 예시를 참고하여, 상상 속 마법의 방에서 생길 일을 자유롭게 나타내어 보자.

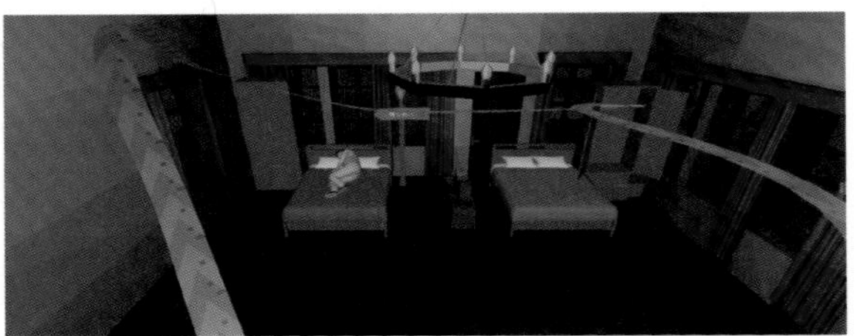

4. 최종 코드

<첫 번째 장면>

```
▶ 플레이를 클릭했을 때
여인 초상화.png 이(가) " 기숙사에 ... " 말하기
여인 초상화.png 을(를) 클릭했을 때
  선택창 보이기 문제 " 어떤 붕어... "
  답변 " 슈크림 붕... " 를 선택했을 때
    여인 초상화.png 이(가) " 역시 부드... " 말하기
    동시에 실행하기
      여인 초상화.png 의 크기를 3 초 동안 0 (으)로 바꾸기
      여인 초상화.png 을(를) 3 초 동안 시계방향 (으)로 360° 만큼 회전하기
      Camera 을(를) 4 초 동안
      좌표 원 의 위치 (으)로 이동하기
    장면으로 가기 기숙사
  답변 " 팥 붕어빵 " 를 선택했을 때
    여인 초상화.png 이(가) " 역시 원조... " 말하기
    동시에 실행하기
      여인 초상화.png 을(를) 4 초 동안
      오른쪽 (으)로 4 미터 이동하기
```

```
Camera 을(를) 4 초 동안
좌표 원 의 위치 (으)로 이동하기
장면으로 가기 기숙사
" 피자 붕어빵 " 를 선택했을 때
여인 초상화.png 이(가) " 나는 피자 ... " 말하기
동시에 실행하기
2 번 반복하기
여인 초상화.png 의 불투명도를 0 (으)로 정하기
0.5 초 기다리기
여인 초상화.png 의 불투명도를 100 (으)로 정하기
0.5 초 기다리기
여인 초상화.png 의 불투명도를 0 (으)로 정하기
Camera 을(를) 4 초 동안
좌표 원 의 위치 (으)로 이동하기
장면으로 가기 기숙사
```

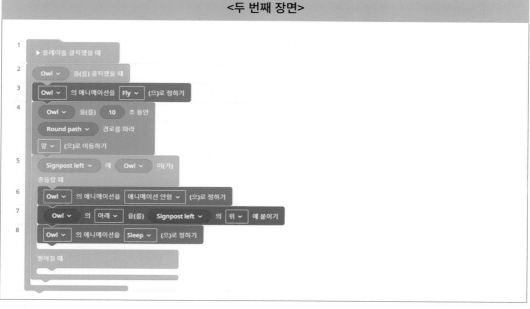

<두 번째 장면>

```
▶ 플레이를 클릭했을 때
Owl 을(를) 클릭했을 때
Owl 의 애니메이션을 Fly (으)로 정하기
Owl 을(를) 10 초 동안
Round path 경로를 따라
앞 (으)로 이동하기
Signpost left 에 Owl 이(가)
충돌할 때
Owl 의 애니메이션을 애니메이션 안함 (으)로 정하기
Owl 의 아래 을(를) Signpost left 의 위 에 붙이기
Owl 의 애니메이션을 Sleep (으)로 정하기
떨어질 때
```

VR 이야기 톡톡

정답 262쪽

Q. 내가 만든 그림을 어떻게 오브젝트로 추가하였나요?

❶ (라이브러리 / 업로드 / 배경) 메뉴에서
(이미지 / 3D모델 / 비디오 / 모든 파일 / 소리) 하위 메뉴를 누른다.
❷ 내가 만든 이미지를 클릭한다.
❸ 내가 만든 그림 오브젝트가 생성된 것을 확인한다.

Q. 마법 학교에 전시하고 싶은 나만의 작품이 있나요?

Q. 기숙사에 들어가도록 하는 또 다른 마법 효과는 무엇이 있을까요?

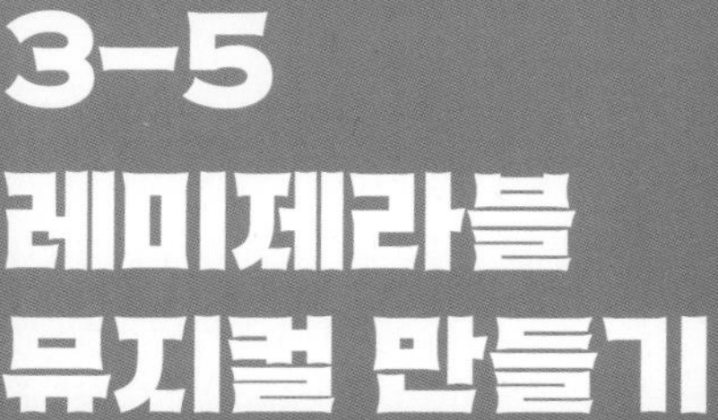

3-5 레미제라블 뮤지컬 만들기

1. 이야기 속으로

장발장은 빵을 훔친 죄로 19년간 옥살이를 하게 된다. 출소 후 마을에서 잠잘 곳을 찾던 장발장은 한 성당의 신부님 집에서 하룻밤을 지낸다. 배고픔과 가난함에 몸부림치던 그는 그만 신부의 은식기와 은촛대에 손을 대고 마는데……은식기를 훔쳐 달아나던 장발장은 결국 경찰에게 붙잡히고 만다. 그때 신부님이 나타나 그가 훔친 물건은 자신이 준 물건이라고 이야기하며 장발장을 두둔해 주었다. 신부님의 자비와 용서로 깨달음을 얻은 장발장은 앞으로 올바른 삶을 살아가기로 결심한다.
그 후 장발장은 이름을 바꾸고 한 마을의 시장으로 살아간다. 가난한 여인 판틴은 장발장에게 그녀의 딸 코제트를 돌보아 달라는 부탁을 남긴 채 병으로 죽게 된다. 코제트는 악덕한 여관집 부부에게 맡겨져 있었는데 그들은 코제트를 돌봐 준다는 명목으로 아이를 부려 먹고 있었다. 장발장은 여관집 부부를 찾아가 코제트를 돌려 달라고 한다. 사랑과 용서로 변화되는 장발장의 삶을 뮤지컬로 꾸며 보자.

Q. 내가 장발장이라면 신부님이 나의 잘못을 감싸 주었을 때 어떤 감정이 들었을까요?

학습 목표

- ★ 소리를 삽입하여 경찰에게 붙잡힌 장발장 장면을 표현해요.
- ★ 코제트를 구하는 장면을 뮤지컬처럼 구성해요.

2. 가상현실 디자인하기

① 카메라 오브젝트는 장발장 뮤지컬을 보는 관객의 시점이 된다. 키보드 V 키를 누르면 카메라를 기준으로 화면이 확대된다. 뮤지컬 무대를 바라보는 듯한 효과를 주고 싶다면 카메라 종류 중 [선회] 모드를 추천한다.

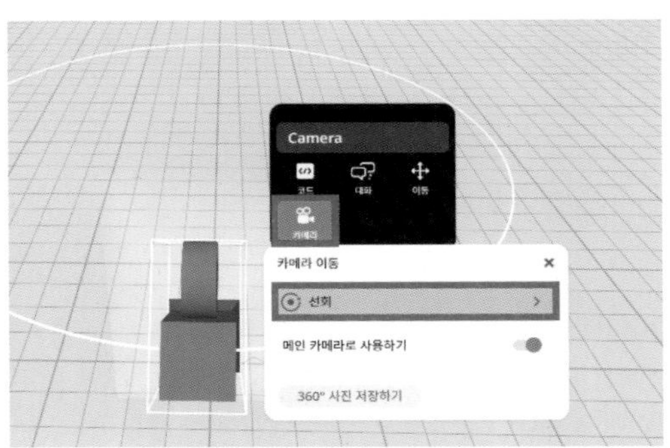

② 장발장이 신부님 집에서 은식기와 은촛대를 훔쳐 달아난 장면과 가난한 여인 판틴의 딸 코제트를 여관 주인들로부터 데려오는 장면으로 나누어 가상현실을 디자인해 보자. ⓐ[장면 목록]을 클릭하고 ⓑ(+ 새 장면) 버튼을 눌러 장면을 추가한다. ⓒ장면 이름은 '신부님의 자비'와 '코제트와의 만남'으로 설정한다.

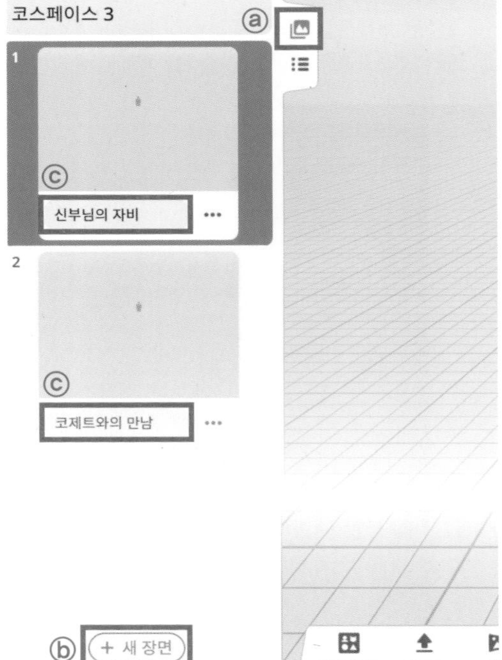

③ 첫 번째 장면은 거리로, 두 번째 장면은 코제트를 데려오는 여관으로 설정한다.

④ 장발장이 신부님의 집에서 은식기를 훔쳐 거리로 나온 첫 번째 장면을 꾸며 보자. [라이브러리]-[캐릭터]에서 장발장(Fancy man)과 장발장을 쫓는 경찰(Regular man), 신부님(Regular senior man) 오브젝트 외 거리의 사람들을, [수송]에서 자전거(Small Bicycle) 오브젝트를 배치해 보았다. 긴박함이 느껴지는 밤의 거리를 자유롭게 표현해 보자.

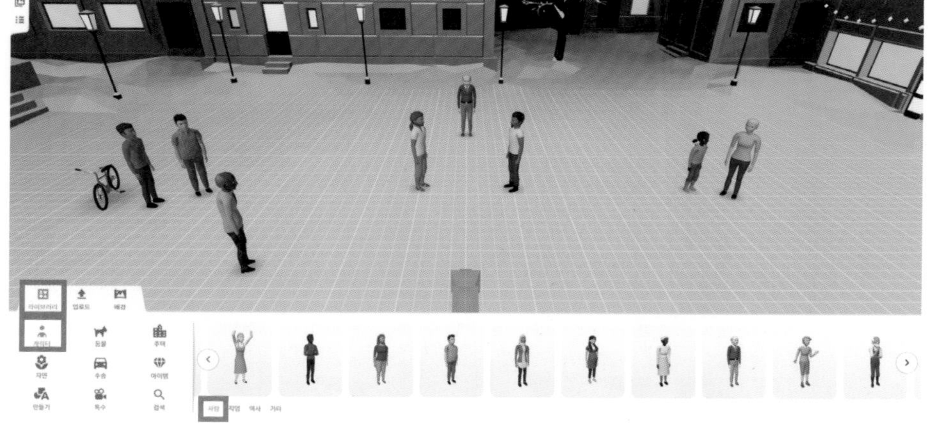

⑤ 인물 오브젝트의 상황에 맞는 적절한 [애니메이션]과 [대화]를 추가해 생동감을 더해 보자. 오브젝트의 [재질]을 바꾸거나 적절한 아이템을 [붙이기] 해서 조금 더 섬세하게 장면을 표현할 수도 있다. 예시 프로젝트에서는 장발장의 양손에는 은식기(Spoon, Butter knife)를, 신부님의 손에는 은촛대(Menorah)를, 경찰 오브젝트의 머리에는 경찰 모자(Peaked cap)를 붙여 보았고, 신부님의 옷 색깔을 검정으로 바꾸었다.

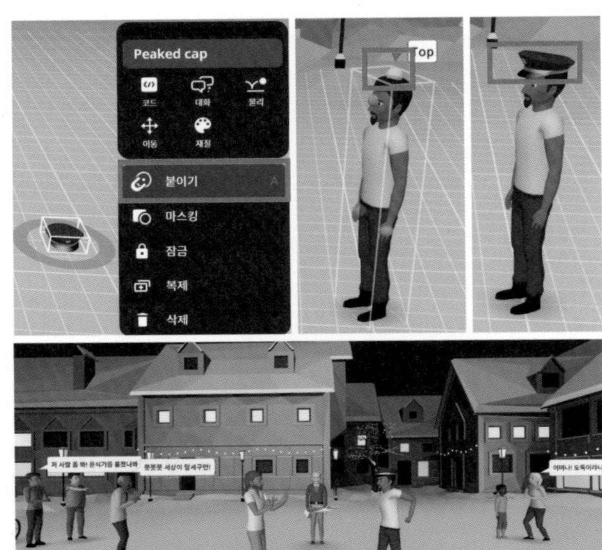

⑥ 두 번째 장면은 마들렌으로 이름을 바꾼 후 시장이 되어 새로운 삶을 사는 장발장이 코제트를 만나게 되는 이야기이다. [라이브러리]-[캐릭터], [주택] 등에서 다음 장면에 필요한 오브젝트를 배치해 보자. 장발장의 손에는 여관 부부(Woman bob, Fancy man #2)가 코제트(Casual girl)를 돌봐 준 비용으로 요구한 1,500만 프랑을 대신하여 다이아몬드(Diamond) 오브젝트를 [붙이기]해 보았다.

⑦ 오브젝트의 [재질]을 설정하면 더 다양하고 풍성하게 장면을 표현할 수 있다. 본 프로젝트에서는 세월이 흘러 시장이 된 장발장을 표현하기 위해 장발장 오브젝트의 [재질] 중 머리를 회색으로 바꾸고 바지를 검은색 정장으로 바꾸었다. 그 밖에도 여관 부부, 코제트의 [재질]과 여관에 있는 가구들의 색을 바꾸어 보았다.

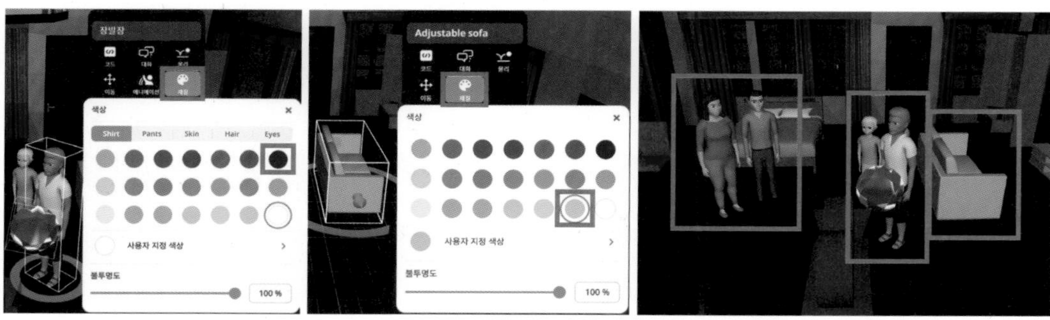

⑧ 코제트를 데려가기 위해서 돈을 달라고 요구하는 여관집 부부, 이런 상황이 걱정스러운 코제트, 코제트를 안심시키고 보호자가 되어 줄 것을 이야기하는 장발장. 각 인물들의 상황과 성격을 생각하며 어울리는 [애니메이션]과 [대화]를 추가하여 장면을 완성해 보자.

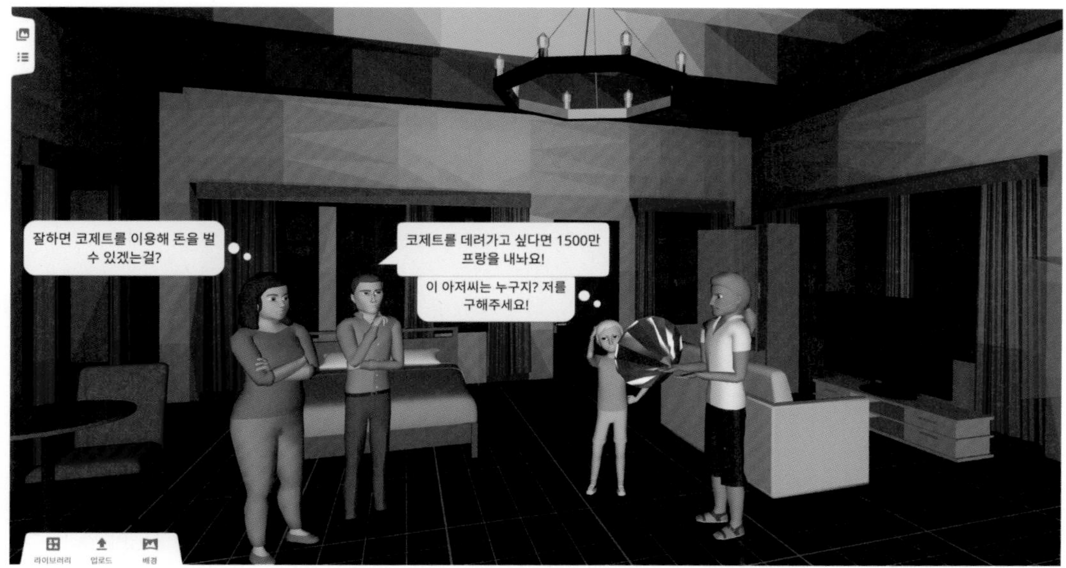

3. 가상현실 코딩하기

① 가상현실 코딩을 통해 장발장 이야기를 뮤지컬로 만들어 보자. 코딩하려는 오브젝트를 마우스 우클릭하여 [코드]-[코블록스에서 사용]을 눌러 활성화한다. 이때 오브젝트의 이름을 알아보기 쉽게 바꾸어 주면 알아보기 쉬워 코딩하기 편리하다.

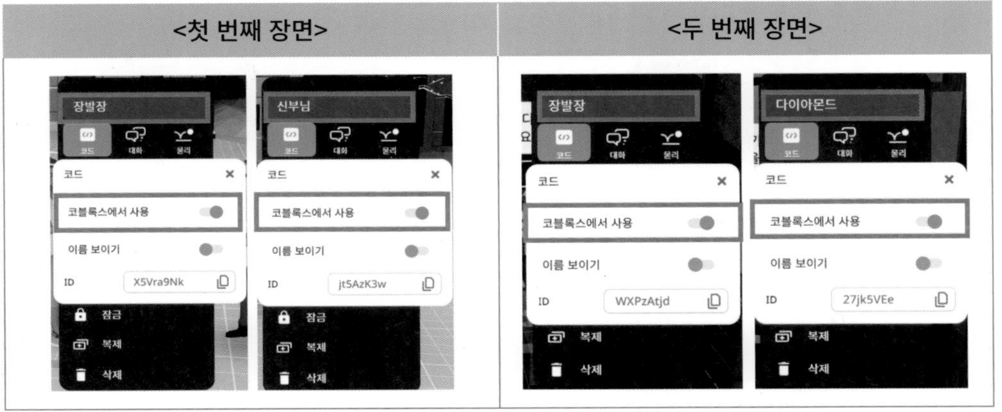

② 플레이를 클릭하면 신부님이 장발장에게도 걸어오는 장면을 연출하기 위해 형태 카테고리에서 신부님의 [애니메이션]을 걷는 동작으로 정하였다.

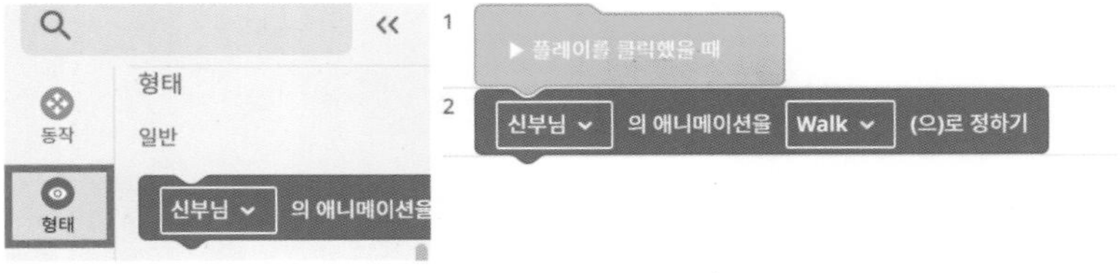

③ 신부님의 [애니메이션]이 걷는 것과 동시에 장발장에게 이동하도록 만들어 보자. 동작 카테고리에서 신부님이 2초 동안 앞으로 1미터 이동하도록 설정하면 장발장에게 걸어가는 것처럼 표현 가능하다. 시간과 거리는 오브젝트 배치에 따라 조정할 수 있다.

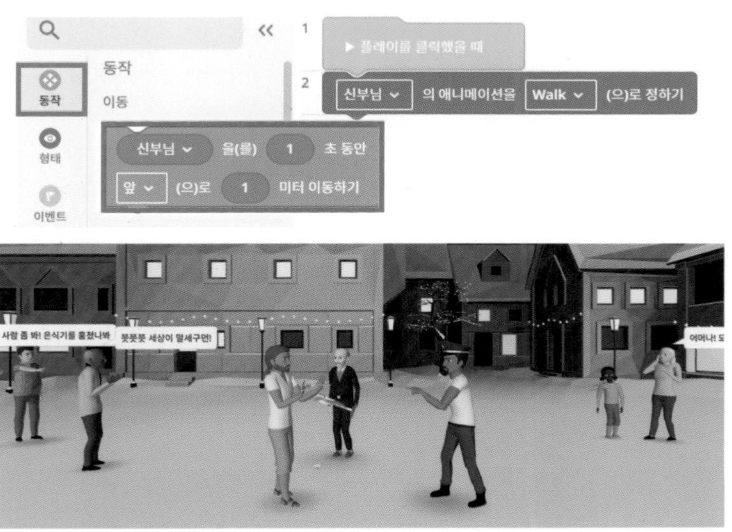

④ 신부님이 이동을 마치면 자연스럽게 이야기하는 애니메이션으로 바꾸어 준다.

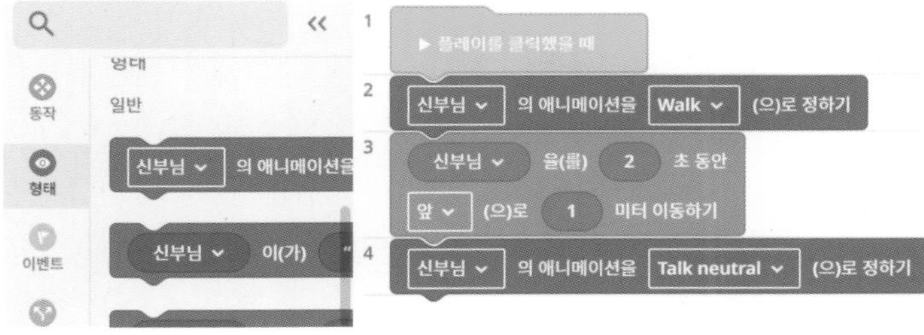

⑤ 신부님이 장발장에게 걸어와서 이야기를 시작하면 장발장도 신부님을 바라보도록 동작 카테고리에서 블록을 가져오자.

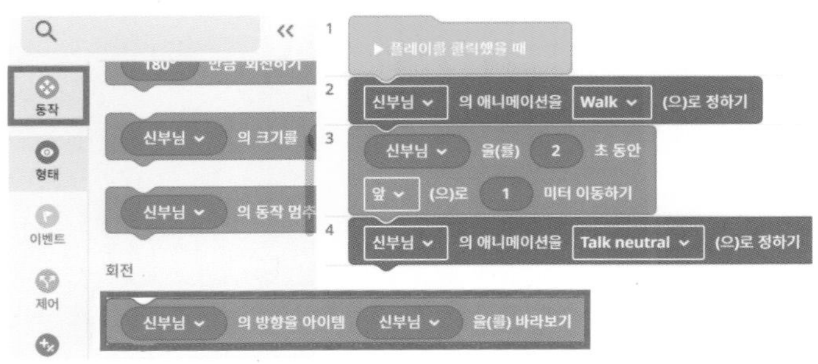

⑥ 장발장이 신부님을 바라보는 동시에 장발장의 [애니메이션]을 감동받은 것으로 바꾸고 신부님이 장발장에게 하고 싶은 말을 노래로 표현하는 뮤지컬 장면을 만들어 볼 것이다. 소리를 재생하기 위해 형태 카테고리에서 소리 재생하기 블록을 가져온다.

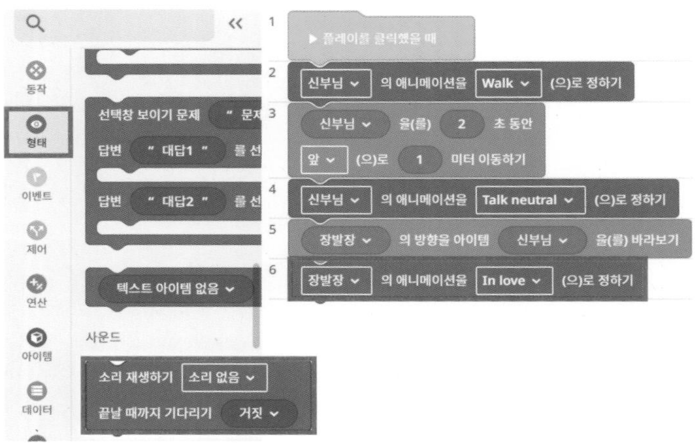

생성형 AI 활용

SUNO

수노(Suno)는 만들고자 하는 노래를 텍스트로 입력하면 관련된 음악을 만들어 주는 생성형 AI다. 만 13세 이상부터 회원 가입이 가능하며, 18세 미만의 청소년은 보호자의 동의가 필요하다. 무료 버전의 경우 매일 할당되는 50개의 크레딧을 사용해서 하루 최대 10곡의 노래를 만들 수 있다. Suno를 사용해서 만든 음악은 비상업적인 개인 목적으로 사용될 수 있는데, 생성한 노래에 대해 저작권을 가지고 싶다면 유료 버전을 사용해야 한다.

❶ Suno(https://suno.com)에 접속하여 좌측 하단의 [Sign In] 버튼을 눌러 로그인한다.

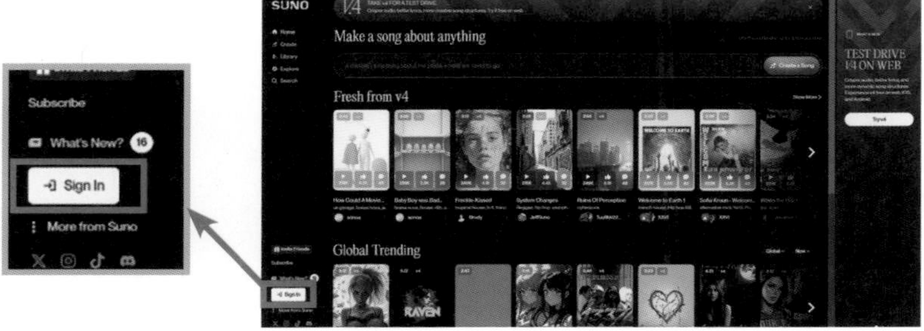

❷ ⓐ[Create] 메뉴를 누르고 ⓑ[Custom] 모드를 활성화한다. ⓒ[Lyrics]에는 내가 원하는 음악의 가사를, ⓓ[Style of Music]에는 내가 원하는 스타일을, ⓔ[Title]에는 제목을 입력한다.

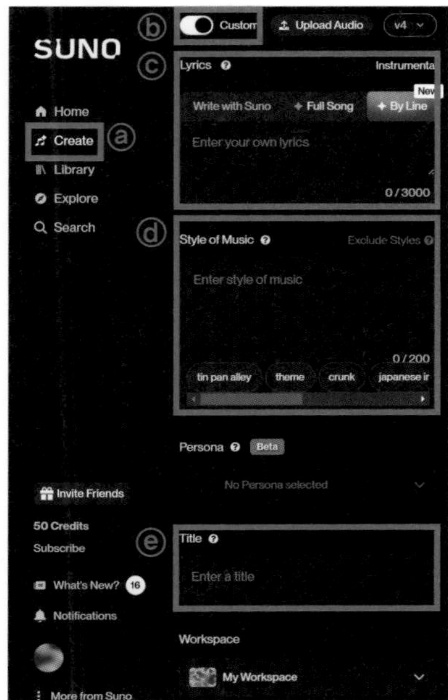

❸ [Lyrics]에는 직접 가사를 적어도 되지만 3-3에서 다루었던 생성형 AI인 챗GPT를 활용해도 좋다. 챗GPT에 뮤지컬 작곡가라는 역할을 부여하고 뮤지컬 곡으로 표현하고자 하는 장발장 장면을 설명한다. 내가 원하는 가사가 나올 때까지 원하는 내용을 구체적으로 입력해 보자. 챗GPT에 대한 자세한 설명은 3-3부를 참고한다.

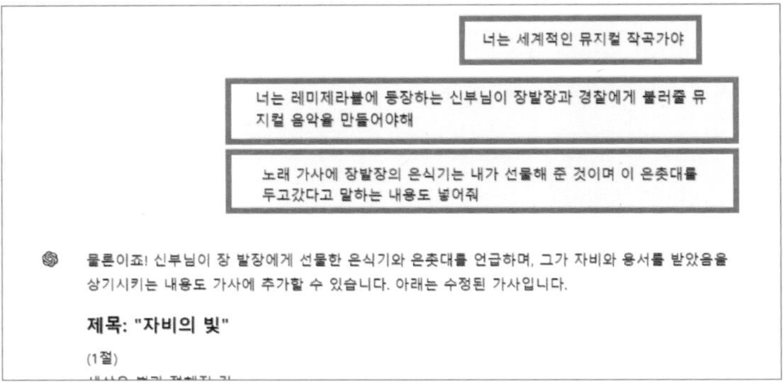

❹ 또는 [Lyrics]의 ⓐ[Full Song]이나 ⓑ[By Line] 버튼을 이용해 Suno 안에서 AI를 사용해 가사를 만들 수 있다.

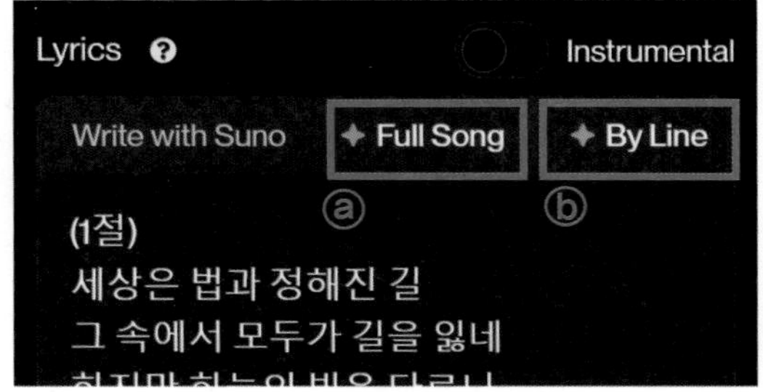

❺ [Full Song]을 누르면 생기는 프롬프트 창에 원하는 가사의 내용이나 분위기에 대해 작성한다. [Write Lyrics]버튼을 누르면 AI가 두 가지 종류의 전체 가사를 생성한다. 마음에 드는 가사를 사용하고 싶다면 [Select This Option]을 클릭한다.

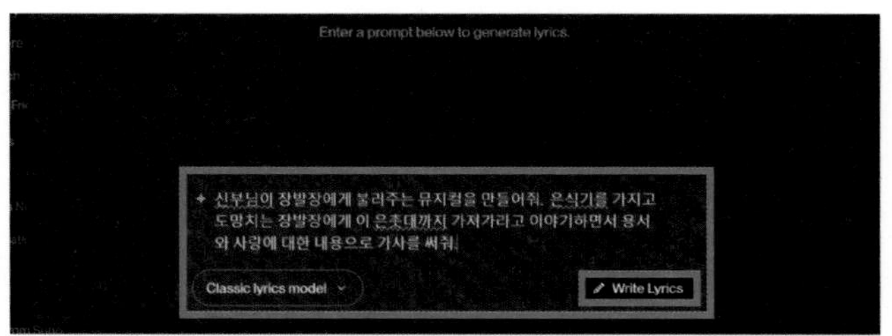

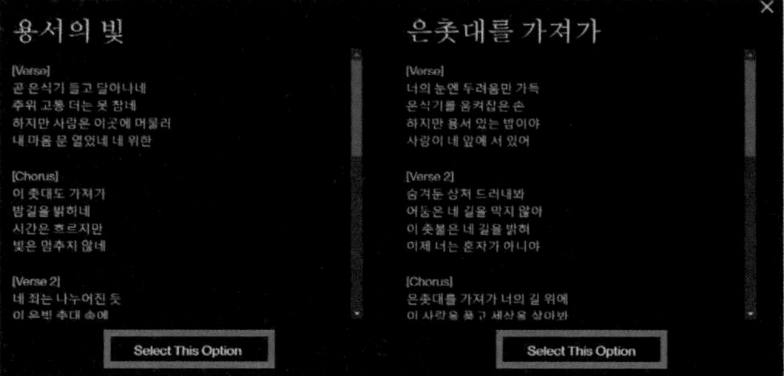

❻ [By Line]을 클릭하면 가사 전체가 아닌 일부분의 가사를 AI로 생성할 수 있다. 추가할 부분을 선택하고 원하는 가사의 내용이나 분위기를 적으면 AI가 일정 부분의 가사를 만들어 준다.

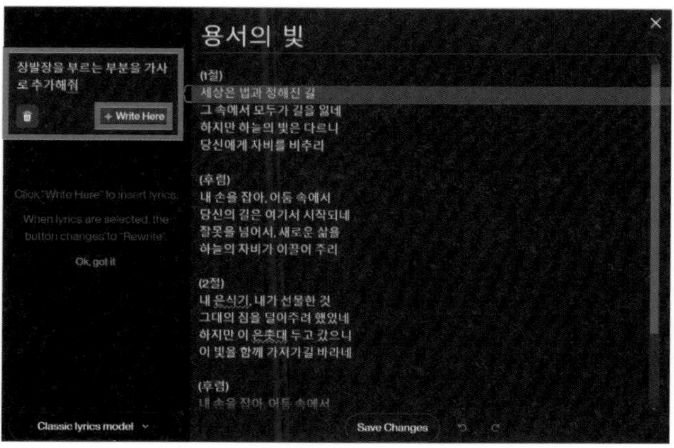

❼ Suno의 AI를 사용해서 가사를 만들면 간편하다는 장점이 있다. 챗GPT를 사용하면 원하는 방향으로 계속해서 프롬프트를 입력해서 정교하게 수정할 수 있다는 장점이 있다. 여기에서는 챗GPT에서 만든 가사를 복사하여 [Lyrics]에 붙여 넣었다. 원하는 스타일과 제목을 입력한 후 [Create]를 누른다. [Create]를 한 번 누를 때 마다 10 크레딧이 차감되며 2곡이 만들어진다.

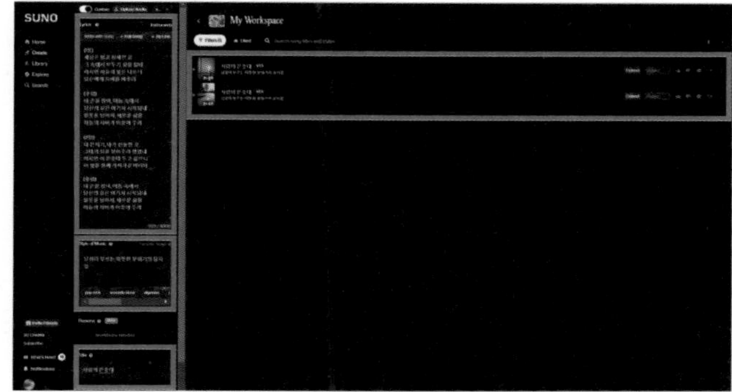

⑦ 이제 Suno에서 만든 음악 파일을 코스페이시스 에듀에 업로드해 보자. [업로드]-[소리]를 누르면 녹음한 파일을 올리거나 저장된 음악 파일을 업로드할 수 있다.

⑧ 소리 재생하기 버튼에서 업로드한 '사랑의 은촛대' 파일이 생긴 것을 확인할 수 있다. 플레이 버튼을 눌러 장발장의 잘못을 사랑으로 감싸 주는 신부님의 장면을 뮤지컬로 감상해 보자.

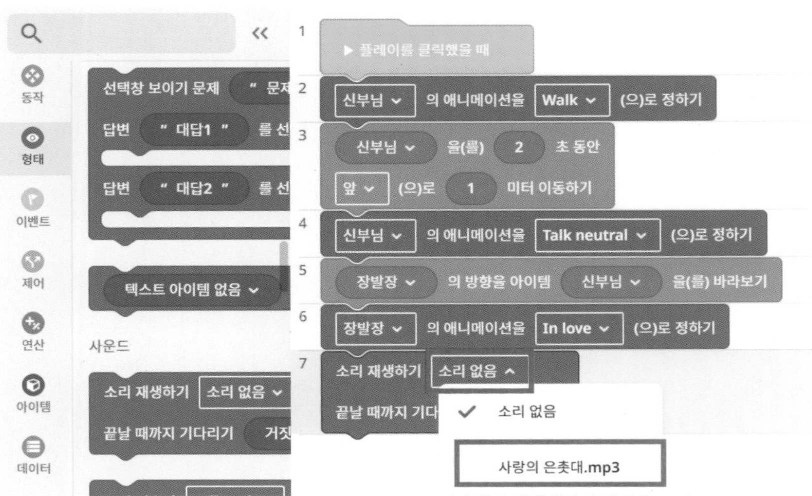

⑨ 소리 재생하기 블록에서 끝날 때까지 기다리기를 참, 거짓으로 설정할 수 있는데 참인 경우에는 소리가 모두 재생되어야 다음 장면으로 넘어간다. 이번 프로젝트는 뮤지컬을 만든다는 점을 고려하여 참으로 설정한다.

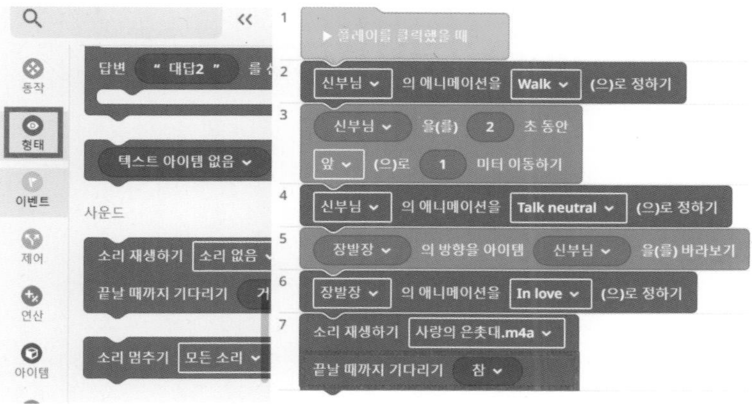

⑩ 뮤지컬이 끝나면 두 번째 장면인 '코제트와의 만남'으로 가도록 블록을 추가한다.

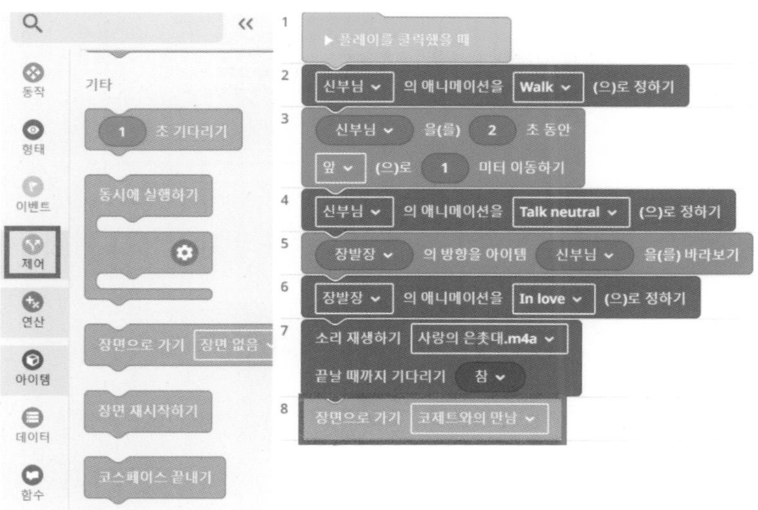

⑪ 첫 번째 장면과 두 번째 장면에는 생략된 장발장의 이야기가 있다. 자연스러운 뮤지컬 감상을 위해서 첫 번째 장면과 두 번째 장면 사이에 있었던 내용을 요약하여 알려 줄 정보창을 추가해 볼 것이다. 형태 카테고리에서 정보창 블록을 가져와 제목과 텍스트를 입력한다. [라이브러리]-[업로드]-[이미지]에서 장발장 이미지 파일을 업로드하면 이미지 추가도 가능하다. 장발장 이미지는 인터넷에서 검색하여 다운로드하거나 생성형 AI 프로그램을 사용해 만들 수 있다. 본 프로젝트에서는 3-4부의 캔바를 활용하여 장발장 이미지를 생성하였다.

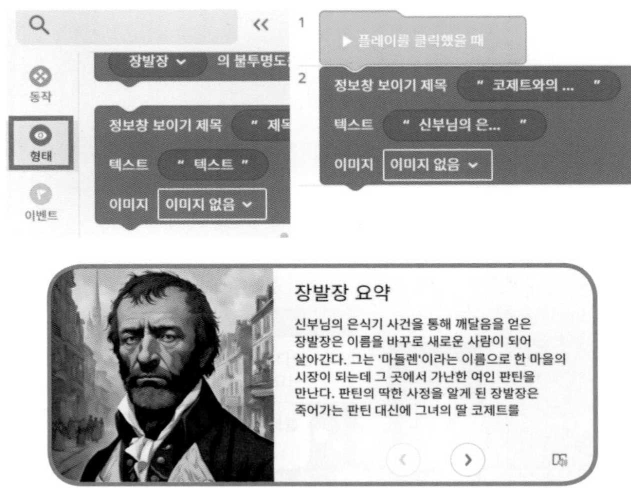

⑫ 다음으로는 장발장이 코제트를 여관 부부로부터 데려오기 위해 말하는 블록을 추가한다.

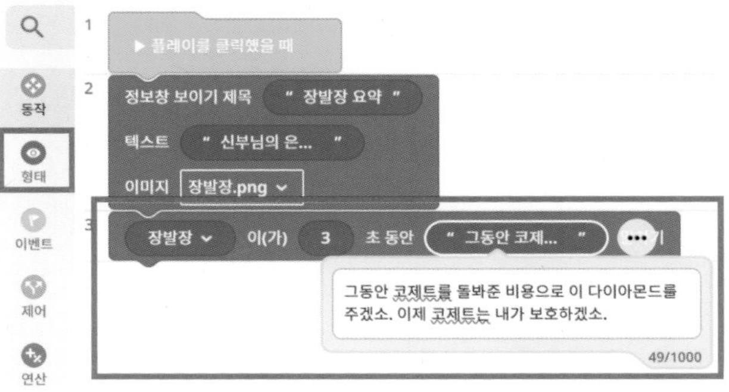

⑬ 다이아몬드를 여관 부부에게 준 것 같은 효과를 나타내기 위해서 대사가 끝나면 다이아몬드 오브젝트가 사라지도록 만들어 보자. 아이템 카테고리에서 아이템 삭제하기 블록을 사용하면 다이아몬드 오브젝트를 삭제할 수 있다.

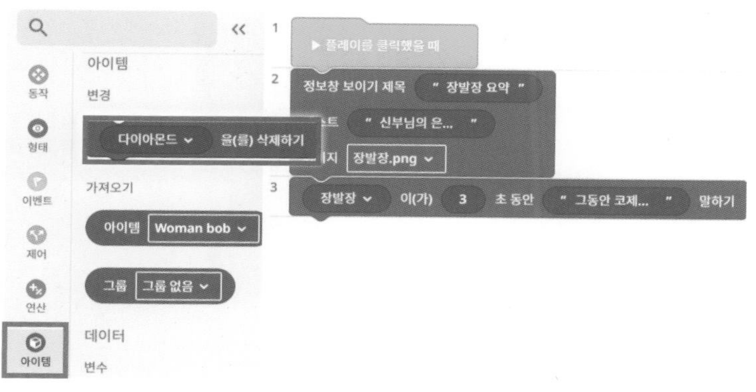

⑭ 첫 번째 장면에서 Suno로 생성한 뮤지컬 음악 파일을 업로드한 것처럼 두 번째 장면의 뮤지컬 음악을 만들어 업로드해 보자.

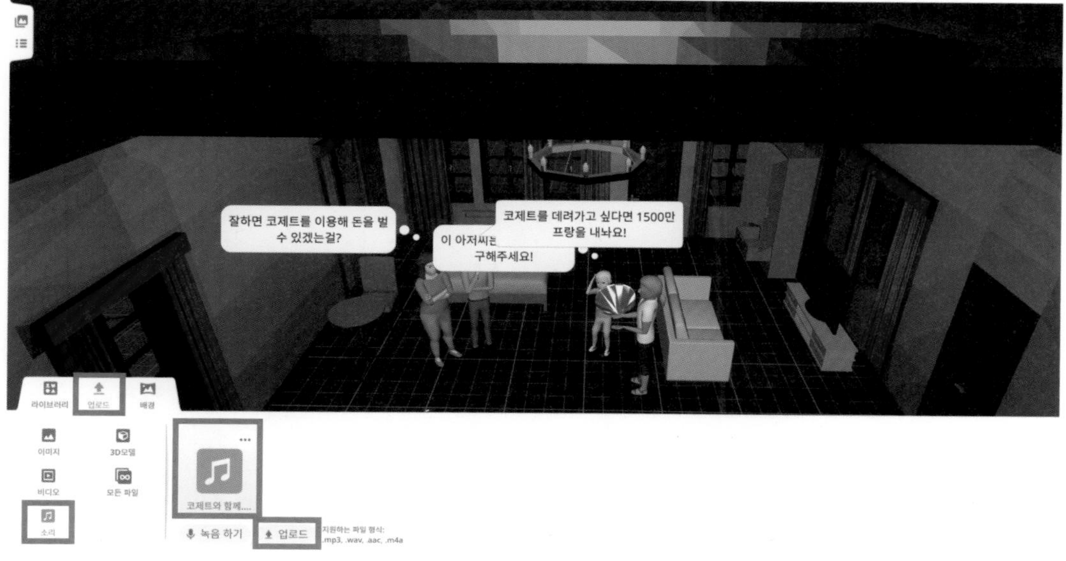

⑮ 형태 카테고리에서 소리 재생하기 블록을 추가해서 업로드한 뮤지컬 음악 파일을 재생한다. 뮤지컬 음악을 모두 듣도록 끝날 때까지 기다리기는 참으로 설정한다.

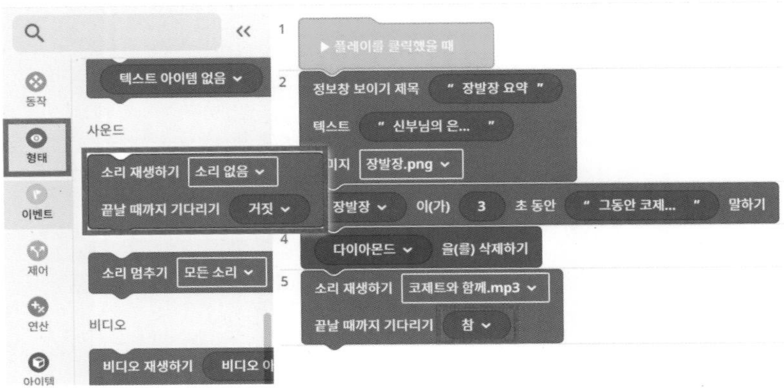

4. 최종 코드

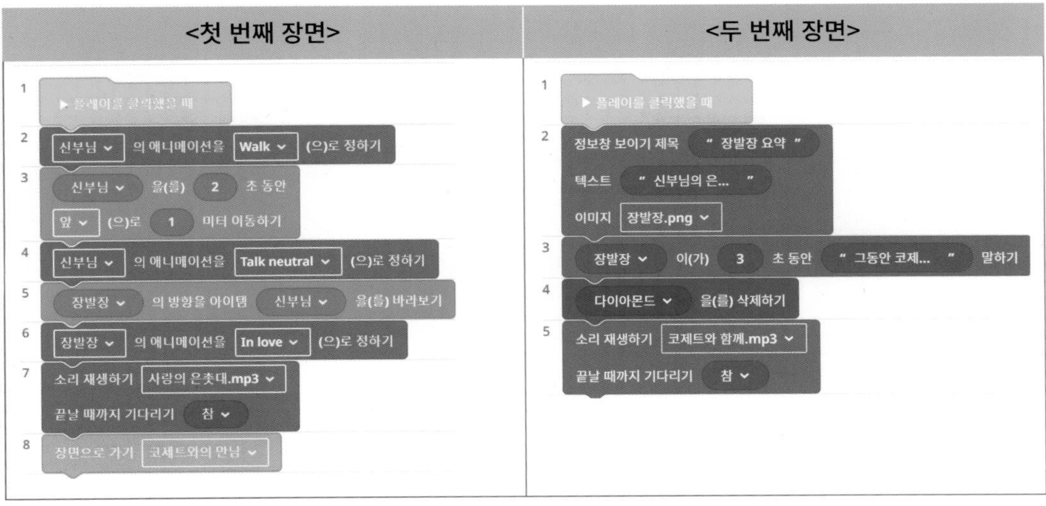

VR 이야기 톡톡

정답 262쪽

Q. 소리를 업로드하는 방법에는 어떤 것이 있나요?

업로드 메뉴에서 소리를 눌러 직접 (   )하거나 파일을 (   )하는 방법이 있다.

Q. 장발장의 이야기에 어울리는 뮤지컬 음악을 만들기 위해 무엇을 사용했나요?

Q. 내가 코제트가 되어 뮤지컬 음악을 만든다면 어떤 내용을 가사로 표현하고 싶나요?

3-6 호두까기 인형의 과자 왕국 무도회

1. 이야기 속으로

눈이 많이 내리던 겨울, 클라라는 삼촌의 크리스마스 선물로 호두까기 인형을 받는다. 선물받은 인형을 가지고 신나게 놀던 클라라는 호두까기 인형이 보낸 과자 왕국의 초대장을 확인하게 된다. 모두가 잠든 조용한 밤, 클라라는 호두까기 인형과 함께 과자 나라로 모험을 떠나게 되는데……!
호두까기 인형이 초대한 과자 왕국 무도회에서는 어떤 신비한 일들이 펼쳐질까?

Q. 호두까기 인형의 과자 왕국 무도회에서는 어떤 일이 일어날까요?

학습 목표

- ★ 호두까기 인형과 함께 행복한 크리스마스 밤을 보내요.
- ★ 신비로운 호두까기 인형의 과자 왕국 무도회를 AI 동영상으로 연출해요.

2. 가상현실 디자인하기

① 클라라와 호두까기 인형의 이야기를 크리스마스 밤, 클라라의 집, 과자 왕국 무도회장의 세 장면으로 나누어 구성해 보자. ⓐ장면 목록에서 ⓑ(+ 새 장면)을 2개 더 추가하고 ⓒ장면에 맞는 이름으로 수정한다. 첫 번째 장면, 두 번째 장면과 달리 세 번째 장면은 회전하며 관람하는 과자 왕국 무도회를 구현하기 위해 [Multi diorama]를 선택하였다.

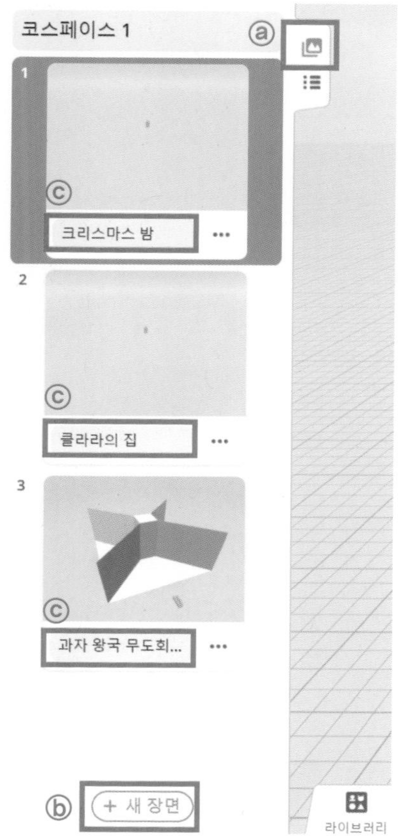

② 첫 번째 장면에서는 크리스마스의 밤 분위기를 나타내기 위해 집으로 둘러싸인 밤 배경을 고르고, 겨울의 느낌을 살리기 위해 눈 내리는 효과를 추가한다.

1장
2장
3장
3장 인공지능 시로 완성하는 다채로운 이야기

③ 두 번째 장면에서는 집 내부가 보이는 배경으로, 세 번째 장면에서는 눈이 내린 들판 배경으로 설정하였다. 과자 왕국 무도회장의 신비한 분위기를 살리기 위해 세 번째 장면에서 바닥에 빛이 나는 효과를 추가해 보자.

④ 첫 번째 장면의 카메라 시점을 우측 하단으로 옮긴 후 대각선 방향으로 회전시켜 줄 것이다. 이는 다음 장면으로 넘어가는 목표 지점과의 거리를 두기 위함이다. 본 프로젝트는 카메라가 클라라의 시선을 대변하므로 [걸음] 모드로 설정하는 것을 추천한다.

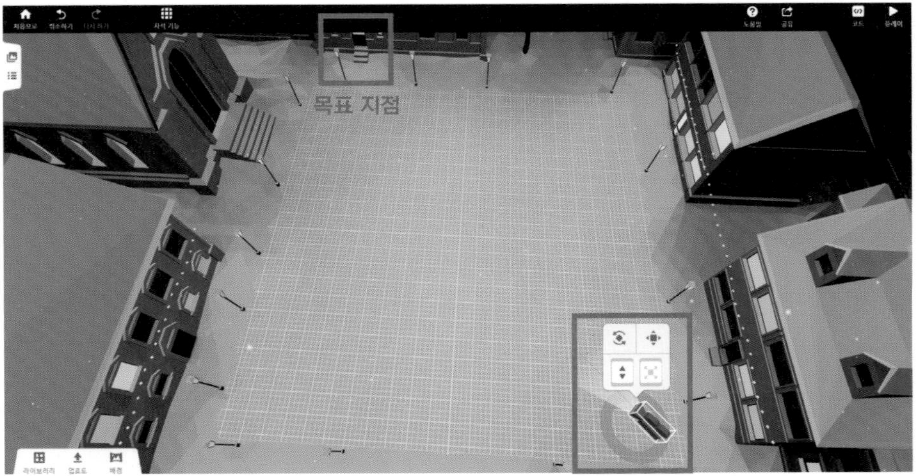

⑤ 이제 크리스마스의 밤과 어울리는 오브젝트를 배치해 보자. [라이브러리]-[자연], [캐릭터], [아이템]에서 크리스마스 트리(Christmas tree), 산타(Santa), 눈사람(Snowman), 크리스마스 양말(Full stocking) 등 다양한 오브젝트를 사용하여 산타와 눈사람의 선물을 보고 행복한 아이들의 모습을 자유롭게 연출하였다.

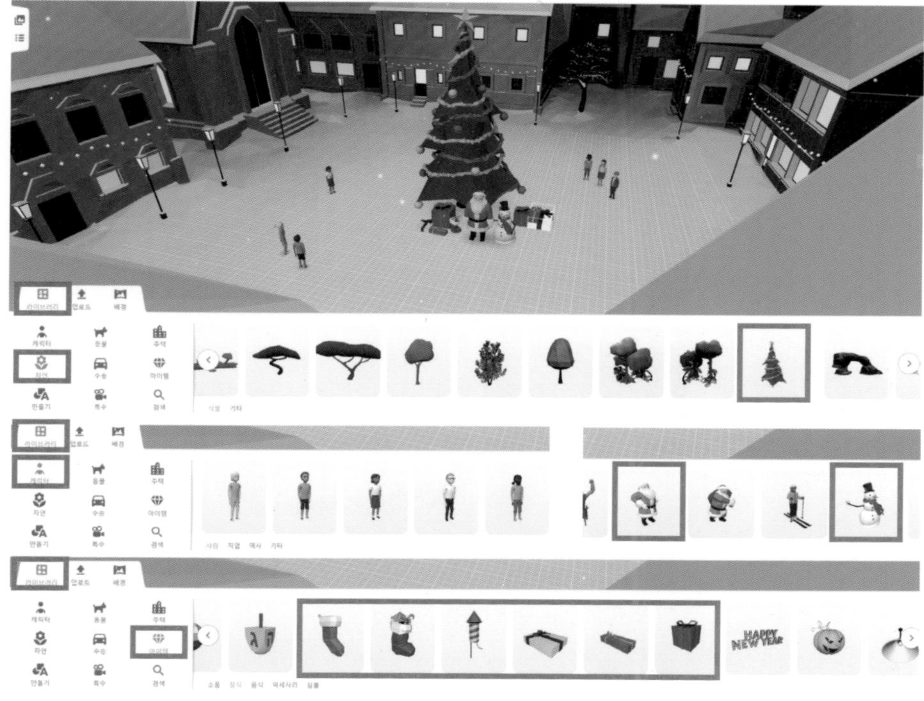

⑥ 몇몇 오브젝트에 [대화], [애니메이션] 설정을 덧붙인다면 실재감 있는 크리스마스 밤의 분위기가 연출될 수 있을 것이다.

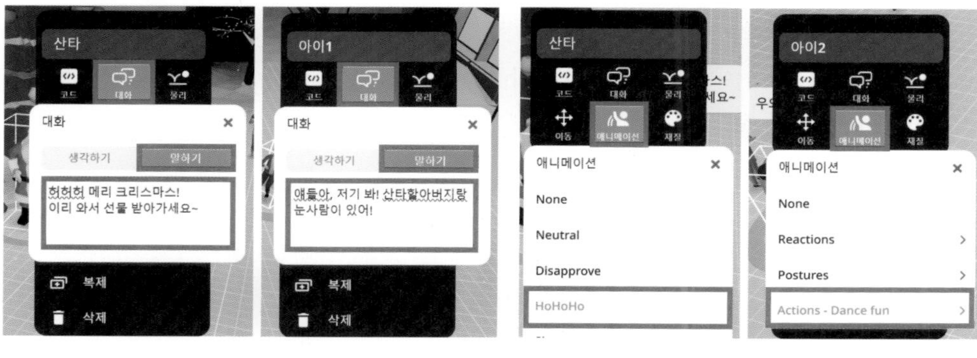

⑦ [라이브러리]-[주택]에서 클라라의 집으로 들어가기 위한 다음 장면의 매개가 되는 문(Front door) 오브젝트를 삽입해 보자. [라이브러리]-[캐릭터]에서 문 앞에 클라라의 어머니(Fancy woman #2) 오브젝트를 추가 배치하고, [대화] 기능으로 대사를 넣어 다음 장면으로 자연스럽게 넘어갈 수 있도록 구성하였다.

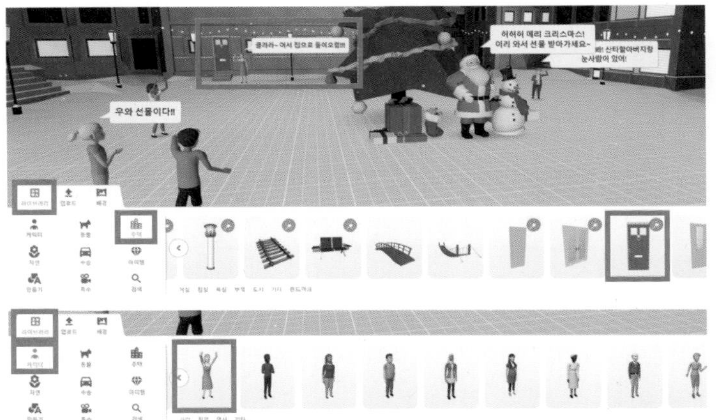

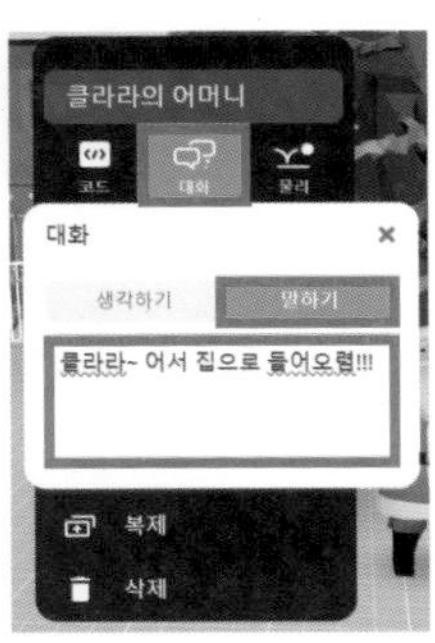

⑧ 첫 번째 장면에서 문을 열고 클라라의 집으로 들어가는 설정이기 때문에 두 번째 장면의 카메라 위치를 중앙에서 들어오는 문 입구 쪽으로 바꿔 준다. 이전 장면에서 이어지는 느낌을 주기 위해 [걸음] 모드로 동일하게 선택하였다.

⑨ [라이브러리]-[주택], [아이템]에서 클라라의 집 내부를 각종 가구(Clock, Adjustable sofa, Filled book shelf, Low board, Double bed, Drawers) 오브젝트와 크리스마스에 어울리는 오브젝트(Bells, Gift box (square), Menorah)로 꾸며 줄 것이다. 이야기의 핵심이 되는 호두까기 인형(Nutcracker) 오브젝트는 [아이템]에서 찾을 수 있으며, 집 내부의 잘 보이는 위치에 배치하도록 하자. [라이브러리]-[캐릭터]에서 클라라의 아빠(Fancy boy) 오브젝트를 추가하여 집에 들어온 클라라를 맞이하는 분위기를 내보면 어떨까?

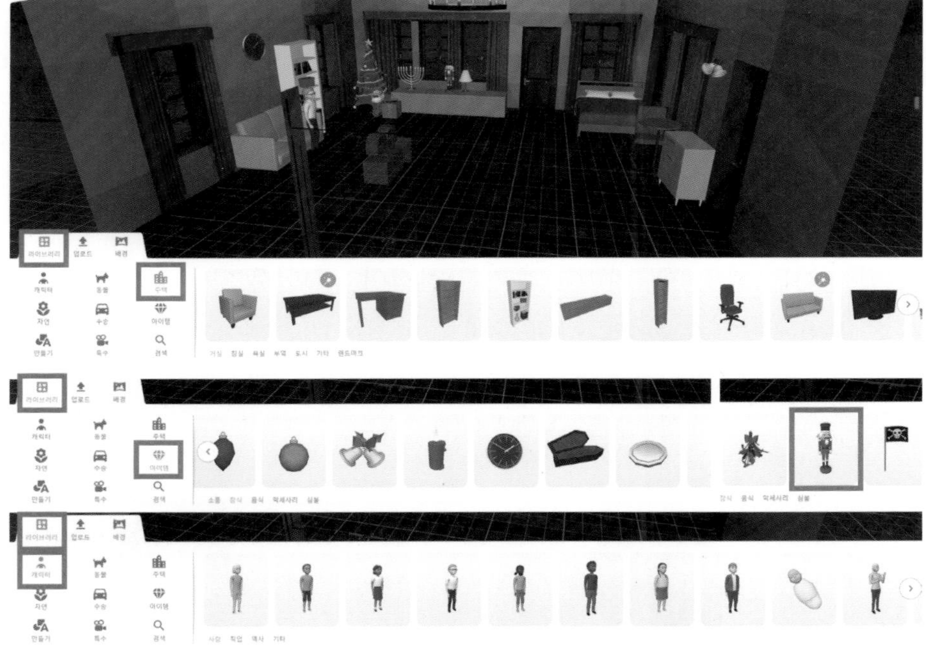

⑩ 집에 들어온 클라라가 삼촌의 크리스마스 선물인 호두까기 인형에 관심을 가질 수 있도록 [대화]와 [애니메이션] 설정을 추가한다.

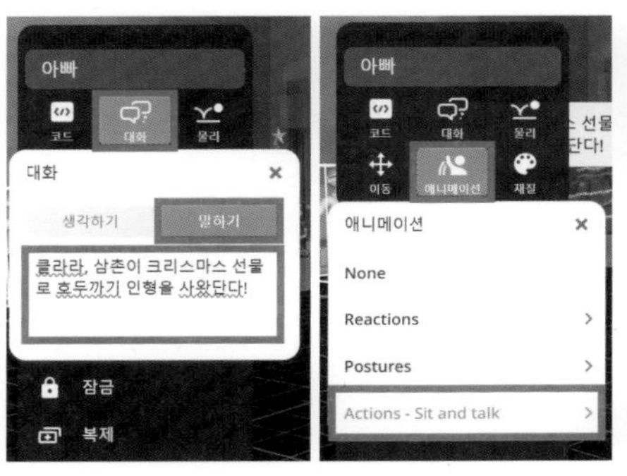

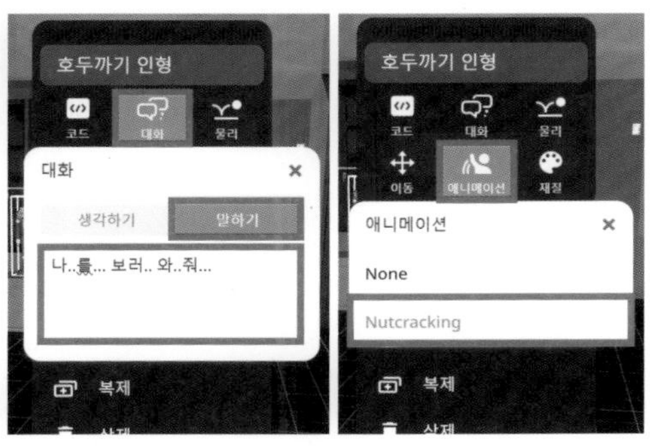

⑪ 이제 다음 장면으로 넘어가기 위한 매개가 되는 문 오브젝트를 호두까기 인형 근처로 삽입해 보자. [라이브러리]-[주택]에서 적절한 문(Classroom door) 오브젝트를 고르면 된다. 고른 문 오브젝트의 색이 마음에 들지 않는다면 [재질]에서 원하는 색으로 변경해 보아도 좋다.

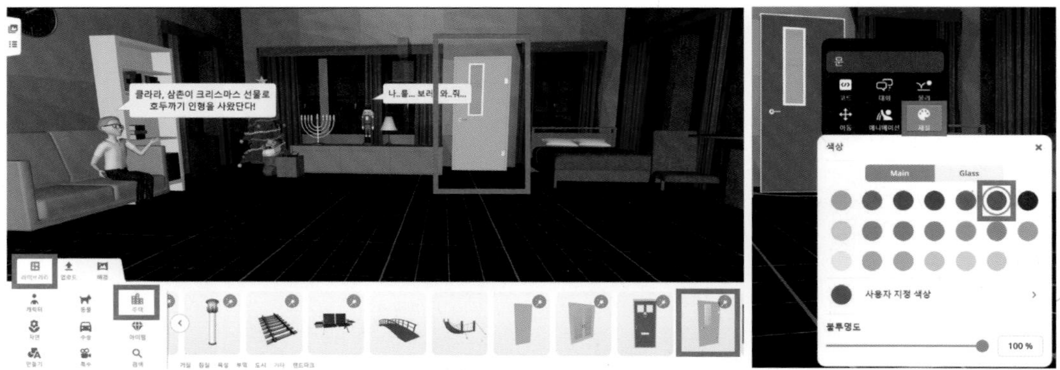

⑫ 세 번째 장면 템플릿은 카메라의 기본 설정이 [선회]로 되어 있다. 과자 왕국 무도회장 이곳저곳을 돌아다니며 구경할 예정이므로 카메라 설정을 [걸음]으로 바꾸고, 사용자 쪽으로 위치를 옮겨 준다.

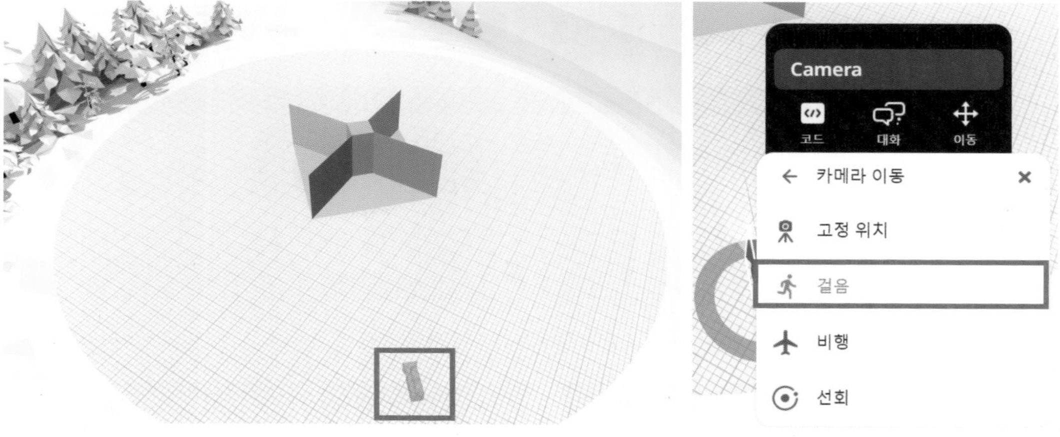

⑬ 이번 장면의 핵심이 되는 무도회장 내부를 꾸며 볼 것이다. 먼저 무도회장의 [재질]을 원하는 색으로 바꿔 보자. 본 프로젝트에서는 갈색으로 변경하여 고급스러운 느낌을 연출하였다. 그다음 [라이브러리]-[아이템]에서 주어진 무도회장을 소개하는 쿠키 인형(Gingerbread man) 오브젝트 4개와 이곳에 온 것을 환영하는 호두까기 인형 및 기타 장식용 오브젝트(Mistletoe, Disco ball)를 추가하면 된다.

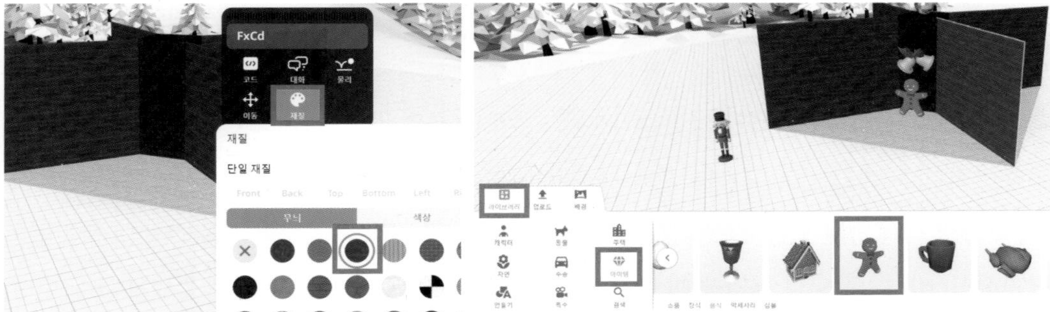

생성형 AI 활용

브루(Vrew)는 AI의 다양한 기능을 활용하여 누구나 영상 편집을 손쉽게 할 수 있도록 도와주는 플랫폼이다. AI 음성 인식으로 자동 자막을 생성하거나 AI 목소리로 영상을 만들기도 하고, 텍스트 프롬프트를 활용한 비디오도 제작할 수 있다. 브루는 웹을 체험판으로만 지원하므로 모든 기능을 원활하게 사용하기 위해 홈페이지에서 프로그램을 미리 설치해야 한다. 다른 영상 생성형 AI에 비해 한글로 된 프롬프트를 지원하는 것이 장점이며, 무료 요금제만으로도 프롬프트의 양이 회당 3,000자까지 가능하므로 원하는 느낌의 영상을 제작하기에 용이하다. 또한, 저작권 걱정 없는 영상 소스를 자유롭게 사용할 수 있으며, AI 기능을 통해 생성한 창작물은 상업적 및 비상업적으로 제약 없이 이용할 수 있다. 이메일만 있으면 계정을 생성할 수 있으나, 14세 미만의 아동의 경우 보호자의 동의를 받아야 함에 유의하자.

❶ 로그인 후 ⓐ[홈]-ⓑ[새로 만들기]-ⓒ[텍스트로 비디오 만들기]를 차례대로 클릭한다.

❷ 먼저 ⓐ화면 비율을 정할 것이다. 무도회장 벽의 모양을 고려하여 유튜브(16:9)나 클래식(4:3)을 골라 보자. 우측 하단의 ⓑ[다음]을 누른 후 원하는 비디오 스타일을 선택한다. 본 프로젝트에서는 일반적으로 많이 사용하는 ⓒ[스타일 없이 시작하기]를 사용하였다. 비디오 스타일 선택이 완료되면 ⓓ[다음]을 클릭하면 된다.

❸ [영상 만들기]에서 내가 만들고 싶은 내용으로 ⓐ[주제]와 [대본]을 작성할 차례다. 평균적으로 한 문장당 한 장면의 영상이 만들어지며, 여러 문장을 작성할 경우 문장 개수만큼의 장면이 합쳐져 하나의 영상으로 제작된다. 우측의 ⓑ[영상 요소] 메뉴에서는 AI 목소리, AI 이미지&비디오, 배경음악에 대한 설정이 가능하며, 본 프로젝트에서는 음악과 영상미에 집중하기 위해 대본을 읽어 주는 AI 목소리는 사용하지 않았다. 프롬프트의 내용에 어울리는 이미지 색상 및 스타일, 배경음악의 분위기를 적절히 고른 후 ⓒ[완료]를 클릭해 보자.

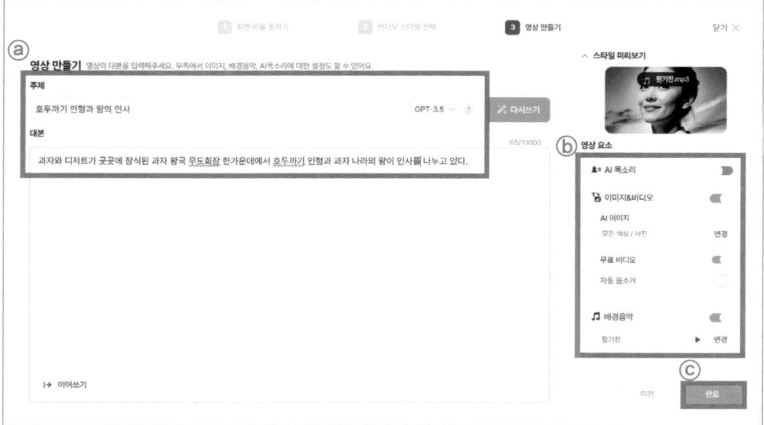

❹ 확인 창이 뜨면 [완료]를 눌러 영상을 생성할 것이다. 영상 제작에는 1~2분 정도의 시간이 소요된다.

❺ 작업이 완료되면 대본의 내용이 자막으로 나타나는 것을 확인할 수 있다. 자막과 함께 영상을 감상하는 것도 내용 이해에 도움이 되지만, 화면 하단을 가려 전체적인 감상에 방해가 될 수 있으므로 대본을 삭제하였다. 생성된 AI 이미지 또는 비디오가 마음에 들지 않는다면 대본 내용을 마우스 우클릭하여 [AI 이미지 자동삽입] 기능으로 다시 만들어 보는 것도 좋겠다.

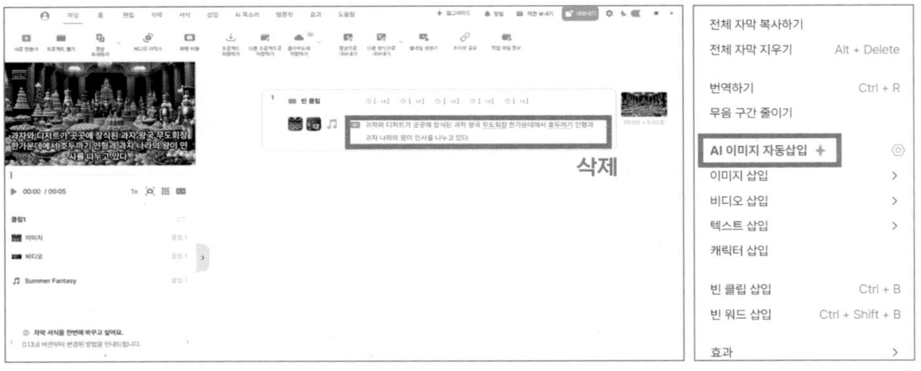

❻ 영상이 원하는 대로 구성되었다면 [영상으로 내보내기]-[내보내기]를 차례대로 클릭하여 저장한다. 같은 방법으로 다른 과자 왕국 무도회 동영상도 제작해 보자.

⑭ 본 프로젝트에서는 브루로 다음과 같은 동영상을 제작하였다. 과자 왕국 무도회는 상상하기에 따라 다양한 모습으로 연출될 수 있으므로 아래의 주제, 대본(텍스트 프롬프트)과 동영상 섬네일은 참고로만 확인하자. 브루의 장점을 살려 대본을 여러 문장으로 길게 작성한 후 하나의 주제로 여러 개의 장면이 재생되는 동영상을 만든다면 무도회장이 다채로워지지 않을까!

호두까기 인형과 왕의 인사	꽃의 나라 요정의 춤
과자와 디저트가 곳곳에 장식된 과자 왕국 무도회장 한가운데에서 호두까기 인형과 과자 나라의 왕이 인사를 나누고 있다.	날개가 달린 조그마한 꽃의 요정들이 수줍게 인사하며 귀여운 춤을 추고 있다.
컵케이크 요정의 발레	**사탕 요정의 과자 연주**
커다란 컵케이크 위에서 우아한 모습의 디저트 요정이 발레 공연을 하고 있다.	과자 왕국 무도회에서 행복한 표정의 사탕 요정들이 달콤한 과자로 된 악기를 연주하고 있다.

⑮ 하단 메뉴의 ⓐ[업로드]-ⓑ[비디오] 탭에서 컴퓨터에 저장된 무도회 동영상을 ⓒ[업로드]할 것이다.

⑯ 동영상이 업로드되면 ⓐ위로 드래그하여 ⓑA 키로 무도회장 왼쪽, 오른쪽 벽에 각각 붙여 주자.

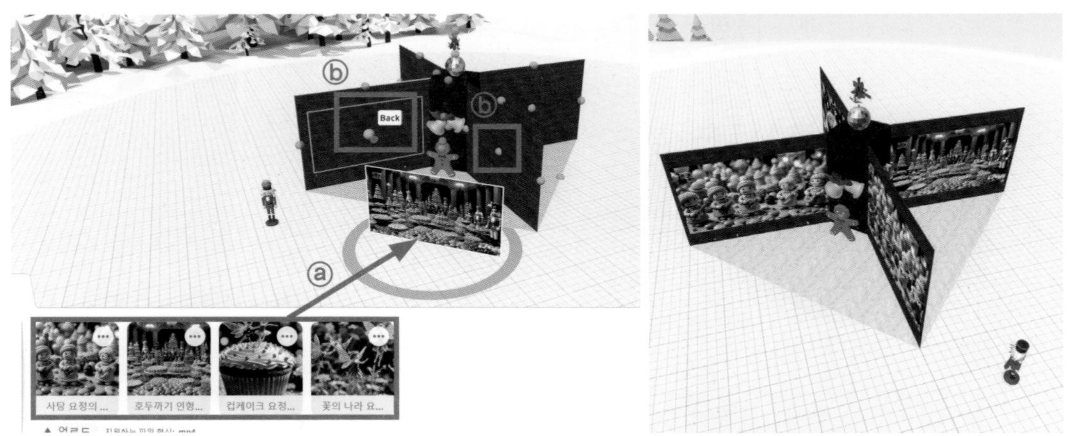

⑰ [라이브러리]-[만들기]에서 벽(Brick wall) 오브젝트를 가져와 무도회장 안이 보이지 않게 전부 막아 줄 것이다. 해당 오브젝트는 너비와 높이 조정이 가능하다.

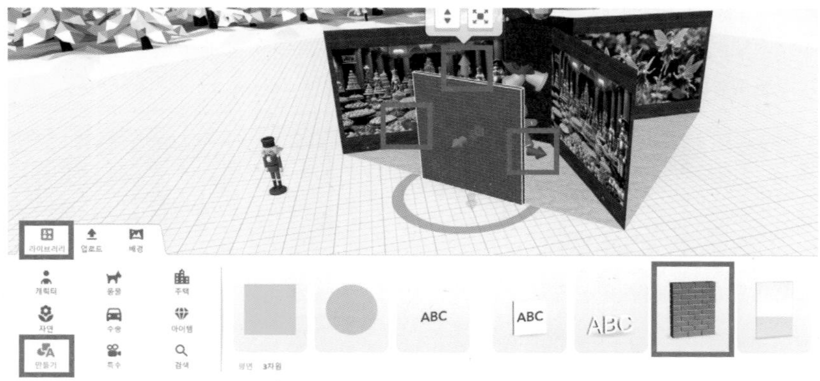

호두까기 인형 오브젝트의 [대화] 기능을 활용하여 벽과 연계된 대사를 입력한다.

⑱ [라이브러리]-[특수]에서 하늘을 떠다니는 오브젝트에 대한 경로를 다양한 크기와 높이로 공중에 배치해 보자. 2-5부에서 설명한 바와 같이 경로(Round path) 오브젝트의 파란색 점을 위아래로 이동하면 다채로운 움직임을 만들 수 있으며, 바닥에는 [만들기]에 있는 하늘색 원(Circle)을 응용하여 스케이트장의 기능을 더해 보아도 재미있겠다.

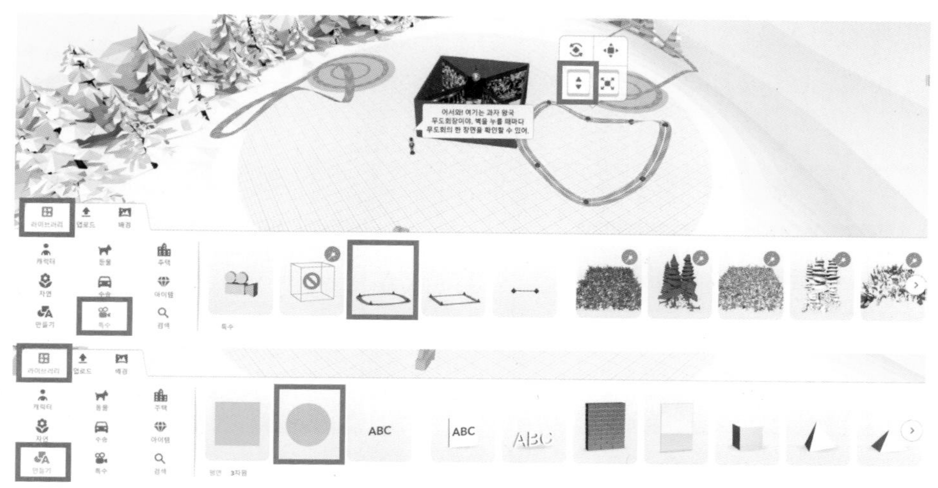

⑲ 다음으로 [라이브러리]-[아이템], [동물], [수송], [캐릭터] 등에서 하늘을 떠다니는 오브젝트를 자유롭게 삽입할 것이다. 삽입한 오브젝트는 [붙이기] 기능을 활용하여 경로 위의 점에 올려 주도록 하자. 경로 위를 움직인다는 가정하에 기능창에서 역동적인 [애니메이션] 효과를 넣어 주어도 좋겠다. 본 프로젝트에서는 과자 왕국임을 고려하여 컵케이크(Cupcake)와 같은 음식, 크리스마스라는 배경을 반영한 루돌프(Deer male)로 썰매(Sleigh)를 끄는 산타와 눈사람, 신비롭고 재미있는 이야기의 분위기를 나타내기 위한 유니콘(Unicorn), 풍선(Balloons) 오브젝트를 사용하였다. 상상력을 마음껏 발휘하여 나만의 무도회장을 꾸며 보는 건 어떨까!

3. 가상현실 코딩하기

① 코블록스의 코딩으로 각 장면에 생명력을 불어넣어 보자. 코딩하고자 하는 오브젝트를 더블클릭하여 [코드]-[코블록스에서 사용]을 활성화한다. 첫 번째 장면은 눈사람과 문 오브젝트, 두 번째 장면은 호두까기 인형과 문 오브젝트, 세 번째 장면은 날아다니는 오브젝트와 무도회장 벽, 모든 쿠키 인형, 생성형 AI로 만든 비디오 오브젝트에 코딩을 사용하였다.

비디오 오브젝트는 한쪽 벽면에 설치된 것만 프로그래밍할 예정이므로 해당하는 4개의 오브젝트만 [코블록스에서 사용] 기능을 활성화할 것이다. 본 프로젝트에서는 왼쪽에 설치된 오브젝트를 대상으로 설정하였다.

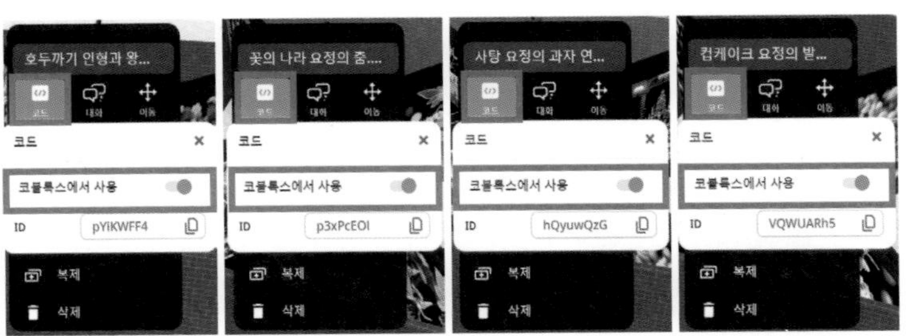

② 첫 번째 장면에서 눈사람 오브젝트를 클릭했을 때 빨간 대문 집으로 가도록 안내할 것이다. 이벤트 카테고리와 형태 카테고리에 표시된 블록을 각각 가져와 결합하고 문으로 이동을 유도하는 대사를 입력한다.

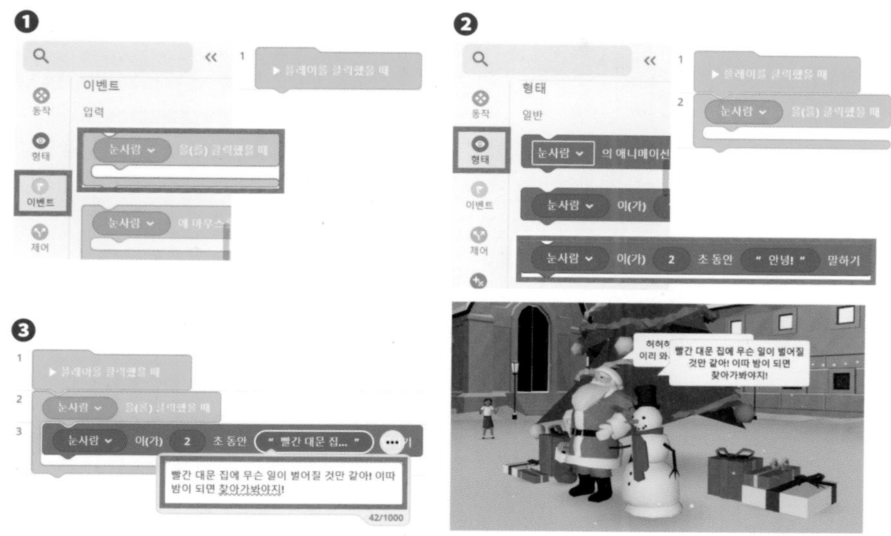

③ 이번에는 문을 클릭했을 때 다음 장면으로 넘어가기 위한 코딩을 진행할 것이다. 이벤트 카테고리에서 오브젝트를 클릭했을 때 블록을, 형태 카테고리에서 애니메이션 설정 블록을 가져와 결합한다. 오브젝트 대상을 문으로 바꿔 주고, 애니메이션 효과는 Open으로 변경하자.

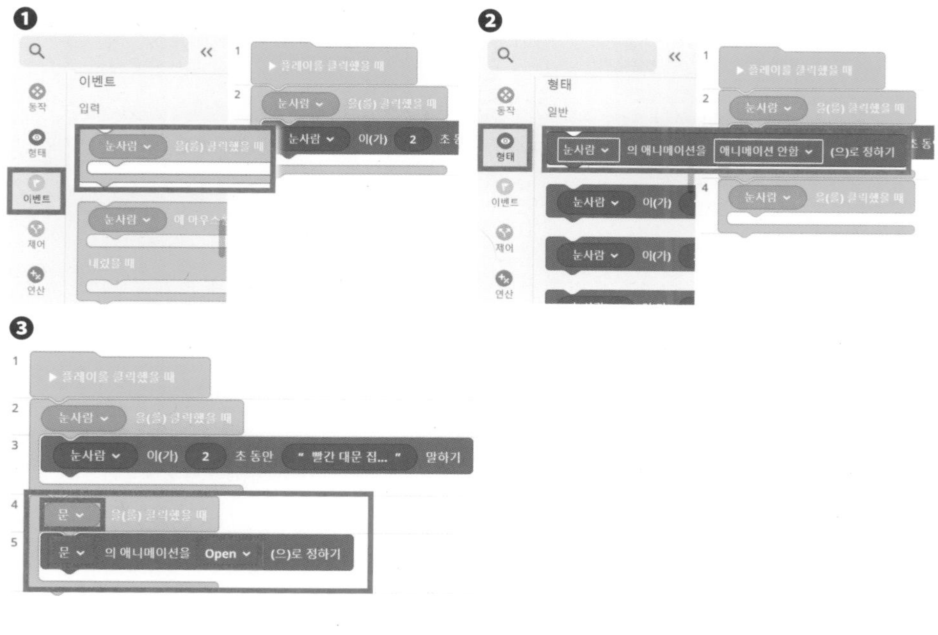

④ 문이 열리는 애니메이션 효과를 감상하기 위해 제어 카테고리에서 1초 기다리기 블록을 사용한 후 다음 장면인 클라라의 집으로 넘어가는 프로그래밍을 완성한다.

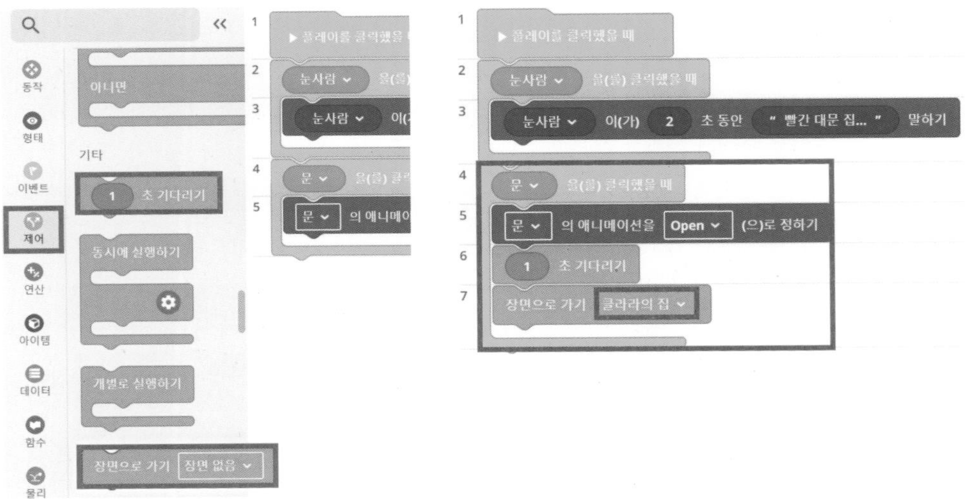

⑤ 두 번째 장면의 호두까기 인형 오브젝트에게 코딩해 보자. 이벤트 카테고리의 오브젝트를 클릭했을 때 블록과 형태 카테고리의 정보창 보이기 블록을 가져와 결합하였다. 호두까기 인형을 클릭하면 과자 왕국 무도회로의 초대장을 보이게 할 것이다. 오브젝트 대상을 알맞게 바꿔 주고 호두까기 인형이 클라라에게 보내는 초대장을 정성껏 작성해 보자.

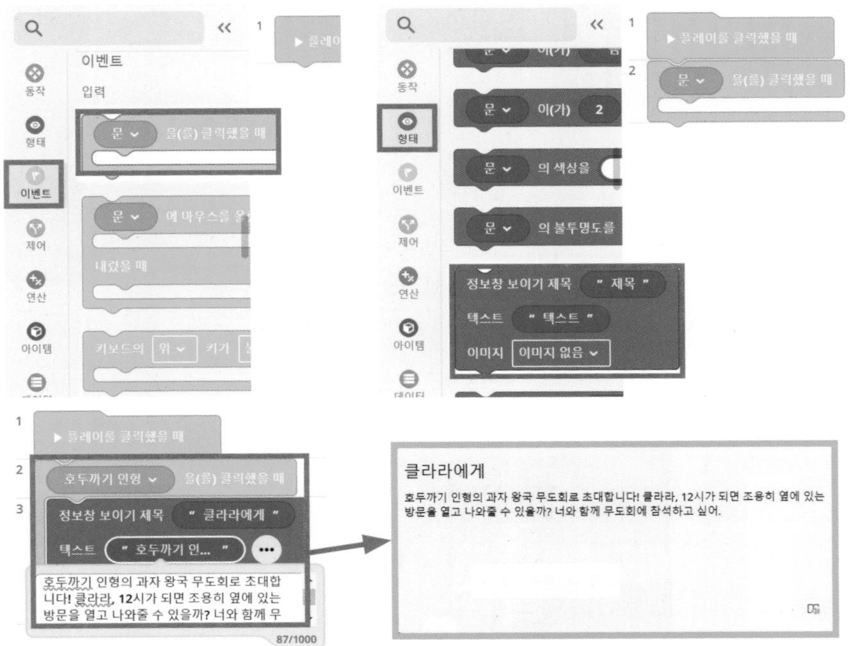

⑥ 이제 다음 장면으로 넘어가기 위해 호두까기 인형 근처에 있는 문 오브젝트에 프로그래밍을 할 차례다. 첫 번째 장면의 문 오브젝트 코딩과 동일한 과정을 거친다. 이벤트, 형태, 제어 카테고리에서 표시된 블록을 가져와 프로그래밍을 완성해 보자.

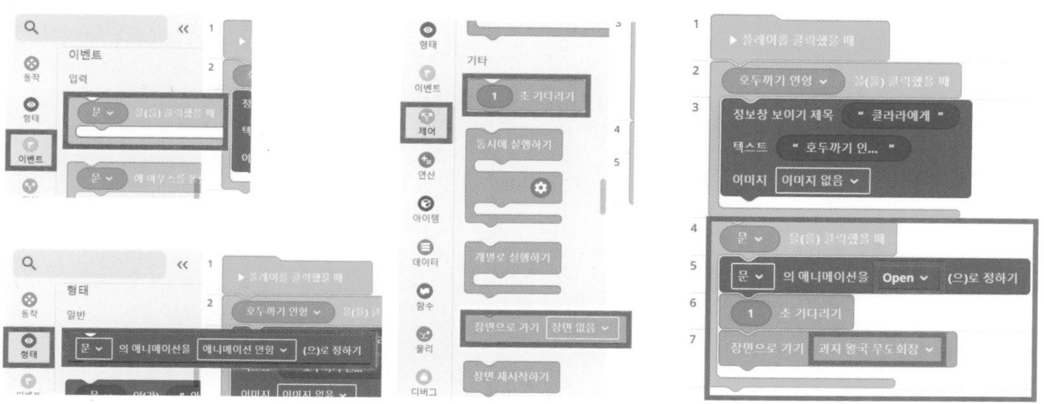

⑦ 세 번째 장면에서는 먼저 과자 왕국 무도회장을 둘러싼 벽을 사라지게 하는 코딩을 해 볼 것이다. 이벤트 카테고리와 동작 카테고리에서 블록을 가져와 결합한 후 대상을 벽으로 바꿔 준다. 본 프로젝트에서는 벽이 바닥 속으로 사라지는 효과를 나타내기 위해 아래 방향으로 설정하였으나 이동 방향, 시간 등은 자유롭게 결정해도 좋다.

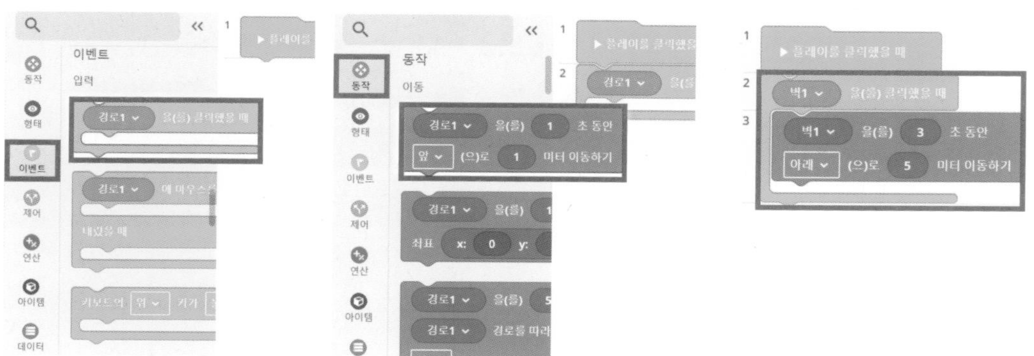

⑧ 벽은 총 4개이므로 [복제하기] 기능을 사용해 블록 모음을 복제한다. 복제하고자 하는 최상단 블록에 마우스 우클릭하면 해당 기능을 사용할 수 있다. 복제가 완료되면 오브젝트 대상을 다르게 변경하자.

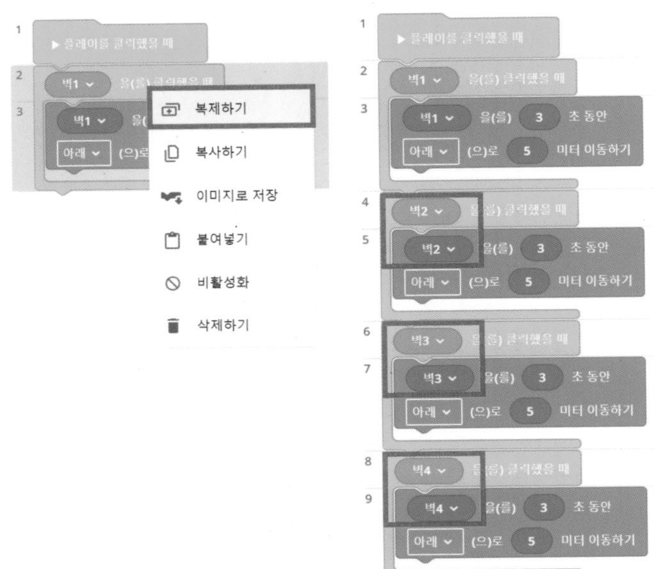

⑨ 이번에는 무도회장 내부의 쿠키 인형 오브젝트가 무도회의 한 장면을 소개해 보도록 하겠다. 이벤트 와 형태 카테고리에서 블록을 각각 가져와 결합하고 안내 쿠키 인형 오브젝트로 대상을 바꿔 준 뒤 동영상의 내용을 설명하는 대사를 적으면 된다.

[복제하기] 기능으로 과자 왕국 무도회의 모든 장면을 다채롭게 안내해 보자.

⑩ 이번 장면의 하이라이트로 과자 왕국 무도회의 영상과 배경 음악이 반복 재생될 수 있도록 프로그래밍해 볼 것이다. 상단의 + 를 눌러 프로그래밍 창을 추가한 후 제어 카테고리에서 무한 반복 블록을 가져온다. 형태 카테고리의 비디오 재생하기 블록을 가져와 무한 반복 블록 안에 넣어 준 후 영상의 배경 음악이 서로 겹치지 않도록 끝날 때까지 기다리기를 참으로 변경하였다.

4개의 비디오 오브젝트 모두 같은 설정을 적용해 주면 되고, 비디오의 재생 순서는 자유롭게 구성해도 괜찮다.

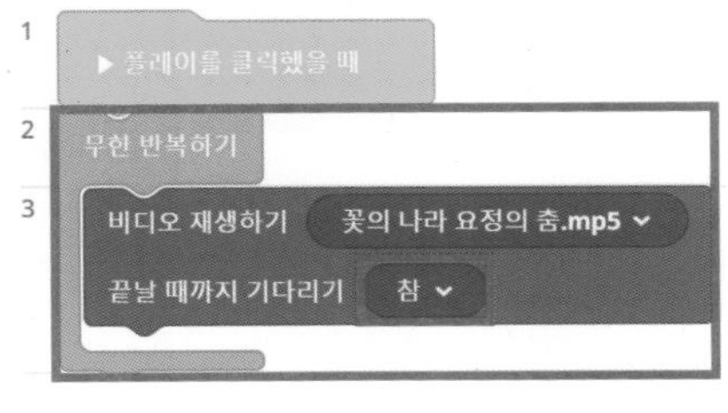

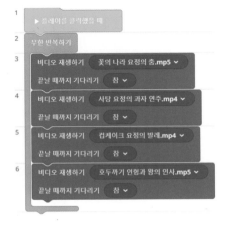

⑪ 이제 비디오 오브젝트의 기본 설정을 변경해 보자. 코블록스를 활성화한 비디오 오브젝트의 경우 프로그래밍으로만 영상과 음악을 순차 재생시키기 위해 [비디오]에서 모든 기능을 전부 비활성화한다. 코블록스가 적용되지 않은 나머지 오브젝트는 영상을 코딩 없이 재생시키기 위해 반대로 모든 기능을 활성화할 것이다. 음 소거를 하지 않으면 코딩으로 자동 재생되는 비디오 오브젝트의 오디오와 겹치게 된다는 점을 기억하자.

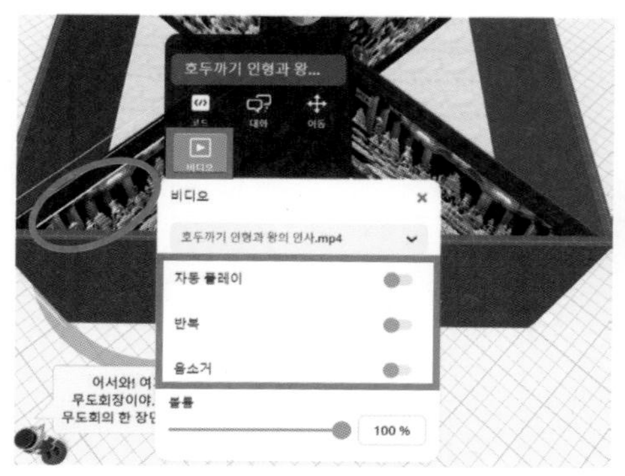

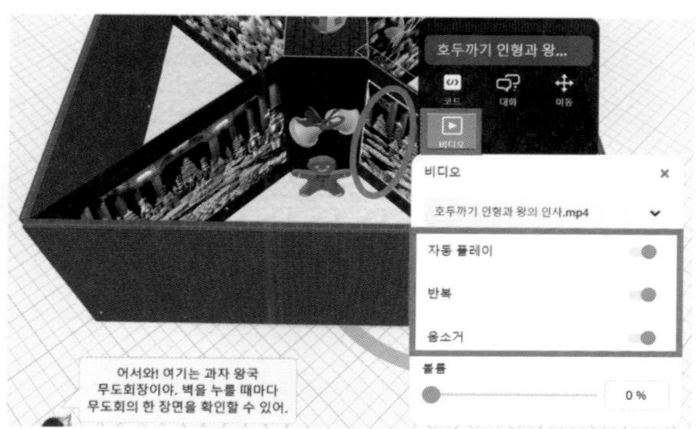

결과적으로 왼쪽 벽에 설치된 비디오는 소리와 함께 순차적으로 재생되고, 오른쪽 벽에 설치된 비디오는 음 소거인 상태로 반복 재생되는 모습을 확인할 수 있다.

⑫ 마지막으로 공중을 떠다니는 오브젝트와 스케이트를 타는 쿠키 인형 오브젝트에게 경로를 지정하여 계속 빙빙 돌 수 있도록 프로그래밍할 것이다. 제어 카테고리에서 무한 반복 블록과 동시에 실행하기 블록을 가져오자. 동시에 실행하기 블록을 사용하지 않는다면 오브젝트들이 순차적으로 하나씩 움직이기 때문에 동시에 모든 오브젝트가 움직일 수 있도록 해당 블록을 꼭 사용해야 함에 유의한다.

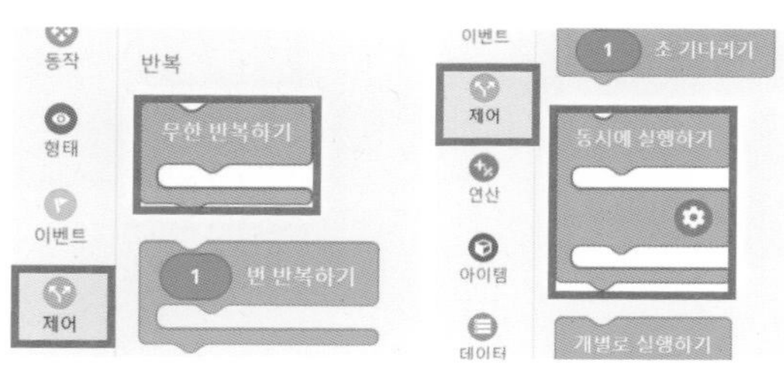

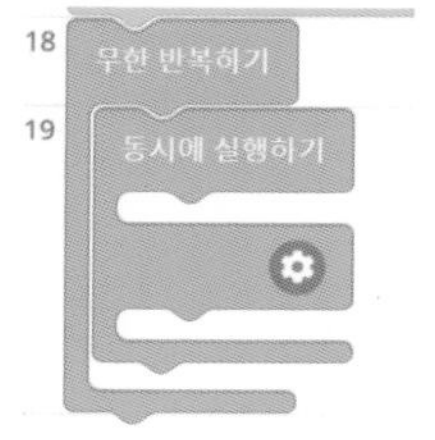

⑬ 동작 카테고리에서 표시된 블록을 가져와 동시에 실행하기 블록 안에 넣어 준다. 오브젝트의 개수가 많으므로 움직여야 할 대상과 경로 오브젝트가 서로 일치하는지 이름을 잘 확인하며 변경하자. 시간과 이동 방향은 경로의 크기에 따라 적절히 설정해 주었다.

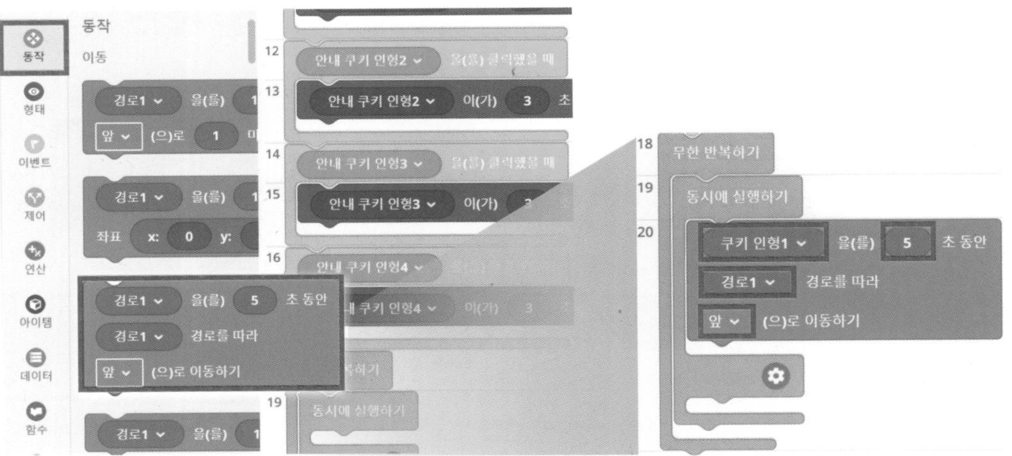

⑭ 오브젝트의 개수만큼 [설정 아이콘]-[+작업 추가]를 눌러 칸을 생성한 후 동작 카테고리에서 방금 사용했던 블록을 가져오도록 하자. 시간은 몇 초든지 무방하나 모든 오브젝트에 동일한 시간을 적용해야 플레이했을 때 끊김 현상 없이 움직인다. 오브젝트마다 방향을 다르게 설정하여 풍부한 동선을 그려 낸다면 눈이 한층 더 즐거워질 것이다.

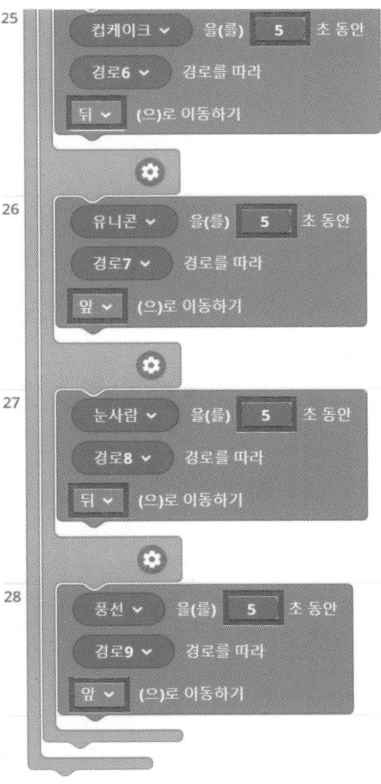

4. 최종 코드

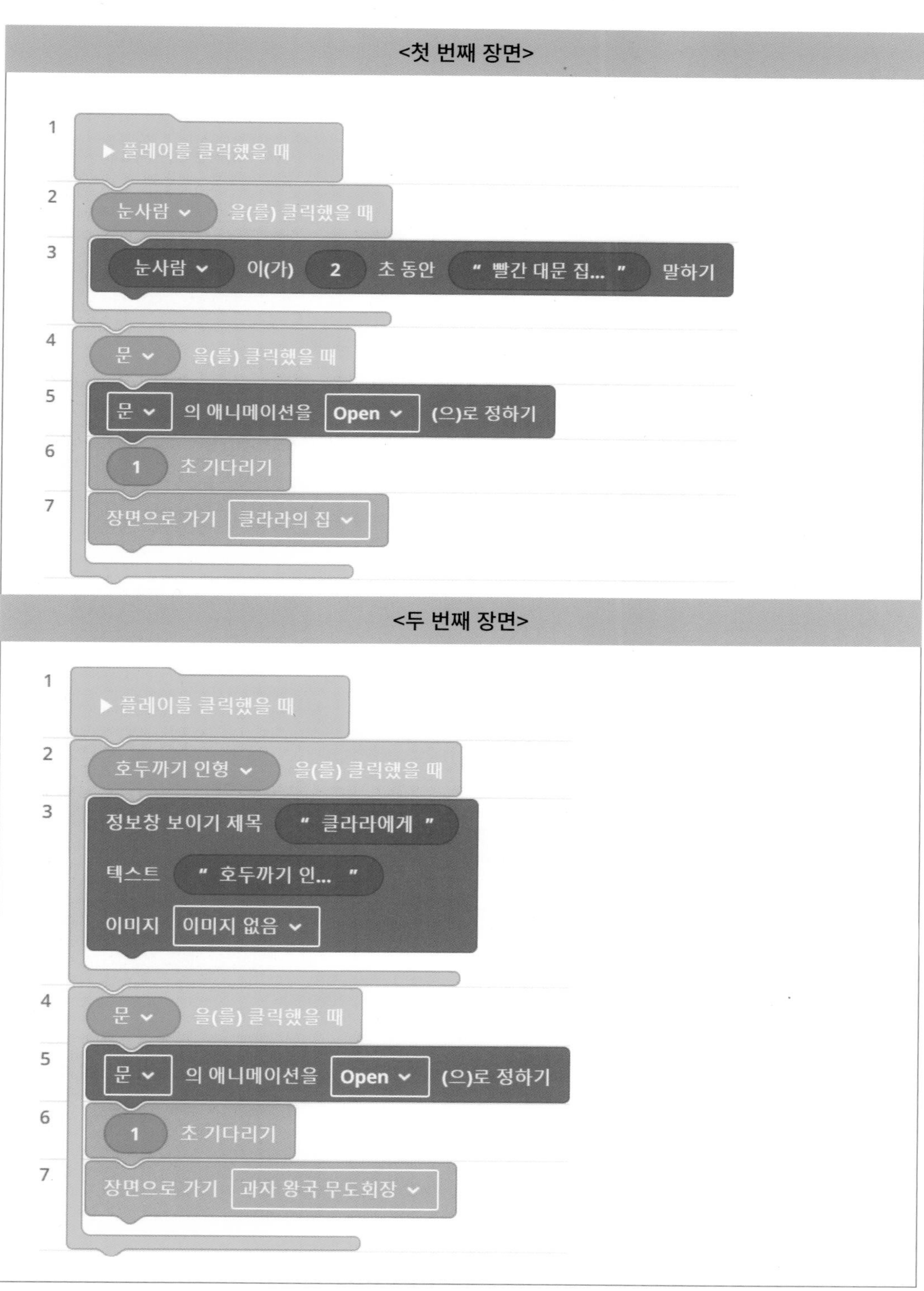
<첫 번째 장면>
▶ 플레이를 클릭했을 때
눈사람 을(를) 클릭했을 때
눈사람 이(가) 2 초 동안 " 빨간 대문 집... " 말하기
문 을(를) 클릭했을 때
문 의 애니메이션을 Open (으)로 정하기
1 초 기다리기
장면으로 가기 클라라의 집
<두 번째 장면>
▶ 플레이를 클릭했을 때
호두까기 인형 을(를) 클릭했을 때
정보창 보이기 제목 " 클라라에게 "
텍스트 " 호두까기 인... "
이미지 이미지 없음
문 을(를) 클릭했을 때
문 의 애니메이션을 Open (으)로 정하기
1 초 기다리기
장면으로 가기 과자 왕국 무도회장

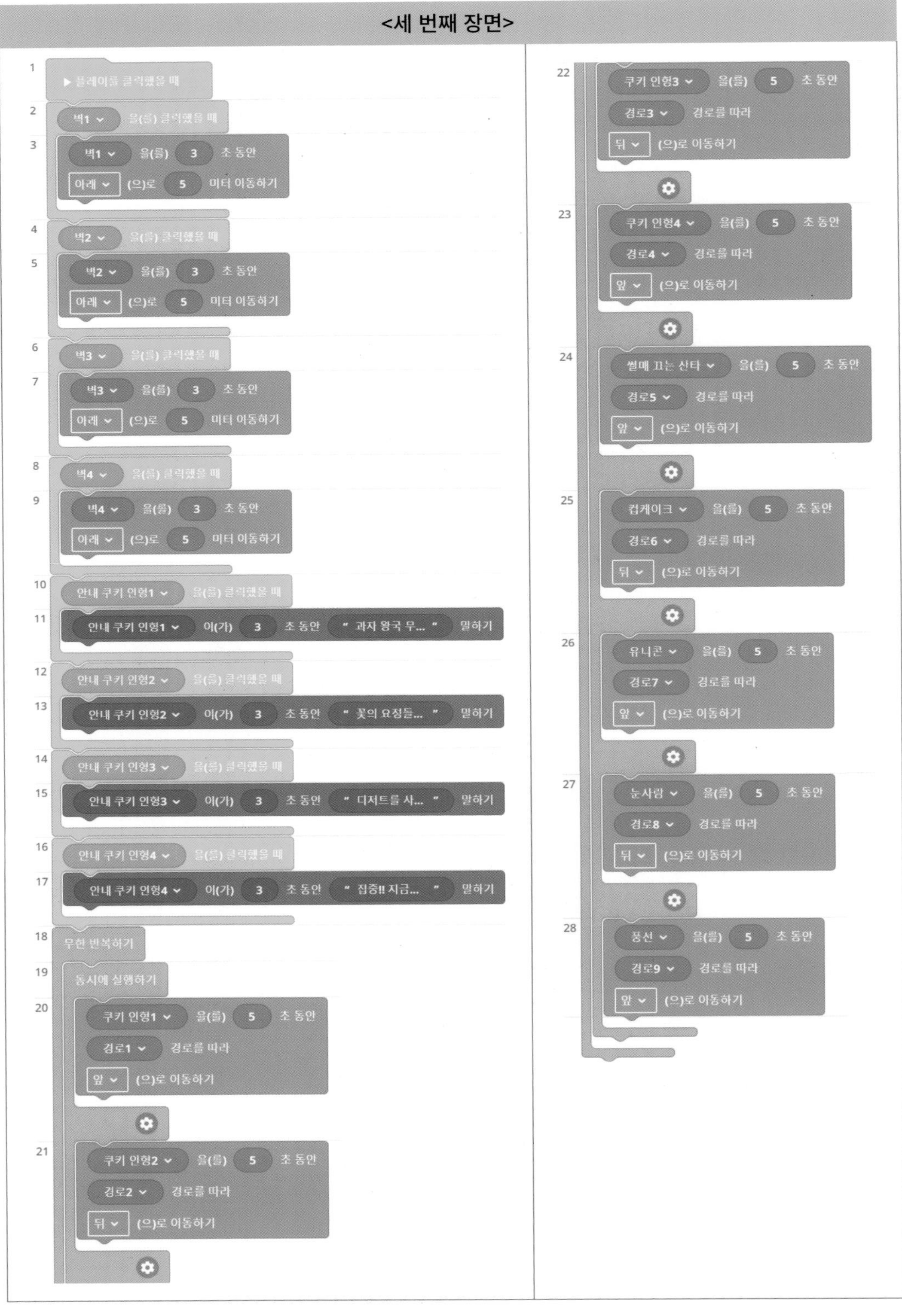
<세 번째 장면>
1 ▶ 플레이를 클릭했을 때
2 벽1 을(를) 클릭했을 때
3 벽1 을(를) 3 초 동안 아래 (으)로 5 미터 이동하기
4 벽2 을(를) 클릭했을 때
5 벽2 을(를) 3 초 동안 아래 (으)로 5 미터 이동하기
6 벽3 을(를) 클릭했을 때
7 벽3 을(를) 3 초 동안 아래 (으)로 5 미터 이동하기
8 벽4 을(를) 클릭했을 때
9 벽4 을(를) 3 초 동안 아래 (으)로 5 미터 이동하기
10 안내 쿠키 인형1 을(를) 클릭했을 때
11 안내 쿠키 인형1 이(가) 3 초 동안 " 과자 왕국 무... " 말하기
12 안내 쿠키 인형2 을(를) 클릭했을 때
13 안내 쿠키 인형2 이(가) 3 초 동안 " 꽃의 요정들... " 말하기
14 안내 쿠키 인형3 을(를) 클릭했을 때
15 안내 쿠키 인형3 이(가) 3 초 동안 " 디저트를 사... " 말하기
16 안내 쿠키 인형4 을(를) 클릭했을 때
17 안내 쿠키 인형4 이(가) 3 초 동안 " 집중!! 지금... " 말하기
18 무한 반복하기
19 동시에 실행하기
20 쿠키 인형1 을(를) 5 초 동안 경로1 경로를 따라 앞 (으)로 이동하기
21 쿠키 인형2 을(를) 5 초 동안 경로2 경로를 따라 뒤 (으)로 이동하기
22 쿠키 인형3 을(를) 5 초 동안 경로3 경로를 따라 뒤 (으)로 이동하기
23 쿠키 인형4 을(를) 5 초 동안 경로4 경로를 따라 앞 (으)로 이동하기
24 썰매 끄는 산타 을(를) 5 초 동안 경로5 경로를 따라 앞 (으)로 이동하기
25 컵케이크 을(를) 5 초 동안 경로6 경로를 따라 뒤 (으)로 이동하기
26 유니콘 을(를) 5 초 동안 경로7 경로를 따라 앞 (으)로 이동하기
27 눈사람 을(를) 5 초 동안 경로8 경로를 따라 뒤 (으)로 이동하기
28 풍선 을(를) 5 초 동안 경로9 경로를 따라 앞 (으)로 이동하기

```
▶ 플레이를 클릭했을 때
무한 반복하기
    비디오 재생하기 꽃의 나라 요정의 춤.mp5
    끝날 때까지 기다리기 참
    비디오 재생하기 사탕 요정의 과자 연주.mp4
    끝날 때까지 기다리기 참
    비디오 재생하기 컵케이크 요정의 발레.mp4
    끝날 때까지 기다리기 참
    비디오 재생하기 호두까기 인형과 왕의 인사.mp5
    끝날 때까지 기다리기 참
```

VR 이야기 톡톡

정답 262쪽

Q. 다음 장면으로 넘어가기 위해 코블록스에서 사용한 카테고리는 무엇인가요?

(　　　　), (　　　　), (　　　　) 카테고리의 블록으로 문 오브젝트를 클릭하면 문이 열리면서 다음 장면으로 이동할 수 있었다.

Q. 과자 왕국 무도회에서 새롭게 만들고 싶은 장면의 프롬프트를 적어 봅시다.

Q. 과자 왕국 무도회에 다녀온 클라라는 앞으로 호두까기 인형과 어떻게 지내게 될까요?

VR 이야기 톡톡 답지

2-1
앨리스의 이상한 세상
❶ 왼쪽, 드래그
❷ 스페이스 바, 왼쪽, 드래그

2-2
용궁에 간 토끼 '별주부전'
걸음, 비행

2-3
심바와 함께 하쿠나마타타 외치기
재질, 애니메이션, 대화

2-4
백설공주의 발자취 따라가기
머지큐브, VR 카드보드

2-5
알라딘의 마법 양탄자 만들기
경로, 경로

2-6
숲속 과자집 탈출 작전
퀴즈

2-7
쥐를 유혹하는 피리 소리
거리, 가까워지면

2-8
버즈의 스파키 구하기
가벼운 물체가 튕겨나간다

2-9
오작교 만들기 대작전
변수

3-1
인어공주와 왕자의 만남
물리, 충돌

3-2
중요한 건 무너지지 않는 집
물리, 회전, 속도

3-3
스핑크스의 알쏭달쏭 퀴즈 맞히기
파라오관의 개수, 5

3-4
마법 학교의 그림 문지기
라이브러리, 이미지

3-5
레미제라블 뮤지컬 만들기
녹음, 업로드

3-6
호두까기 인형의 과자 왕국 무도회
이벤트, 형태, 제어

생성형 AI, 코스페이시스 에듀를 만나다

2025년 3월 18일 1판 1쇄 발 행
2025년 3월 28일 1판 1쇄 발 행

지 은 이 : 송해남 · 김태령 · 박기림 · 박미림 · 최형윤 · 전혜린

펴 낸 이 : 박 정 태

펴 낸 곳 : **주식회사 광문각출판미디어**

10881
파주시 파주출판문화도시 광인사길 161
광문각 B/D 3층
등 록 : 2022. 9. 2 제2022-000102호
전 화(代) : 031-955-8787
팩 스 : 031-955-3730
E - mail : kwangmk7@hanmail.net
홈페이지 : www.kwangmoonkag.co.kr

ISBN : 979-11-93205-50-1 03370

값 : 19,000원